사장으로 산다는 것

사장이 차마 말하지 못한
사장으로 산다는 것
ⓒ 2012, 서광원

초판   1쇄 발행 2005년 12월 27일
개정판 1쇄 발행 2012년 7월 30일
개정판 15쇄 발행 2025년 2월 3일

지은이 서광원
펴낸이 유정연

이사 김귀분
기획편집 신성식 조현주 유리슬아 서옥수 황서연 정유진 **디자인** 안수진 기경란
마케팅 반지영 박중혁 하유정 **제작** 임정호 **경영지원** 박소영

펴낸곳 흐름출판(주) **출판등록** 제313-2003-199호(2003년 5월 28일)
주소 서울시 마포구 월드컵북로5길 48-9(서교동)
전화 (02)325-4944 **팩스** (02)325-4945 **이메일** book@hbooks.co.kr
홈페이지 http://www.hbooks.co.kr **블로그** blog.naver.com/nextwave7
출력·인쇄·제본 (주)상지사 **용지** 월드페이퍼(주) **후가공** (주)이지앤비(특허 제10-1081185호)

ISBN 978-89-6596-033-1 03320

- 이 책은 저작권법에 따라 보호를 받는 저작물이므로 무단 전재와 복제를 금지하며,
  이 책 내용의 전부 또는 일부를 사용하려면 반드시 저작권자와 흐름출판의 서면 동의를 받아야 합니다.
- 흐름출판은 독자 여러분의 투고를 기다리고 있습니다. 원고가 있으신 분은 book@hbooks.co.kr로
  간단한 개요와 취지, 연락처 등을 보내주세요. 머뭇거리지 말고 문을 두드리세요.
- 파손된 책은 구입하신 서점에서 교환해 드리며 책값은 뒤표지에 있습니다.

사장이 차마 말하지 못한
사장으로
산다는 것

서광원 지음

흐름출판

추천의 글

●●● 대표이사를 떠난 지금 생각해도 사장이라는 자리는 생각만큼 녹록한 자리가 아닌 것 같다. 사장이라는 자리에 앉게 되면 생각지도 못한 크고 작은 일들로 골몰하게 된다. 누구도 함께할 수 없는 나만의 싸움이 시작되기 때문이다.

이 책은 대한민국 사장님들의 소중한 경험과 내밀한 현실들을 그대로 그려주고 있다. 창업을 준비하는 사람 또는 기업 경영자들은 이를 바탕으로 시행착오를 반복하지 않을 수 있다는 점에서 가치가 있다고 본다.

나아가 우리가 간과하고 있는 리더로서의 고충과 원칙들을 더 많은 사람들과 공유함으로써 개인과 조직이 더 좋은 방향으로 나가는 데 보탬이 되었으면 한다.

– **안철수** 안랩 이사회 의장, 전 서울대학교 융합과학기술대학원 원장

●●● 처음엔 빙그레 미소가 만들어지더니, 곧이어 '하하하' 소리내어 웃었다. 그러다가 진지한 모습으로 표정이 바뀌고 급기야는 눈물이 맺혀져버

렸다. 이 책은 기업가란 어떤 자리에 있는지, 그가 치르고 있는 전쟁은 무엇인지, 시장이라는 정글에서 살아남아야 할 당위, 성취, 성공의 근저를 이루는 힘은 어떻게 만들어가는지를 소상하게 그려 보여준다.

사장으로서 감내해야 할 두려움, 책임감, 그래서 고독한 결단을 내려야만 할 순간들……. 그 힘듦을 이겨내고 있는 우리 사장들에게 그래서 없던 힘도 끌어내어 오늘도 한발한발 나아가게 해준다.

이 책은 우리 사장들이 마음을 터놓을 수 있고, 어떠한 비밀이라도 걱정 없이 얘기할 수 있는 친구다. 독백을 하고 싶을 때, 잠 안 오는 불면의 밤을 곁에서 지켜줄 애인이 되어주는 책이다.

– **이상경** 현대리서치연구소 대표

••• 나 역시 직장생활을 하다 수년 전 창업해 조그만 사업체를 운영하고 있는 터라 이 책을 읽으며 한 구절 한 구절이 가슴에 와 닿았다. 책장을 넘기는 동안 내내 창업 초기 매출이 거의 없어 가슴을 짓누르던 미래에 대한 불안과 두려움, 직원들 급여일이 내일인데도 통장 잔고가 거의 없어 애태웠던 순간, 회사의 비전과 나의 진심을 몰라주는 직원들에 대한 서운함, 당면한 문제에 대한 해결책과 앞날에 대한 고민으로 뜬눈으로 밤을 지새운 수많은 날들, 모든 어려움들을 속 시원히 터놓고 이야기할 사람이 없어 느꼈던 외로움 등이 마치 주마등처럼 스쳐 지나갔다.

그러나 나는 다시 태어난다 해도 이 길을 선택할 것이다. 사장이란 자리가 아무리 힘들고 어렵다 해도 그것은 한 번 해볼 만한 가치가 있는 일이다. 부디 이 책을 통해 많은 사람들이 우리 사회의 수많은 리더들의 고독과 아픔 그리고 그들의 열정을 함께 공유할 수 있으면 좋겠다.

– **최종옥** 북코스모스 대표

••• 다양한 분야의 최고 경영자들과 대담·인터뷰를 통해서 나 자신도 잘 몰랐던 '사장'의 모습을 잘 보여주고 있는 책이다. 자칫 실상과 동떨어진 모습으로 비치기 쉬운 사장의 진솔한 모습을 볼 수 있기에 대한민국 사장, 예비 사장을 꿈꾸는 사람들에게 일독을 권한다.

— **김재우** 전 (주)벽산 부회장, 전 아주그룹(주) 부회장

••• 사장이라는 자리는 사장이 되어보지 못한 사람들에겐 동경의 대상이자 두려움의 대상이다. '나도 사장이 될 수 있을까' 하고 자문하는 모든 사람들에게 이 책을 권하고 싶다. 책을 덮고 나면 사장도 '바로 나 같은 사람'임을 느낄 수 있으리라고 생각한다.

— **정형문** 전 EMC 회장

••• 사장이라는 자리는 지식, 기술 그리고 자본만 있다고 영위되는 자리가 아니다. 불확실성에 대한 도전정신, 고통을 견디는 인내심 그리고 때로는 자신이나 온 가족의 운명까지 걸어야 하는 것이 사장의 역할이다. 기업의 성공과 실패를 결정하는 핵심 인물이 사장임에도 불구하고 사장학에 관한 서적은 별로 없는 것이 현실이다. 때마침 나온 이 책은 '사장학'의 핵심을 꿰뚫고 있다. 구체적인 사례를 통해 얻어진 통찰력 때문에 짜릿한 쾌감이 느껴진다.
언젠가 사장이 되고 싶은 사람, 당장 사장을 그만두고 싶은 사람 그리고 사장을 잘 이해하고 싶은 사람은 꼭 읽어야 할 책이다.

— **윤은기** 전 중앙공무원교육원 원장, 전 서울과학종합대학원 총장

••• 일이 힘든가, 사람이 힘든가, 하고 물으면 대부분 사람이 힘들다고 한다. 하지만 사장은 일도 잘하고 사람관계도 탁월하게 해야 한다. 신뢰경영이야말로 탁월한 성과를 낼 수 있기 때문이다. 그래서 사장은 끊임없이 고민하지만 조직이 커나가면 오히려 즐거움을 느낀다. 이 책은 사장의 이런 속마음을 너무나 인간적으로 전하고 있다.

– **최염순** 카네기연구소 대표이사

••• 가슴 아프게, 그리고 절절하게 읽었다. 기업가들의 고뇌와 분투를 격려하고 그들을 이해하는 데 도움을 주는 훌륭한 내용이다. 어려운 경제 상황 속에서도 희망을 잃지 않고 파이팅하고 있는 우리 대한민국 리더들에게 바치는 금쪽같은 선물이다.

– **박흥식** 패션그룹형지 사장

••• 21세기 최대 현안은 변화와 혁신이다. 변화와 격랑 속에서 시대를 앞서가는 사람들의 고뇌와 애환, 보람과 긍지를 공유해 승리하는 사장들의 이야기가 있다. 창업의 꿈을 가진 젊은이들에게 성공의 확률을 높이는 지혜가 될 것이다.

– **손욱** 서울대 융합과학기술대학원 초빙교수, 전 삼성종합기술원 원장

••• 크기와 형태는 다르겠지만 한 조직의 수장(首長)으로서의 치열함과 바람들은 사실 본질적으로 같은 것이다. 이 책은 모든 CEO들의 공통적인 운명과 그 극복 과제들에 관한 이야기를 실감나는 여러 사례를 통해 입

체적으로 보여주고 있다. 분명 남과 다른 열정과 강단剛斷, 경영학적 사고와 감感, 그러나 결정적인 순간에는 누구와도 연대할 수 없는 책임, 그리고 철저히 혼자인 순간들……. 이미 그 길을 걷고 있는 분들에게는 우정 어린 공감과 유머, 그리고 강력한 위로가 될 것이며, 미래의 CEO를 꿈꾸는 이들에게는 사전에 확보해야 할 '신경'과 '근육'이 무엇인지를 가르쳐줄 CEO 입문서다.

- **윤세웅** OPMS 사장

••• 스트라디바리우스가 만든 바이올린이 생각났다. 그는 단순히 보기 좋은 나무보다 그의 삶처럼 냉해와 폭풍 등 질곡의 세월 속에서 버틴 단풍나무를 바이올린 재질로 선택해 제작했다.
폭풍은 사람을 힘들게도 하고 배를 부수기도 하지만 훌륭한 사공을 낳기도 한다. 이 책은 폭풍 속에 있는 사람에게는 희망을, 폭풍을 겪어본 사람에게는 리마인드를, 겪어보지 않은 사람에게는 귀중한 교과서다.

- **김동환** 길라씨엔아이 사장, 발명가

••• 잡지사를 경영하고 있는 남편이 퇴근해서는 "오늘 직원 중에……" "매출이……" 하면서 회사일을 이야기하면 하루종일 아이와 씨름한 나는 들어줄 힘이 없다는 듯 귀찮은 표정을 지으면서 방으로 들어가곤 했다. 오랜 결혼생활을 해왔음에도 이 책을 읽기 전까지는 내 남편이 어떤 고민을 하고, 얼마나 외로웠는지 느끼지 못했다.

- **하명란** 잡지사 대표의 아내

••• 우리 부모님은 의정부에서 장난감 공장을 하고 있다. 지난 여름 수해로 공장에 물이 찼을 때 물건 하나라도 건져보겠다고 허리를 굽히고 이리저리 돌아다니는 뒷모습을 바라보면서 안쓰럽고 화가 났다. "그거 때려치우고 다른 거 하면 되잖아"라며 투정을 부렸는데 이젠 가끔 공장 일을 도와드려야겠다.

– **김명수** 대학생

※ '추천의 글' 순서는 원고가 들어온 순서대로 정렬한 것입니다.

개정판에 부치며

한밤중이나 새벽녘에 보내오는 가슴속 토로
'아, 나만 그런 게 아니구나'

청소부와 부사장의 차이

"회사에서 청소하는 사람과 부사장의 가장 큰 차이점이 뭘까요?"

얼마 전 타계한 애플의 스티브 잡스는 새로 임명된 부사장 승진자들에게 이 질문을 던지곤 했다. 사내 청소부와 부사장의 차이? 얼핏 떠오르는 것들이 있기는 하지만 대답이 쉽지 않다. 그러면 잡스는 이렇게 말했다.

"다들 실패하면 변명과 핑계를 댑니다. 하지만 (조직의 사다리를 올라가다 보면) 이런 변명과 핑계를 댈 수 없는 지점이 있습니다. 내가 알기로는 부사장부터 그렇습니다. (……)"

아, 그래 그럴 수 있겠구나 싶다. 하지만 이 질문을 받은 당사자나 이 정도 직급을 경험해본 사람들은 어떨까? 그들은 이 말이 얼마나 무서운지를 안다. 변명이나 핑계를 댈 수 없는 자리, 모든 걸 몸으로 성과로 표현해야 하는 자리, 성공하면 다 같이 모든 걸 나눌 수 있고 나누어야 하지만 실패하면 모든 걸 혼자 짊어져야 하는 자리라는 걸 잡스는 다시 한 번 일깨워주고 싶었던 것이다.

다 같이 일하지만 한편으로 철저히 혼자가 되는, 아니 혼자가 되어야 하는 지점, 이 지점에 서면 이전과 다른 새로운 여정이 시작된다. 하고 많은 사람이 있어도 결국엔 아무도 없는 외로운 여정이다. 자신이 옳다고 생각하는 것만이 전부가 아니다. 주장만 해도 안 된다. 조직을 설득하고 조직에서 만들어낸 상품으로 시장과 세상을 설득해야 한다. 잠 못 드는 밤은 늘어가고 젖은 솜처럼 천근만근 늘어지는 아침이 많아진다. 아무도 알 수 없고, 누구도 알아주지 않는 혼자 감당해야 할 삶과 생존의 무게, 이걸 떨치고 일어서야 하는데 이게 쉽지 않다. 하면 할수록 익숙해지고 쉬워져야 하는데, 이건 그렇지도 않다.

콤플렉스에서 시작한 마음 탐험

손 좀 볼 생각으로 원고를 들여다보고 있자니 옛날 애면글면 끙끙거릴 때의 그 느낌이 살아나 몸이 뒤틀린다. 열 길 물속은 알아도 한 길 사람 속은 모른다는데 보통 사람도 아닌 리더들의 미궁 같은 심중을 어떻게 표현할 길이 없을까, 능력 부족을 절감하며 멍하니 창밖을 바라보며 한숨만 쉬던 기억이 새롭다. 참 끈질기게 나를 괴롭히던 내 안의 콤플렉스를 해결하려고 한 것이 책이 되고 이렇게 오랜 생명력을 지니게 됐다니 좀 믿기지 않기도 하다.

책을 생각하고 시작한 게 아니었다. 이런 내용을 하나둘 알아보기 시작했을 때는 참 힘들던 시기였다. 첫 출간 서문에서도 썼던 것처럼 야심차게 시작했던 두 번의 사업에서 혹독하게 당하고 난 뒤 내게 남은 건, 뭐 하나 되는 일이 없구나 하는 한숨의 체질화였다. 그래도 '이렇게 사는 건 아니다' 싶은 생각에 어떻게든 해결해보려고 여기저기 뛰어다녔다.

사업을 하던 시절, 일도 힘들었지만 더 힘든 건 혼자서 감내해야 하는, 이 책에서 다루고 있는 보이지 않는 어려움들이었다. 모든 것에 미숙했던지라 모든 것이 힘겨웠고 결국에는 수렁에 빠진 것처럼 허우적거려야 했다. 무엇보다 '다른 사람들은 잘도 하는데 왜 나만 이럴까' 하는 자괴감에 괴로웠다. 세상에 나만 못났다는 생각에 못 견딜 것 같은 나날이 많았다. 다시 언론계로 돌아왔을 때 이걸 어떻게든 해결해야겠다고 했던 건 당연한 수순이었을지도 모른다. 도대체 그들은 어떻게 하길래 그렇게 여유 있고, 자신만만하게 세상을 잘 헤쳐나가고 있는 걸까? 이게 궁금했다.

아, 그런데 그들은 나와 전혀 다른 사람이 아니었다. 외계인도 아니었다. 묵묵함으로 감내해야 할 것을 감내하고 있었을 따름이다. 자신이 못나서 겪는 게 아니라 자리가 주는, 그리고 역할이 갖고 있는 본래의 속성이라는 것을, 그래서 의연하게 감당하는 것 외에는 다른 방법이 없다는 것을 알고 있었을 뿐이다.

그랬다. 그들의 여유 뒤에 숨은 불안과 초조, 그리고 그걸 감당해내려는 노력을 아는 순간, 그 마음들을 하나하나 확인하는 순간, 가슴속 토로를 듣는 순간, 마음이 착 가라앉으면서 편해졌다. 가슴을 조여 오던 자괴감들이 하나하나 조용히 사라지는 걸 느꼈다. 아, 나만 그런 게 아니었구나, 하는 묘한 기쁨 같은 게 찾아들었고, 나만 못나지 않았다는 묘한 안도감 같은 걸 느낄 수 있었다. 고혈압 약처럼 이런 자리에 있는 동안에는 평생 겪어야 하는 그런 것이었다. 고산병처럼 산을 오르면 나타나고 내려가면 거짓말처럼 싹 사라지는 그런 것이었다. 못나고 잘나고가 아니라 그 자리에 있게 되고 그 역할을 하게 되면 으레 겪어야 하는 것이었다. 구멍가게 사장부터 대기업 총수까지 여러 사람을 이끌고, 조직을 이끌고 가야 하는 리더라면 모두가 감내해야 하는 것이었다. (물론 못나면 더 심하게 겪어야 하기는 하지만······.)

이걸 전해주고 싶었다. 스스로 못났다고 생각하는 바람에 힘이 빠지고, 스스로를 탓하다 보니 맥이 풀렸던, 그래서 그렇지 않아도 힘든 세상살이를 더 힘들게 해야 했던, 그걸 이겨낸답시고 애꿎은 나를 달달 볶았던, 나처럼 바보 같은 사람들이 더 이상 없었으면 하는 마음이었다. 이런 자리, 이런 역할에서 오는 마음고생은 당연한 것이니 자신을 탓하는 시간이 있으면 그 시간에 해야 할 일을 하는 게 낫다는, 나름대로 내가 찾아낸, 아니 어쩌면 콤플렉스에 시달리던 나에게 주는 결론이었다. 그렇게 썼고 딱 그 마음을 담고자 했다.

기대 안 했다면 거짓말이겠지만, 반응은 정말 기대 이상이었다. 다들 '아, 나만 그런 게 아니구나' 하는 그런 묘한 안도감 같은 걸 느꼈다고 했다. 같은 마음이었던 것이다. 특히 기억나는 건 한밤중이나 새벽녘에 보낸 '감정 가득한' 메일들이다. 보낸 시간도 그렇지만 내용도 약속이나 한 듯 비슷한데다가 답신을 바라고 쓴 메일이 아니었다. 책을 덮고 나니 새벽이 밝아온다, 나는 왜 이럴까 하고 살았는데 아, 나만 그런 게 아니구나 하는 생각이 들면서 그래 한 번 해보자 하는 묘한 희망이 생긴다. 이 새벽에 밝아오는 해처럼……. 이런 내용이 대부분이었다. 사업한 지 꽤 됐다는 분 중엔 이 나이에 이런 책 하나 읽는데 왜 눈물이 나는지 모르겠다는 분들도 있었다. 다들 같은 마음이었다.

세상은 언제나 힘을 내는 사람의 편이다

쓰기 시작한 걸로 따지면 십여 년이 넘었고, 첫 출간부터 해도 7년이 된 지금은 어떨까? 마음고생의 지형도가 많이 바뀌었을까? 다시 읽다 보니 고쳐야 할 두 가지가 있었다. 해가 달라지면서 바뀌는 숫자와 많은 분들이 전직轉職 또는 전직前職으로 바뀐 것들이다. 하지만 두 가지를 제외하고는 더해졌으면 더해졌지 덜해지지도 않고 바뀔 수도 없는 것들이 있었다. 조직을 이끌어야 하는 어려움이다. 이 어려움이 짓누르는 압박감이다.

가끔씩 콩알만 해지던 간이 이제는 날마다, 아니 날이 갈수록 작아져 있는지 없는지도 모를 때가 많고, 야망을 얘기하던 심장은 불규칙

바운드가 된 지 오래다. 거래처와 얘기가 잘됐다는 말을 들으면 세상이 온통 봄날 같다가도, 무슨 일이 생겼다고 하는 순간 한겨울 살얼음판이 가슴 밑바닥에 서늘하게 깔린다. 옴짝달싹할 수가 없다. 실적이 죽 올라가면 그래 이거야, 하면서 힘이 불끈 생기다가도 실적이 처지기라도 하면 다 내 탓인 것 같고, 내가 잘못해서 그런 것 같다는 생각에 좁아들 대로 좁아드는 마음들이 밤잠을 설치고 있다. 세상은 넓은데 마음 둘 곳 하나 없을 때가 많다. 마음 하나 둘 곳이 없어 여기저기를 서성이는 소심小心들이 많아지고 있다.

하지만 후회보다는 분석이 중요하듯 자책보다는 스스로를 믿어주는 마음이 필요할 때다. 여기저기를 서성인들 누가 알아주겠는가, 누가 위로해주겠는가, 누가 이미 '높은 분'이 되어버린 나의 등을 두드려주고 어깨를 안아주겠는가. 없다. 없을 수밖에 없다. 혼자서 감내하고 감당하면서 일어서야 한다.

자신을 믿지 못한 사람은 망설이게 되고 주저하게 된다. 뭘 해도 자신이 없기 때문이다. 그러면 좁아들고, 좁아들면 초라해진다. 스스로 업신여기면 남들도 나를 업신여긴다. 악순환이다. 이 악순환을 과감하게 떨치고 일어나는 분들에게 작은 힘이 되었으면 싶다. 짐은 나누어 갖고 어려움은 함께하면서 활로活路, 말 그대로 우리를 살아 있게 하는 길을 가는 동행이었으면 좋겠다. 내 작은 지식으로 보기엔, 세상은 언제나 힘을 내는 사람의 편이다.

- 2012년 7월 서광원

프롤로그

대한민국 리더,
그들의 도전과 희망을 위해!

10여 년 전 중소기업을 취재하러 다닐 때다. 당시에는 지금처럼 상황이 팍팍하지 않아서 그랬는지 인터뷰를 가면 '본 게임' 외에 '다양한 연장전'을 치렀다. '저녁식사나……' 하면서 옮긴 자리에는 소주가 곁들여졌고 자리를 털고 일어서면 새벽녘일 때가 많았다. 이런저런 이야기들이 별의별 이야기들로 번지기 때문이다.

그런데 마무리를 할 때쯤이면 약속이나 한 것처럼 그들의 입에서 같은 말을 들을 수 있었다. "그래도 서 기자는 모를 거예요." 뭘 모른다는 것일까? 물어봐도 같은 대답뿐이었다. "아 글쎄 당신 같은 사람들은 잘 모른다니까!" "……." 어떤 말에 그렇게 궁금증을 가졌던 적도 드물 것이다.

나는 기회를 만들기로 했다. 1997년 2월 회사에 사표를 낸 나는 한 달 후 18평짜리 식당을 차렸다. '낙지대학 떡볶이꽈'라는 재미있는 이름을 가진 프랜차이즈의 가맹점주가 된 것이다. 지금이야 '그럴 수도 있겠다' 싶지만 당시 나를 아는 이들은 모두 '미쳤다'고 했다. 아마 신문기자를 그만두고 분식점 수준의 식당 주인이 된 것은 내가 처음이었을 것이다.

물론 생각 없이 무모한 일을 용감하게 벌인 것은 아니었다. 딱 1년만 열심히 돈을 벌어 미국 MBA 유학을 갈 심산이었다. 그런 상황에서 식당은 현장 경험도 하고 돈도 벌 수 있는 아주 적당한 아이템 같았다.

죽을 것 같은 고생을 했지만 그런대로 1년을 다 채워갈 무렵인 1997년 11월 말 청천벽력 같은 외환위기가 닥쳤다. 붐비던 식당은 썰렁해졌고, 매물로 내놓았던 가게 또한 물어오는 이가 없었다. 1년만 하자던 식당 주인 생활은 1년 반으로 늘어났고 유학은 물거품이 됐다. 800원대이던 환율이 1600원까지 올랐던 시절이었다. 더구나 돈을 벌어도 시원찮을 판에 까먹기까지 했으니…….

6년 동안의 사업 경험은 그렇게 시작됐고, 식당을 정리한 나는 얼마 후 벤처기업으로 다시 사업에 나섰다. 유망직업에 관한 콘텐츠를 생산, 인터넷에서 소액으로 판매하는 비즈니스 모델이었는데 괜찮은 출발이었다. 새로 시작한 사업은 장사와 많이 달랐다.

이 책을 떠올린 것도 그때였다. 기자로서 접하던 사업, 사장, 조직이라는 단어와 직접 경험하면서 느낀 현실은 완전하게 달랐다. 술에 취해 '그래도 서 기자는 몰라!'를 토로하던 그 마음을 이해할 수 있었다. 그런데 묘하게도 그런 마음을 더 잘 이해할 수 있게 된 건 의욕적으로 시작했던 사업을 정리하면서였다.

콘텐츠는 완벽하게 구축했지만 믿고 있었던 소액결제 시스템(인터넷에서 콘텐츠를 본 대가로 500원, 1000원씩 결제하는 시스템)이 화근이었다. 기술을 몰랐던 탓에 '어떻게 될 것'이라는 말만 믿고 있었던 것이다. 지금이야 이런 기술이 일반화됐지만 당시에는 먼 미래의 이야기였다. 결국 앞으로 남고 뒤로 밑지는 장사처럼, 보기에는 잘 돌아가는데 하면 할수록 적자가 나는 상황을 맞아야 했다. 외환위기를 당해봤기 때문에 배웠던 것은 위기일수록 빨리 결단을 내려야 한다는 것이었다. 고민고민 끝에 결국 사업을 정리했다.

나를 믿고 돈을 댄 투자자들과 멀쩡한 회사에 다니다가 아르바이트 같은 박봉 생활을 자원했던 직원들을 볼 낯이 없었다. 나 또한 '올인'이라고 할 만큼 모든 것을 투자했던 사업이었던 만큼 절망도 컸다. 사업이 망해 자살을 감행하는 사장들을 이해하는 마음이 생긴 것은 그즈음이었다. 사업을 어떻게 시작해야 하는지를 알았던 계기였고 많은 것을 잃었지만, 세상을 어떻게 바라보아야 하는지를 깨닫게 된 좋은 경험이었다.

이 책은 그런 경험에서 시작되었다. 아무런 경험 없이 의욕만으로 사업을 시작한 초보 사장 시절, 정말이지 무수하게 대형 서점을 드나들었다. 이러저러한 상황에 몰렸을 때 어떻게 해야 할지, 해답은 차치하고라도 힌트라도 줄 책이 있는가 해서였다. 하지만 어디에도 그런 책은 없었다.

그 넓은 서점에 널려 있는 CEO와 리더십 관련 책들은 모두 '이렇게 하고 저렇게 하면 좋은 리더가 된다'고 했지 정말 중요한 일, 예를 들면 실력은 있는데 게으른 직원을 어떻게 혼내야 하는지를 알려주는 책은 없었다. 혼내자니 나간다고 사표 쓸 것 같고, 참고 있자니 울화통이 터졌다. 혼자 영화를 보러 가고, 혼자 술을 마시기 시작한 것도 그때쯤이었다. 도대체 다른 사장들은 어떻게 하는지, 어떻게 저렇게 자신 있고 여유 있게 사업을 하는지 너무 궁금했다(이 책에 있는 것처럼 그들도 나처럼 고민하고 외로워했다는 것을 나중에 알았다!).

찾아보기만 하면 사업 전략과 재무, 영업을 대신해줄 사람은 많다. 회사가 커지면 참모도 생겨난다. 하지만 CEO 혼자 감내해야 하는 마음앓이는 그 누구도 대신해줄 수 없다. 오로지 혼자와의 싸움이다. 치료약도 없다. 각자 알아서 치유해야 한다. 사업을 한 후 나는 골목길 구멍가게라도 3년 이상 하고 있는 아저씨, 아주머니들을 보면 존경스러운 마음이 든다. 절대 쉬운 일이 아니기 때문이다.

자기만의 사업을 꿈꾸고 있는 이들이나 꼭 사장이 아니더라도 시간이 흐르면 조직의 리더가 될 사람들을 위해 이 책을 썼다. 권투를 하는 링에 올라서려면 훈련이 필요하지만 대개 사업에 뛰어든 이들은 이기려는 마음만 갖고 서두르기 일쑤다. 흔한 게임도 훈련이 필수인데 하물며 인생을 건 승부에서 의욕 하나로 되겠는가.

정말이지 만 6년이 걸렸다! 너무 힘이 들어 몇 번을 포기했고 다시 몇 번을 시작해야 했다. 그들의 마음 끝자락 하나 잡아보려고 무진 애를 썼다. 잡았다고 생각했지만 막상 손을 펴보면 아무것도 없던 게 한두 번이 아니었다. 어떤 CEO들은 "이상한 질문을 한다"며 뒷조사로 오해해 얼굴을 찡그리며 입을 닫아버렸다. 2~3시간을 인터뷰했지만 빈손으로 돌아서는 일도 다반사였다. 사금砂金 채취가 이런 걸까 하는 생각이 들 정도였다. 쓰다 보면 어느새 '훌륭한 CEO가 되려면 이래야 되고 저래야 한다'는 '조건'으로 가 있기 일쑤였고, '금'이다 싶어 옮겨 쓰다 보면 모래였다.

그런 측면에서 이 결과물은 그들의 마음을 탐색한 1차 보고서다. 정말 미흡한 것 투성이지만 마음 고생에 시달리는 CEO와 리더들의 마음 한 조각만이라도 만졌다는 촉감이 전해진다면 더할 나위 없이 기쁘겠다. 시쳇말로 이 책이 그들의 마음속 숨은 1인치였으면 좋겠다.

꼬장꼬장하고 까탈스런 질문에 답해준 많은 CEO분들께도 고맙다는 인사를 드린다. 바쁜 시간 쪼개서 이 책을 만들어주신 흐름출판 분들의 노고와 귀한 시간을 할애해 추천사를 써주신 분들도 잊을 수 없을 것이다.

끝으로 한마디 마저 하고 싶다. 내가 만난 CEO들 중 지금의 자리가 즐겁다고 한 사람은 있었어도, 쉽다고 한 사람은 단 한 사람도 없었다. 그런데 왜 그들은 그렇게 열심히 살까? 답은 하나다. 그들에게는 희망이 있다. 희망은 그 어떤 고난과 고통보다 값어치가 있다. 그들을 위해!

— 2005년 12월 서광원

차 례

추천의 글 • 4
개정판에 부치며 • 10
프롤로그 • 16

01 속은 타도 웃는다

사장은 새 가슴 • 30
불안해도 웃고, 기분이 나빠도 웃는다 • 39
자신감의 정체 • 47

|내심은…| 잠 못 드는 CEO • 53

02 누군들 냉혹한 인간이 되고 싶으랴

해고도 비즈니스다 • 56
우유부단은 모두를 죽인다 • 63

| 내심은… | CEO가 받고 싶은 선물,
'휴가보다는 똘똘한 인재 다섯 명' • 66

03 사장, 고독한 일인자

외로움이라는 적 • 68
사장들이 바람을 피우는 이유 • 75
강한 자만이 느낀다 • 83

| 내심은… | 누가 내 고민을 들어줄까 • 82
| MEMO | 애연가와 독신자, 누구 수명이 짧을까 • 94

04 밤새 홀로 불을 켜고 있는 등대

보이는 곳에 있어야 한다 • 98
죽는 꿈까지 꾸어야 성공할까 • 102

| 내심은… | 미국 출장길, 비행기 옆 좌석에
같이 앉아 가고 싶은 사람은? • 108

05 기다리는 고통

CEO와 직원은 종류가 다른 인간이다 • 110
선장은 피가 나도록 혀를 깨문다 • 115
백 번 말해야 한 번 움직인다 • 119

| 내심은… | 병 들어가는 CEO들 • 125

06 솔선의 어려움, 수범의 고통

조직, 거꾸로 가는 괴물 • 128
리더가 굵은 눈물을 흘릴 때 • 135
앞서 나가는 자의 고달픔 • 140

| 내심은… | 시간은 없고 실적은 오르지 않고 • 149

07 고독한 의사결정

나는 왜 작아지는가 • 152
도박이 따로 없다 • 161
왜 육감에 의지할까 • 167
새로운 생각의 발전소 • 172

| MEMO | 벤자민 프랭클린의 '신중함을 위한 수학공식' • 178

08 나도 때로는 월급쟁이이고 싶다

직원 농사짓기 • 182
나도 직원이나 할까 • 186
사장과 직원의 차이 • 193
당해보지 않으면 모른다 • 198

09 CEO의 속마음 다섯 가지

일사불란한 '나만의 군대'를 갖고 싶다 • 206
속도에 대한 초조함 • 214
저 '성'에 '내 깃발'을 꽂고 싶다 • 218
위기를 입에 담고 사는 까닭은 • 221
어디 '또 다른 나' 없소? • 234

|내심은…| 어느 정도로 충성해야 할까 • 212

10 CEO의 시계는 초秒로 흐른다

사장의 하루 • 240
여유는 누가 만들까 • 245
정이 가는 직원 • 248

| MEMO | 가난한 사람에게는 많고
부자와 성공한 사람에게는 많지 않은 것은? • 251

11 그라운드의 CEO, 감독이라는 자리

코끼리 목숨과 파리 목숨 • 254
승부사의 보이지 않는 세계 • 260
남자로 태어나서 해볼 만한 직업이라고? • 270

| 내심은… | 누가 더 어리석을까 • 274

12 리더, 그들도 사람이다

서운하고 섭섭하다 • 278
리더 증후군 • 283
굽힐 줄 안다는 것 • 293
삶은 하나의 선택을 강요한다 • 299
하늘이 노랗고 캄캄해지는 날 • 305
CEO도 인공호흡이 필요하다 • 309
독단과 고민 사이 • 317

| MEMO | 슬기와 인내 • 322

에필로그 • 323
참고문헌 • 328

사장으로 산다는 것

01
속은 타도 웃는다

결국에는 성공하리라는 믿음을 잃지 않아야 한다.
동시에 눈앞에 닥친 현실 속의
가장 냉혹한 사실들을 직시해야 한다.

- 짐 콜린스

사장은
새 가슴

사업 5년차인 어느 중소기업 사장이 사업 15년차인 고참 선배 사장을 찾아갔다. 고민을 토로하기 위해서였다. 요즘 들어 부쩍 자신이 한 기업을 이끄는 사장으로서 너무 심약한 게 아닌가 하는 생각이 들었기 때문이다.

전에는 중요한 결정도 단칼에 내리치듯 하던 그였다. 하지만 돌이켜 보면 다 아릿한 옛 추억일 뿐, 요새는 사정이 달랐다. 무슨 일이건 시작에 앞서 '해도 될까' 하는 마음부터 들고, 아래서 뭔가 새로운 프로젝트가 올라오면 가슴부터 덜컹 내려앉았다. 그때마다 머릿속은 '내게 이익이 될까 안 될까', 계산기를 두들기느라 바빴다. 괜한 일에 한숨부터 내쉬고, 별일 아닌 것 같은데 잠을 설치는 날이 많아졌다.

'왜 나는 남들처럼 대담하지 못할까?'

'왜 나는 허구한 날 마음이 졸아드는 걸까?'

답답했다. 어느 순간, 그는 자신이 회사 사장이라는 역할에 어울리지 않음을 느꼈다. 이렇게 심약해서야 어찌 사람들을 데리고 일을 할 수 있겠는가 싶었다.

그가 15년차 선배 사장을 찾아가 하소연한 것은 요즘 들어 생긴 이 '새가슴'[1] 증상이었다. 마치 정신과 의사에게 상담하듯 그는 새벽마다 잠을 깨고, 밤이 되면 잠이 오지 않는 이유를 줄줄이 털어놓았다. '죽겠다'는 소리를 수십 번도 더한 듯싶었다. 그의 긴 하소연이 끝나자, 선배 사장이 빙긋 웃더니 입을 열었다.

"그래. 듣고 보니 너는 새가슴이 맞는 것 같다."

"……"

설마, 하던 '병아리 사장'은 노련한 선배 사장이 내린 진단 결과에 가슴이 철렁했다. 마치 암 선고를 받은 기분이었다. '그렇구나! 나는 사장감이 아니구나.' 자신도 모르게 한숨을 푹 쉬었다. 선배 사장이 다시 말을 이었다.

"근데 말이야. 만약 네가 새가슴이라면 나는 새, 새, 새, 새, 새가슴일 거다. 너는 새가슴이 되려면 아직 멀었어. 사장 명함 들고 다닌 사람치고 새가슴 아닌 사람이 없을걸."

웃어야 할지 울어야 할지…….

그날 이후 그는 새가슴은 사장이 되면 걸리는 병이라고 여기게 되었다. 사장이 아닌 월급쟁이였을 때는 있는지도 몰랐던 병이다. 그는 지금도 '새가슴'으로 살고 있다. 달라진 게 있다면, 전에는 사업이 안 되고 처음이어서 새가슴이 되는 줄 알았지만 지금은 사업이 잘되면 잘될수록 더 새가슴이 된다는 사실을 깨달았다는 점이다.

많은 이들이 착각을 한다. 보스는, 리더는, 사장은 배포가 크고 두둑하며 일의 큰 줄기만 이야기할 뿐 '쩨쩨하게' 이것저것 신경 쓰지 않는다는 생각이 그것이다. 과연 그럴까?

《삼국지》에 나오는 조조는 두고두고 시대의 간웅으로 불리는데다, 삼국의 왕 중에서 가장 욕을 많이 먹는 인물이다. 그러나 일국의 경영이라는 측면에서 보면, 그는 사실 가장 효율적인 군주였다. 근래 들어 '조조 리더십'이라는 말이 심심찮게 나오는 것도 다 그런 연유에서다.

특히 조조는 삼국 군주 중 통치 시스템을 확립하고 운영하는 데 뛰어난 면을 보였다. 뿐만 아니라, 그는 스스로 모범을 보인 군주이기도 했다. 어느 해인가, 조조는 수확철에 군대를 이끌고 전쟁에 임하면서 '백성들이 지어놓은 농사를 훼손하면 가차없이 사형에 처하겠노라' 공포했다. 그런데 아이러니컬하게도, 하필 그가 탄 말이 꿩 소리에 놀라 그만 밀밭을 밟고 말았다. 이때 조조는 즉석에서 칼을 뽑아 자신의 머리털을 싹둑 잘라버렸다. 그의 변은 이랬다.

"명을 내린 내 목을 잘라야겠지만 총사령관이 자살을 할 수는 없으니 머리라도 자르겠다."

대단한 순발력이자, 스스로 규율을 엄격하게 적용하려는 리더의 모습이라 하지 않을 수 없다.

조조는 제도와 운영에 대한 아이디어도 많이 냈다. 방향을 제시하는 리더 본연의 역할도 했지만, 세세한 부분에도 곧잘 신경을 썼다. 처음 군사를 일으킬 때, 조조는 대장장이들과 함께 땀을 뻘뻘 흘리며 무기를 만들었다. 곁에서 이를 지켜보던 참모가 한마디 했다.

"주공께서는 귀한 분이신데, 큰 일이나 하면 그만이지 왜 이런 일까지 하십니까?"

그러자 조조는 참모를 힐끗 일별하더니, 태연하게 하던 일을 계속하며 말했다.

"큰 일도 잘하고, 작은 일도 잘하면 좋지 않은가."

성공한 창업자들을 보면 의외로 '소심하고 쩨쩨한' 면을 꽤 발견할 수 있다. 이병철 삼성그룹 전 회장도 꽤 '쩨쩨했던' 것 같다.

어느 날, 이 전 회장은 당시 삼성그룹 고문을 맡고 있던 이창우 성균관대 교수(현재 경영학부 명예교수)에게 이런 말을 했다.

"처음엔 그날그날 공장에서 물건 만들고 또 그 물건이 잘 팔리고 그래서 돈이 들어오는 것을 보면 '잘되고 있구나'라고 여겼지요. 그러다가 어느 날 갑자기 이렇게 지내도 되나, 이 상태가 언제까지 계속될 수 있을 것인가 하는 불안감이 몰려옵디다. 정신이 번쩍 들었지요. 지금도 내가 해야 할 중요한 일을 빼먹지는 않았는지, 잊어버리고 있는 것은 없는지, 회사를 지금과 같이 운영하고 있어도 되는 건지, 불안하고 한편으론 궁금해질 때가 있어요."2)

이 전 회장만 그랬을까? 고 정주영 현대그룹 회장은 평소 종이 한 장도 앞뒤 양면을 쓰게 하고, 공사 현장에서 자갈 몇 개가 허투루 버려져도 호되게 나무란 것으로 유명하다. 그는 말로만 그치지 않고, 절약을 강권하다시피 했다.

"집도 없으면서 TV는 왜 사서 셋방으로 끌고 다니는가. 라디오 하나만 있으면 세상 돌아가는 것은 다 아니까 집 장만할 때까지는 라디오만으로 견뎌라. 커피도 담배도 집 장만할 때까지는 참아라. 양복은 한 벌만 사서 처가에 갈 때만 입어라."3)

한국 기업사에 큰 족적을 남긴 두 전직 총수가 이럴진대, 일반 회사 사장이야 굳이 말할 필요도 없다. 사업이 잘될 때야 세상을 다 가진 듯하지만, 조금이라도 매출 곡선이 고개를 숙이면 죄지은 것도 아닌데 괜히 움츠러들고 숨 한 번 크게 못 쉬는 게 사장이다. 언젠가 지용근 글로벌리서치 대표는 한 신문 지면을 빌려 이런 마음을 아주 잘 표현한 적이 있다. 오랜만에 보는 진솔한 내용이었다.

사업을 시작한 후 몸에 이상한 징후가 한 가지 생겼다. 음식을 먹으면 심리적으로 늘 소화가 안 되고 얹힌 기분이다. 그동안 그렇게 지내온 것 같다.

우리 회사 주주 중에는 대기업 CEO가 몇 분 계신다. 이분들께서 까마

득한 후배인 나에게 충고하신다. "지 사장, 회사가 안 될 때 긴장하는 것은 당연한 것이고, 잘될 때도 안 될 때를 생각하고 긴장해야 하네."
늘 긴장해야 한단다. 그래서 그런지 밥을 먹어도 밥맛이 없다.
직원들과 함께 회식을 해도 다음 날 발표할 보고회가 걱정이 된다. 일이 들어오지 않으면 걱정이 태산이다. 이러다 직원들 월급 못 주면 어떡하나. 일이 많이 들어와도 걱정이다. 이 많은 일을 우리 직원들이 해낼 수 있을까. 이러다 우리 직원들 다 지치는 거 아닌가.
지난 주말에는 직원들 몇 명이 보고서 작성 때문에 주말 이틀 동안 꼬박 밤을 새워 일을 했다. 밤에 잠이 오질 않는다. 사장인 내가 직원들 고생하는데 잠만 자서 되는가. 일을 못 하는 직원이 있다. 어떻게 하면 이 직원의 역량을 키울 수 있을까. 일을 가르친다고 그 직원의 잘못된 점을 지적할라치면 상처받지는 않을까 걱정이다. 일을 잘하는 직원이 있다. 이렇게 많은 일을 하고 있다가 갑자기 다른 데 스카우트되어 가 버리면 어떻게 하나. 생각이 부정적이고 비판적인 직원이 있다. 어떻게 하면 보다 긍정적인 사람으로 바꿀 수 있을까. 사람과 시설에 대한 투자로 회사 재무 상태가 좋아지지 않는다. 투명 경영이라 해서 이런 정보들까지 직원들에게 알려야 할지 고민이다. 다른 어느 사장보다 직원들을 위한다고 생각하는데 직원들이 날 인정하지 못하고 믿지 못하면 어떻게 하나.
이제부터 생각을 바꿔야겠다. 날 믿어주고 맡겨진 일을 위해 늦도록 일하고자 하는 직원들이 있어 감사하다. 비용을 한 푼이라도 아끼려고 애쓰는 직원들이 있어 감사하다. 아직 이름 없는 회사인데도 나와 직원들을 믿고 조사 용역을 기꺼이 맡겨주는 고객이 있어 감사하다. 조사전문회사로서 우리 사회에 등대와 같은 회사이며 건강하고 정직한 기업이 되고자 하는 비전이 있어 감사하다. 날 위해 항상 기도하는 가족이 있어 감사하다. 이런 감사의 마음으로 평생 사업하기를 소망한다. [4]

취재를 하다 보면 이런 얘기를 가끔 접하곤 한다. 지난 2000년, 웹에이전시를 주력으로 하던 김화수 잡코리아 사장은 과감하게 업종을 바꿨다. 시장이 포화 상태에 이르렀다는 판단에서였다. 그가 새롭게 선택한 분야는 온라인 리쿠르팅(구인구직). 업종을 바꾸면서 조직 개편이 이루어졌고, 와중에 몇몇이 회사를 떠났다. 자신의 일이 사라졌다는 생각이 들었던 모양이다. 김 사장은 그들과 밤을 새워 술을 마셨다.

"사업가는 신뢰를 먹고 살아요. 어느 날 직원들로부터 들은 '감사하다'는 말 하나로 1년을 든든하게 살 수 있는 게 CEO입니다. 사업가는 직원들과의 신뢰, 거래처와의 신뢰를 본능적으로 원하는데, 혹시 자리가 없어져서가 아니라 나에 대한 신뢰를 잃어서 떠나는 게 아닌가 싶었던 거죠. 직원들이 사표를 들고 오면 꼭 실연당한 기분이 듭니다. 지금도 그래요."

'실연'만 당한 게 아니었다. 새로 들어선 맨땅에 뿌리를 내리는 게 어디 쉬운 일인가. 2년여 동안 절치부심의 시간이 흘렀다. 임대료가 싼 곳으로 사무실을 옮기고 사방팔방으로 뛰었지만, 월급을 절반밖에 주지 못하는 날들이 이어졌다. '사업조차 뒷전으로 제쳐두고 오로지 어디서 돈을 구할까 하는 생각밖에 들지 않던 시절'이었다. 월급도 제대로 못 주는 사장을 직원들이 믿을까 싶어질 때마다 자괴감에 시달려야 했다. '왜 이걸 시작했을까' 하는 생각마저도 사치였던 시간이었다.

"인사를 못 받겠더군요. 그때는 정말 회사 들어갈 용기가 안 났어요. 한 사흘 못 들어갔을 겁니다. 사정을 아는 직원들은 별일 아니라고 생각하는데, 저 혼자 끙끙거렸던 거지요."

하루가 어떻게 가는지도 모르게 이리저리 뛰면서 조금씩 적응이 됐지만, 이번에는 매출에 목을 매달고 살아야 하는 날들이 계속됐다. 온라인 리쿠르팅은 말 그대로 분 단위로 매출액이 산출되는 '시시각각 시스템'이 아닌가. 요즘에야 패턴을 익혀 마음고생이 덜하지만, 초기에는 모니터에 나타나는 수치가 꼼짝 않고 있으면 숨이 막히고 호흡이 불규칙해졌다. 회의를 해도 머릿속은 왜 수치가 움직이지 않을까 하는 생각에 멍했다. '연습이 안 됐던' 까닭이었다.

"그럴 때면 저녁 식사를 하는 직원들을 봐도 괜히 이상한 생각만 듭니다. 평소에는 '저녁 먹고 또 일하려나 보다'고 생각하는데, 상황이 나빠지면 '밥만 먹고 가는 거 아닌가' 싶어지거든요. 요즘에야 그런 날들이 옛날 일이 됐지만, 리더라는 자리가 갈수록 쉽지 않습니다."

리더의 새가슴에 대해 뭐라 할 일은 아니다. 새가슴이 되어야 리더가 되는 것인지 리더가 되어야 새가슴이 되는 것인지는 몰라도, 굳이 탓할 일은 아니다. 고민 없이, 노고 없이 이뤄지는 일이 세상에 뭐가 있겠는가?

 지난 1993년 노쇠한 공룡처럼 쓰러져가는 IBM의 소방수로 등장, 80억 달러의 흑자를 내고 2002년 화려하게 퇴임한 루이스 거스너 전 회장도 그의 자서전에서 이렇게 말했다.

 "이 새로운 시장 지향 모델을 수용하게 만드는 데 5년 이상 걸렸다. 단 하루도 안심할 수 있는 날이 없었다. 이 과제는 다른 사람에게 위임할 수 없다. 누구에게 위임하겠는가? 결코 그럴 수 없다. 그것은 외로운 싸움이다."[5]

불안해도 웃고, 기분이 나빠도 웃는다

한 조직의 리더는 그 조직의 얼굴이며 마음이다. 아무리 100명의 직원이 콧노래를 부르며 기분좋게 출근했다 해도, 한 사람의 리더가 인상을 찡그리고 있으면 사무실의 분위기는 리더의 인상과 같아진다. 언젠가 인터뷰했던 한 CEO에게 '차갑다고 하는 사람도 있고 부드럽다고 하는 사람도 있는데, 본인 생각은 어떠냐'는 질문을 했다. 그의 대답은 이랬다.

"아마 거래처 사람들은 차갑다고 하고 고객들은 부드럽다고 하겠죠. 사실 제가 말이 많은 스타일이 아니라서 차갑게 보일 수도 있을 겁니다. 자주 만나보면 아주 한량한 사람인데 말입니다(웃음). 잘 모르겠습니다. 제가 가장 갖고 싶은 이미지는 접근하기 쉽고 얘기하기 편한 사람인데요. 누군가가 그러더군요. 제가 웃으면 1층에서 22층까지 하루

종일 분위기가 좋고, 인상을 쓰면 그 반대라고요. 경기가 안 좋으니 싫은 소리도 하게 되지만, 그래 놓고는 곧 후회하죠. 항상 그렇습니다. 아무리 불안해도 웃고, 기분이 나빠도 웃어야 합니다."

묘한 아이러니다. 갖고 있는 영향력은 가장 큰데, 얼굴 표정 하나 자유롭게 지을 수 없다니……. 또 다른 CEO는 '묘한 선이 있더라'고 말했다. 너무 활짝 웃으면 이상하게 생각하고, 샐쭉 웃으면 비웃음이 된다는 것이다.

잘나가는 회사 사장과 안 되는 회사 사장의 차이도 결국은 여기서 시작된다. 열정을 가지고 지속적으로 앞날을 만들어가는 리더에게서는 독특한 체취가 묻어난다. 가끔 좋은 강의를 듣기 위해 조찬을 나가보면 중소기업 사장들이나 대기업 혹은 중소기업 임원들과 한 테이블을 쓰게 되는 경우가 있다. 그런데 이들과 굳이 명함을 교환하지 않아도, 이야기를 나누지 않아도 회사 상태가 어떤지, 개인은 또 어떤 처지에 있는지를 대충 짐작할 수 있다.

유능한 리더에게서는 밝고 자신감이 느껴진다. 누군지 정확하게 기억나지는 않지만, 어느 CEO는 여기에 한 가지를 덧붙였다. 몸과 마음이 건강하다는 것이다. 그는 '성공한 사장 중에 위가 약한 사람을 만나본 적이 없다'고 했다. 실제로 내가 만나본 성공한 이들은 대부분 음식을 깨작거리거나 입이 짧은 이들이 아니었다(의외로 신경성 위염을 앓고 있는 이들은 많았다).

짐 콜린스가 빠뜨린(?) 위대한 경영자 잭 웰치는 GE의 연수원인 크로톤빌을 방문할 때마다 'A등급의 직원을 정의하는 자질은 무엇인가?'라는 질문을 던졌다. 그리고는 '열정'이라는 대답이 나오면 활짝 웃었다. 열심히 일하는 태도가 여러 가지 단점을 커버할 수 있기 때문이다. 그는 '모든 승자가 공통적으로 가진 특성을 꼽는다면 그것은 바로 열정일 것'이라며 '열정이야말로 승리한 사람과 다른 사람들의 차이'라고 말하곤 했다.

"아마도 어머니가 내게 물려준 가장 큰 선물은 자신감일 것이다. 그것은 내가 지금껏 추구해왔고, 또 나와 함께 일했던 모든 사람들에게 심어주려 했던 것이다. 자신감은 사람들에게 용기를 주고 한계를 극복하게 해준다. 그것은 보다 큰 위험을 감수하게 하여 스스로 가능하다고 생각했던 것 이상의 성취를 할 수 있도록 해준다. 또한 사람들에게 기회를 제공하고 상상조차 못했던 일들에 도전하게 한다."[6]

그는 또 '너무 사소해서 땀 흘릴 만한 가치가 없는 일이란 존재하지 않으며, 실현되길 바라기엔 너무 큰 꿈이란 것도 존재하지 않는다'라는 명언과 함께 '열정은 목소리 크기 혹은 화려한 외모와는 상관없다. 열정은 내면 깊은 곳에서 비롯되는 것'이라는 말도 남겼다.

리더의 자신감과 열정은 조직 전체를 앞으로 나아가게 하는 힘이다. 일본 닛산 자동차를 화려하게 부활시킨 카를로스 곤 사장은 한 잡지와의 인터뷰에서 자신감과 신념의 필요성을 역설한 바 있다.

"경영자는 사내에 널리 퍼져 있는 회의적인 견해를 극복해야 한다.

경영자인 사람은 자신의 결정이 기대한 결과를 가져다줄 것이라는 강한 신념을 가져야 한다."

그는 특히 직접 해보는 것에서 자신감이 생겨난다며 '행동으로 옮기는 문화'를 강조했다.

"실행이 전부다. 이것이 나의 지론이다. 아이디어는 과제를 극복하는 데 있어 5%의 역할만 할 뿐이다. 아이디어의 좋고 나쁨은 어떻게 실행할 것인가에 따라 결정된다고 해도 과언이 아니다. 나는 직원들에게 이렇게 말해주곤 한다. '이전에 시도하여 좋은 결과를 얻지 못했다고 하더라도, 그것이 반드시 아이디어가 나쁘다는 증거는 아니다. 실행 방법이 부적절했을지도 모른다.'"

리더는 이처럼 어려운 일을 해야 하는 자리다. 속이 터지지만 참아야 하는 때도 있다. 고 정주영 현대그룹 회장이 한창 현대를 키우던 시절, 아파트 특혜 분양 사건이 터진 일이 있었다. 그때 일부 간부들이 적극적으로 해명해야 한다는 의견을 강하게 개진했다. 그러나 정 회장은 '침묵이 가장 좋은 답'이라며 연일 쏟아지는 비난과 매도에 입을 꽉 다물고 침묵으로 대처했다. 그가 침묵으로 일관했던 것은 그의 고향 통천의 눈이 준 교훈 때문이었다.

내 고향 통천은 눈이 많이 내리는 곳으로 으뜸인 고장이다. 한번 내리기 시작하면 1미터 이상이 예삿일이다. 그 고장 사람들은 눈이 내리고 있는 동안에는 눈을 쓸지 않는다. 눈이 쏟아질 때 눈을 쓰는 것은 바보

짓이기 때문이다. 나는 그때 고향 통천의 눈을 생각했었다. 통천에 퍼붓는 눈처럼, 우리에 대한 비난과 욕설이 한창 쏟아지고 있는 중간에 비집고 나가본들 어떤 해명이 통하겠는가. 어떤 진실도 이해를 구할 수 없는 나쁜 때가 있는 법이다. 폭풍우와 홍수 속에 무작정 뛰어나가 설치다가 공연히 함께 휩쓸려 떠내려가고 마는 미련한 짓은 하는 것이 아니라는 생각이었다. 침묵으로 일관한 끝에 사건은 우리의 진실대로 판결이 났다.[7]

조직을 이끌어야 하는 CEO나 리더를 허무는 적은 외부에만 있지 않다. 사실 가장 큰 적은 안에 있다. 자기 자신에 대한 회의懷疑가 그것이다. 리더가 회의하기 시작하면 그것은 전염병처럼 조직 전체에 퍼진다. 그러므로 리더는 누구보다 목표 달성에 대한 자신감과 신념을 가져야 한다. 자신감과 신념이 없다면 가지고 있는 척이라도 해야 하는 게 리더다.

"리더는 나이, 성별, 성장 배경, 가치관이 모두 다른 사람을 조직 목표대로 이끌어가야 하는 막중한 책임을 안고 있습니다. 게다가 바깥에서 부는 비바람까지 막아야 해요. 그 스트레스는 상상을 초월하죠. 하지만 그러면서도 대부분 자신한테는 문제가 없다고 여기고 싶어 해요. 자신은 조직의 문제를 해결하는 사람이어야 한다는 중압감이 너무 커서 개인의 스트레스는 돌볼 여지가 없는 거지요."

양창순 대인관계연구소장의 말이다. 실제로 이 연구소에서는 얼마 전, 최고경영자와 기업 임원 그리고 각계 리더들이 느끼는 심리적·감정적 문제에 대해 조사한 적이 있다. 그 결과, 응답자의 70% 정도가 분노감과 경쟁심을 느끼고 있는 것으로 나타났다. 리더라는 위치와 무관하지 않다는 게 양 소장의 생각이다. 자신은 최고의 성과를 올리기 위해 고군분투하는데 주변에서 제대로 따라오지 않는다고 느끼니 분노가 생기고, 와중에 경쟁자가 성공적으로 조직을 이끌기라도 하면 경쟁심으로 괴로워진다는 것이다. 이는 결국 불안감과 우울증으로 발전하게 된다.[8]

이런 현상은 정신적 고통의 극단적인 표현인 자살과 무관치 않다. 삼성경제연구소가 운영 중인 SERICEO가 CEO 및 임원을 대상으로 조사한 결과를 보면, 응답자의 70%가 가끔 또는 자주 자살을 생각한다고 대답했다. 가장 경계하는 질병은 고혈압이었다. '예전에는 일이 안 풀려도 피곤하면 잠을 잤는데, 창업 후에는 아무리 피곤해도 일이 해결되지 않으면 잠이 안 온다'는 어느 대기업 출신 경영자의 말은 정신적 압박의 한 단면을 가늠하게 한다. 사정은 해외에서도 마찬가지다. 미국 정신과 전문의 제프리 스펠러 등의 연구에 따르면, 미국 기업체 임원 중 10%가 우울증을 겪는 것으로 나타났다.[9]

하지만 리더는 내색할 수 없다. 속이 타도, 분노가 끓어도, 죽을 만큼 괴로워도 웃어야 한다. 어느 날 어느 순간 마음 편하게 소주 한 잔 기울일 상대를 찾아 온 수첩을 뒤적여보지만, 전화를 걸 만한 마땅한 사람이 없다. 혹시나 하고 휴대전화에 저장된 이름을 검색해보지만,

역시나 적당한 이름이 떠올라주지 않는다. 그때의 낭패감은 겪어보지 않으면 모른다. 일은 24시간이 모자랄 만큼 바쁘지만 타는 속을 식혀줄 그 무엇이, 그 누군가가 없다.

결국 일에 파묻히게 되니 고독해지고, 고독하다 보면 단 하나라도 실수하지 않아야 한다는 강박관념과 함께 완벽주의에 다가서게 된다. 한 번 두 번 이런 순환을 되풀이하다 보면 처리해야 할 일이 태산처럼 앞에 쌓인다. 그래도 여유로워야 한다. 아니, 여유로운 척이라도 해야 한다. 리더가 여유를 잃으면 부하들은 사기를 잃는다.

불은 자신을 태워 물을 끓이고, 주위에 열을 전하고, 방을 따뜻하게 한다. 열의 기운으로 주변을 변화시키는 것이다. 자신감 있고 열정 있는 이들도 그렇다. 그들은 남을 칭찬할 줄 안다. 묘한 것은 일을 잘하는 이들일수록 다른 사람을 업신여기는 경향이 있다는 점이다. 하지만 위로 올라가는 사람들의 특징은 자신감을 바탕으로 남을 칭찬하는 것이다. 리더십이란 다른 사람을 일하게 하는 능력이기 때문이다.

《나를 찾아가는 여행》이라는 책에서 로빈 샤르마는 이렇게 말하고 있다.

"평범한 사람은 보통 하루에 6만 가지 생각을 한다네. 그런데도 놀라운 건 그 95%가 어제 했던 생각과 같다는 거지. 그것이야말로 우리의 내면을 가난하게 만드는 원인이지. 그리고 그렇게 계속 되풀이되는 생각은 대개 부정적이기 십상이네. 이렇게 부정적인 생각으로 머릿속을 가득 채우고 있는 사람은 자신의 삶을 개선하는 데 힘쓰기보다는 과거의 포로가 된 사람들이라네."

애써 웃는 CEO들에게 진짜 웃도록 유머 한마디 던지는 것도 괜찮은 일이다.

자신감의 정체

고구려가 당나라에 망한 뒤, 수많은 고구려인들은 당나라 변방으로 강제 이주를 당했다. 당나라 장수로 이름을 떨친 고선지도 그런 고구려 유민의 후예다. 그는 당나라 장수로 다섯 차례(740~751년)나 대군을 이끌고 파미르 고원과 힌두쿠시 산맥, 톈산 산맥 같은 험산준령을 넘어 서역 원정에 나섰다. 20세기 초, 이 지역을 답사한 영국의 유명한 탐험가 스타인이 '나폴레옹의 알프스 돌파보다 더 성공적인 일'이라고 극찬을 아끼지 않았던 대단한 원정이었다.

그가 제2차 서역 원정인 소발률小勃律 원정에 나섰을 때의 일이다. 해발 4,600여 미터의 험준한 탄구령에 이른 군사들은 어찌 된 영문인지 추상 같은 장군의 명령에도 꼼짝하려 들지 않았다. 100여 일의 강행

군으로 지칠 대로 지친데다, 공격 목표인 아노월 성을 지키는 적군이 괴물 같다는 소문이 번지면서 지레 오금이 저렸던 것이다.

　와중에 믿을 수 없는 일이 벌어졌다. 20여 명의 적군이 백기를 들고 장군측 진영으로 항복을 해온 것이다. 적군이 괴물이 아닌데다 제 발로 항복까지 해왔다는 사실이 알려지자, 군사들의 사기는 단번에 충천했다. 장군은 그 여세를 몰아 아노월 성으로 진격, 공략에 성공했다.

　나중에 알려진 사실이지만, 그것은 장군의 계책이었다. 군사들이 늘어지기 시작했을 때, 그는 비밀리에 20여 명의 병사를 차출, 적군으로 변복시켜 항복을 가장하게 했다. 지휘는 명령으로만 하는 것이 아님을 알았던 것이다.

　그로부터 700년이 지난 1592년 임진년, 조선 전라좌수영. 이해 4월, 왜군은 임진왜란을 일으켜 조선 땅에서 무자비한 살육을 일삼았다. 그들은 닥치는 대로 베고 찌르고 쏘며, 가는 곳마다 말 그대로 공포의 도가니로 만들었다. 게다가 가면을 쓴 그들의 얼굴은 귀신이나 괴물처럼 괴기스럽기 짝이 없었다. 보기만 해도 공포 그 자체였다.

　조용하게 전투를 준비하던 이순신의 전라좌수영에 '귀신 같은 왜군' 소문이 퍼지면서 사기가 주저앉았다. '귀신을 이길 수는 없다'는 흉흉한 말들이 떠돌았다. 그러던 어느 날, 일군의 왜군이 진영에 접근했다가 모조리 사로잡히는 사건이 발생했다. 호기심 반, 두려움 반으로 지켜보는 군사들 앞에서 사로잡힌 왜군들의 투구가 벗겨졌다.

　순간, 놀라운 탄성이 일어났다. 아군이었던 것이다. 어리둥절해하는 군사들에게 이순신은 '왜군은 가면 때문에 무섭게 보일 뿐'이라며 '별 것 아니다'라는 일장 연설로 공포를 무력화시켜버렸다. 물론, '적군 생포'는 이순신 장군의 계책이었다. KBS 1TV에서 방영했던 〈불멸의 이순신〉에 나온 장면이다.

다시 400년이 더 지난 몇 년 전, 미국의 한 TV 토크쇼. 어느 방청객이 쇼에 출연한 할리우드 정상의 여배우 줄리아 로버츠에게 물었다.

"당신처럼 자신감을 가지려면 어떻게 해야 합니까?"

"저도 마음속으로 늘 불안해요. 기대만큼 연기를 잘하지 못하면 어쩌나, 이러다가 중간에 잘리지는 않을까 하는 불안이죠. 하지만 늘 자신감에 넘치는 것처럼 행동하려고 노력해요. 또 나 스스로 확신을 가지려 노력합니다. 그러면서 '나는 할 수 있다'면서 (새로운 연기를) 도전으로 받아들이고, (잘할 수 있다는 것을) 증명해 보이려 노력하죠. 이런 일들을 되풀이하다 보면, 어느 순간 '있는 것처럼' 행동하던 자신감이 몇 번의 경험을 거치면서 진정한 자신감이 되더군요."

고선지와 이순신과 줄리아 로버츠. 이 세 사람의 공통점은 무엇일까? 그들은 자신감을 만들어내고 전파시켰다. 사람의 목을 축이고 땅의 갈증을 해소시키는 샘물처럼, 그들은 불안하고 메마른 마음을 진정시키는 자신감을 만들어낼 줄 알았다.

짐 콜린스의 명저 《좋은 기업을 넘어 위대한 기업으로 Good To Great》를 보자. 콜린스는 책 중간에 자신도 예기치 않게 발견한 '스톡데일 패러독스Stockdale paradox'를 자세히 설명하고 있다. 원래 있던 말이 아니다. 콜린스가 우연히 짐 스톡데일 장군을 만난 후 만든 신조어다.

스톡데일 장군은 베트남 전쟁이 한창일 때 '하노이 힐턴' 전쟁포로 수용소에 갇혔던 미군 최고위 장교로, 1965년에서 1973년까지 8년간 그곳에서 20여 차례의 고문을 당하고도 살아남은 해군 3성 장군이다. 그는 살아나갈 수 있는지조차 알 수 없었던 당시의 상황을 콜린스에게 담담히 털어놓았다. 그 느낌이 콜린스의 책에 자세하게 담겨 있다.

우리는 교수 클럽을 향해 천천히 걸음을 옮겼다. 거듭된 고문의 후유증에서 완전히 회복되지 못한 스톡데일의 뻣뻣한 다리가 절뚝거리며 연신 원호를 그려댔다. 100미터쯤 침묵의 시간이 흐른 뒤, 마침내 내가 물었다.

"(수용소 생활을) 견뎌내지 못한 사람들은 누구였습니까?"

그가 말했다.

"아, 그건 간단하지요. 낙관주의자들입니다."

"낙관주의자요? 이해가 안 가는데요."

나는 정말 어리둥절했다. 100미터 전에 그가 한 말과 배치되는 것 같았기 때문이다.

"낙관주의자들입니다. 그러니까 '크리스마스 때까지는 나갈 거야' 하고 말하던 사람들 말입니다. 그러다가 크리스마스가 오고 크리스마스가 갑니다. 그러면 그들은 '부활절까지는 나갈 거야' 하고 말합니다. 그리고 부활절이 오고 다시 부활절이 가지요. 다음에는 추수감사절, 그리고는 다시 크리스마스를 고대합니다. 그러다가 상심해서 죽지요."
또 한 차례의 긴 침묵과 더 많은 걸음이 이어졌다. 그러다 그가 나를 돌아보며 말했다.
"이건 매우 중요한 교훈입니다. 결국에는 성공하리라는 믿음, 결단코 실패할 리가 없다는 믿음과 그게 무엇이든 눈앞에 닥친 현실 속의 가장 냉혹한 사실들을 직시하는 규율을 결코 혼동해서는 안 됩니다."
오늘까지도 나는 낙관주의자들을 타이르는 스톡데일의 심상을 가슴에 품고 다닌다.
"우린 크리스마스 때까지는 나가지 못할 겁니다. 그에 대비하세요."

콜린스는 '스톡데일 패러독스'의 탄생을 이렇게 소개하면서 "스톡데일과의 산책을 위대한 기업으로의 도약에 관한 내 연구의 일부로 여긴 적은 없었다"고 말하고 있다.
원래 《좋은 기업을 넘어 위대한 기업으로》와는 아무런 관련이 없었다는 얘기다. 그런데 그와 만난 후 가진, 자신이 리드하는 팀 내 토론에서 콜린스는 스톡데일의 경험담이 단순한 것이 아님을 깨달았다. 그래서 이후 '스톡데일 패러독스'라는 신조어를 만들고, '결국에는 성공하리라는 믿음을 잃지 않는 동시에 눈앞에 닥친 현실 속의 가장 냉혹한 사실들을 직시해야 한다는 것'이라는 정의를 붙였다. 또 스톡데일 패러독스는 '스스로의 삶을 이끄는 경우든 다른 사람들을 이끄는 경우든, 위대함을 창조하는 모든 이들의 징표'라고 결론지었다.

실제로 짐 콜린스가 말하는 '위대한^{great} 기업'들은 모두 신념과 확신 그리고 진정한 낙관의 힘을 가진 이들을 리더로 가진 공통점이 있다. 아마 기업가가 아니라는 이유로 그가 빠트렸을 성싶은 '위대한' 화가 빈센트 반 고흐도 이런 말을 했다.

"확신을 가져라, 아니 확신에 차 있는 것처럼 행동하라. 그러면 차츰 진짜 확신이 생기게 된다."

잠 못 드는 CEO

글로벌 커뮤니케이션 컨설팅 회사인 버슨 마스텔러는 정기적으로 '최고경영자 CEO 명성관리' 조사를 하고 있다. 그런데 이 조사에 의하면, 조사를 할 때마다 70~80%의 CEO들이 그만두는 것을 고려하고 있다는 결과가 나온다. 영향력 있는 CEO, 고위직 임원, 금융 애널리스트, 기관투자자, 비즈니스 관련 언론 및 정부 관료들을 대상으로 이루어지는 조사라는 걸 감안하면 놀랍다.

조사에서는 고위직 임원 중 3분의 1 이상이 CEO 자리를 제시해오더라도 거절하겠다고 응답하는 이들이 많은데, 이 비율은 수그러들지 않고 있다.

이에 대해 버슨 마스텔러의 놀리지앤드리서치 부문 대표 겸 명성관리전문가인 레슬리 게인스 로스 박사는 '최근 CEO 자리를 꺼려하는 것은 놀랄 만한 일이 아니다'라며 '상황이 급박하게 돌아가는데다 점점 속도가 빨라지는 현대 비즈니스 세계에서 CEO가 신뢰와 명성을 쌓기 위한 시간은 매우 적은 반면, CEO의 일상 생활이나 회사 재무제표와 주가에 대한 감시의 눈길은 더욱 가중되고 있다'고 말했다. 그는 'CEO가 되고자 하는 사람은 그 자리를 견뎌내기 위해 더 많은 자신감과 스태미너 그리고 겸손함이 필요하게 됐다'고 덧붙였다.

다음은 버슨 마스텔러가 발표한, CEO들이 직면하고 있는 도전들이다.
- CEO들은 주주들의 요구를 맞추기 위해 점차 빡빡해지는 시간적 압박 속에 놓여 있다. 조사에 의하면 응답자들은 '새로 임명된 CEO들이 자신의 능력을 입증할 충분한 시간을 갖고 있지 못하다'고 답했다. CEO들은 직원들의 신뢰를 얻고 전략적 비전을 개발하는 데 9개월, 취임 후 처음 100일간의 약속을 집행하는 데 14개월이 걸린다고 말했다.
- CEO들은 '바로 능력을 입증해야 하는 prove it' 환경 속에서 일을 한다. 이 조사에서 성공적인 CEO들은 자기 시간의 60%를 실행에, 40%는 전략적인 비전을 제시하는 데 사용하는 것으로 나타났다.
- CEO들은 '밤에도 깨어 있는 kept awake at night' 경우가 흔하다. 대부분 경쟁(86%)과 성장률(81%), 주주의 가치를 높이는 방법(80%)을 고민하느라 잠을 잘 수가 없다. 때문에 CEO들은 2년 전과 비교할 때 훨씬 정교하고 또 복잡한 경영 기술을 필요로 하게 되었다.

02
누군들
냉혹한 인간이
되고 싶으랴

리더란 냉혹함과 인자함,
이 모순된 양극을 함께 지니고 있어야 한다.
- 이나모리 가즈오

해고도 비즈니스다

　　　　　　　　유라시아를 정복하고 유럽의 간담을 서늘케 했던 칭기즈칸은 룰을 강조하는 리더였다. 일단 룰을 정하면 솔선수범하는 모습을 보였던 그는 룰을 지키지 않은 부하를 엄하게 대했다.

　그가 몽골의 초원을 통일해가던 무렵이었다. 어느 날 한 병사가 칭기즈칸을 찾아왔다. 보초를 서던 도중 자기도 모르게 깜박 졸았다는 것이었다. 당시 칭기즈칸은 전 군에 '졸지 말라'는 지시를 내려둔 상태였다. 병사가 조는 모습을 본 사람은 아무도 없었다. 혼자만의 실책이니 덮어버리면 그만일 일을 병사는 제 발로 찾아와 눈물로 고백하고 있었다. 그를 지켜보던 칭기즈칸도 눈물을 흘렸다. 그리고 말했다.

　"약속은 약속이다. 아무 일이 없었다고 그대로 넘어가는 것은 원칙을 무너뜨리는 일이다. 근무 중 졸지 않는다는 것은 우리들의 약속이다. 그대는 군법을 어겼다. 하지만 솔직하게 고백했으니 내 그대의 가족을 평생 돌보겠다."

말을 마친 칭기즈칸은 부하들에게 명령했다.

"목을 쳐라!"

부하라면 끔찍하게 아꼈던 칭기즈칸의 경우가 아니라도, 역사 속의 리더에게는 늘 비정하고 냉혹한 면이 있다. 평소 스타일을 말하는 게 아니다. 어떤 중대한 결정 앞에 섰을 때 리더에게는 전체적인 시각에서 판단을 내려야 하는 순간이 온다.

모택동은 국민당군에 쫓겨 대장정에 올랐을 때, 휘하의 군대를 둘로 나눈 적이 있었다. 군대를 둘로 나눈 그는 3분의 1 정도 규모의 부대를 이끌고 다시 긴 장정에 올랐다. 모든 것은 '작전상'이었다. 그와 헤어진 3분의 2부대는 전멸하다시피 했다. 중국공산당을 살리기 위해 아군의 3분의 2를 희생했던 것이다. 알고도 보낸 것이었다.

리더의 자리가 외로운 것은 고독한 결정을 해야 하기 때문이다. 훈훈한 정이 오가는 일이라면 누구나 할 수 있을 테지만 그렇지 않은 판단을 내릴 때가 더 많다. 삼국지에 나오는 제갈공명의 '읍참마속泣斬馬謖'도 같은 경우에 해당하리라.

인간이라면 냉혹하거나 비정하다는 말을 듣고 싶지 않을 것이다. 심지어 원숭이 사회에서도 냉혹과 비정함에 대한 저항이 존재한다. 학자들의 실험에 의하면 구성원을 쫓아낸 원숭이와 쫓겨난 원숭이의 스트레스를 조사한 결과, 쫓아낸 원숭이의 스트레스가 훨씬 높은 것으로 나타났다. 괴롭지만 '어쩔 수 없이' 쫓아내야 했다는 의미다.

1982년 중반, 〈뉴스위크〉지는 GE의 회장인 잭 웰치를 커버스토리로 다루면서 '중성자탄 잭'이라는 별명을 붙였다. 건물은 멀쩡하게 놔두면서 사람만 조용히 죽이는 중성자탄을 빗댄 별명이었다. 이를 본 잭 웰치는 상당한 마음의 상처를 받았다.

하지만 그는 GE의 개혁을 멈추지 않았다. 몇 년 전 GE 본사에 근무했던 한국인 박사는 당시 상황을 이렇게 말했다. "웰치가 등장하기 전, 우리(중간 간부 이상)는 오후 4시만 되면 사무실을 떠나 회사 근처 골프장으로 모였다. 모여서 골프 한 게임 치고 나면 6시가 됐고, 그때쯤 어슬렁거리면서 회사로 돌아와 퇴근하는 일이 하루 일과였다." 그런데 웰치의 등장으로 분위기가 살벌해졌고, 모든 간부들의 입은 불만으로 가득 차기 시작했다. 그 박사조차 '느긋하게 인생을 즐기던 우리에게 웰치의 호통은 정말이지 고역이었다'고 털어놓을 정도였다.

어쨌든 무시무시한 별명을 얻게 된 웰치의 고통은 아랑곳 않고 시간이 지나면서 그와 관련된 거의 모든 기사에 '중성자탄 잭'이 필수로 쓰이기 시작했다. 그가 무자비하고 집요하리만큼 성장만을 중요시한다는 의미였다. 경쟁력 제고를 위한 것이었지만, 그 과정은 결국 '사람 자르기'로 나타났기 때문이다.

1982년, 캘리포니아 주 온타리오에 있는 스팀다리미 생산 공장을 폐

쇄시켰을 때는 유명한 시사 프로그램이었던 '60분'까지 취재팀을 보내 그를 비난했다. 하지만 그는 강행했다. 시장은 이미 플라스틱다리미 시대로 들어섰는데 온타리오의 공장은 여전히 쇠로 된 다리미를 생산하고 있었던 것이다. 1982년 11월 말, '60분'은 회장 자리에 오른 지 1년도 채 안 된 웰치가 이끄는 GE를 '인간보다 이익을 추구하는' 기업으로 지칭했다. 그리고 1985년, IBM은 자신들은 종신고용을 하고 있다며 이런 문구가 담긴 광고를 내보냈다.

"……업무는 바뀔 수 있습니다. 하지만 사람은 결코 바뀔 수 없습니다."

웰치와 GE를 교묘하게 조준하고 있는 내용이었다. 웰치는 나중에 그 광고를 볼 때마다 '정말 힘이 들었다'고 고백했다. 하지만 그는 당당하게 'GE를 그만두는 시기가 빠르면 빠를수록 더 많은 기회를 잡을 수 있을 것'이라고 말하곤 했다. 그는 매년 전 직원을 평가해 하위 10%에 해당하는 사람들을 집으로 돌려보냈다.

"어떤 이들은 하위 10%의 사람들을 사직하게 하는 방식이 너무 잔인하고 몰인정하다고 말한다. 그러나 사실은 그렇지가 않다. 오히려 그 반대다. 내가 생각하는 잔인하고 거짓된 친절은 바로 스스로 더욱 발전하기 위해 노력하지 않은 사람을 회사에 계속 붙잡아두는 것이다. 진정으로 잔인한 것은 그들이 나이가 들어 직업을 선택할 수 있는 기회가 줄어들고, 자녀들이 성장해 교육비가 엄청나게 늘어날 때까지 기다렸다가 그때서야 회사를 그만두게 하는 것이라고 생각한다."[10]

그의 이런 논리는 다음과 같은 의문에서 시작되었다. '인생의 첫 20년 동안은 모든 과정에서 평가가 이루어진다. 그런데 왜 인생의 훨씬 더 많은 부분을 보내는 직장에서는 평가가 이루어지지 않는 것일까?' 그래서 그는 '기업이 직원의 일자리를 보장해주는 것이 아니라, 고객을 만족시킨 결과로 일자리가 보장되는 것'이라면서 '우리는 종신고용Lifetime employment을 보장하지 않는다. 대신 종신취업능력lifetime employ-ability을 기를 수 있도록 가능한 모든 일을 하겠다'고 했다.

"사람들을 해고하는 것은 리더들이 가장 하기 어려운 결정 중의 하나일 것이다. 그 일을 '즐기는' 사람이 리더가 될 수 없는 것과 마찬가지로, 그 일을 '할 수 없는' 사람도 리더가 될 수 없다. (……) 신중한 의사 결정을 위해 다음과 같은 최소한의 검증 절차를 거쳐야 했다. '과연 해고가 최후의 수단인가? 그것은 정당한 일인가? 매일 거울을 보고 그러한 질문을 할 때마다 '예'라고 대답할 수 있는가?"11)

이런 웰치를 14년 동안 상사로 모셨던 '센' 비서가 있었다. 로잔 배더우스키라는 여비서였다. 시쳇말로 시간만 나면 들들 볶고 한시도 가만히 있지 못하는 웰치를 '끈질기게' 모셨던 로잔은 웰치의 은퇴와 함께 다른 길을 가려고 했던 모양이다. 하지만 이번에는 웰치가 그녀를 '모셨다'. 이 여비서가 지은 책,《잭 웰치 다루기》에는 '가장 싫고 고통스러운 일'을 해나가는 웰치를 지켜본 내용이 나온다.

나는 여러 번 직원을 해고하는 잭 웰치의 모습을 바라보았다. 그도 직원을 해고하기를 싫어했지만 남에게 책임을 전가하지는 않았다. 그의 직속 부하직원이나 사업부 책임자는 CEO로부터 직접 해고 통지를 받았다. 그럴 때는 잭의 유머도 존재하지 않았다. 살얼음판 같은 시간이었다. 사무실 문도 조심스레 닫았고, 책상 위의 서류도 조심스럽게 올려놓았다. 잭도 그날 오후에 해야 할 일을 앞두고 예민해져 있었다. 그는 해고 역시 자신의 업무 중 일부지만 가장 싫고 고통스러운 일이라고 고백했다. 하지만 아이러니컬하게도 해고 통지를 받은 사람들은 그리 화를 내지 않았다. 대부분은 오래 전부터 무언가 잘못되었음을 알았기 때문이다. 잭은 나쁜 소식을 감추거나 굳이 좋게 포장하려 하지 않았다. 당사자에게 솔직하게 말했다. (중략) 그는 언제나 직책에 어울리지 않는 사람을 그대로 두는 것은…… '비뚤어진' 친절이라고 했다. ……그에게 어울리는 일을 찾을 수 있도록 놓아주어야 한다는 것이었다. 그러지 않으면 그 비뚤어진 친절은 혹독한 결과를 낳는다.[12]

그녀는 '다행히 해고 통지 자리는 경력 상담 같은 분위기를 띠었다'며 '문제가 발생했을 때, 잭은 상처를 핥고 슬퍼하는 것이 아니라 힘을 강화시키는 기회로 활용했다'고 말했다. 실수를 기회로 바꾸었다는 뜻이다.

웰치는 자서전에서 급진적인 개혁의 칼날이 무뎌지려고 할 때는 스스로의 모습을 거울에 비춰보면서 다시 한 번 결의를 다졌다고 했다. '가슴 아픈 현실이기는 하지만 해고는 엄연한 비즈니스의 일부'였기 때문이다.[13] 그가 수도 없이 반복해야 했던 말은 이랬다.

"GE는 직원들을 해고시키지 않았습니다. 우리는 단지 직위를 해고했고, 그러면서 그 자리에 있던 사람들이 떠날 수밖에 없었던 것입니다."[14]

어디 웰치만 그럴까. 한국 프로야구사에 깊은 족적을 남기고 지금은 삼성라이온즈의 사장으로 있는 김응용 전 해태, 삼성 감독. 그는 '그라운드의 잭 웰치'였다.

김 전 감독은 불필요한 선수는 절대 보유하지 않았다.[15] 그뿐인가. 필요 없다 싶으면 냉혹하리만큼 가차없이 내쳤다. 앞으로 중용할 선수는 야단치며 엄하게 대하고, 쓸모없다 싶으면 눈길 한 번 안 줬다. 그리고 언젠가 기회가 오면 냉정하게 버렸다. 기회가 오지 않으면? 그래도 버렸다.[16]

하지만 해태와 김 전 감독 곁을 떠난 A급 선수들에겐 한 가지 공통점이 있었다. 반드시 재기에 성공했다는 점이다. 역설적으로, 아직 쓸모가 있을 때 버려줬기 때문이다. 참으로 모진 것 같지만, 결과를 놓고 보면 오히려 인간적이다. '쓸 만한데 왜 버리느냐'고 물으면 김 전 감독은 '쓸 만하기 때문에 버린다'고 대답했다.[17]

전쟁에서 마음씨 좋고 이기지 못하는 장수는 모든 병력을 죽음에 이르게 한다. 병사들을 모두 살아남게 하는 장수가 유능한 장수다.[18]

CEO도 마찬가지다. 기업의 존재 이유는 이익이고, CEO의 존재 이유는 이익의 실현이다. 사람 좋으면서 이익을 실현하지 못하고 인재를 키우지 못하는 리더는 이미 가치를 잃은 셈이다.

우유부단은 모두를 죽인다

승부의 세계에서 이기는 것은 쉬운 일이 아니다. 하물며 '또 이기기'란 2배가 아니라 4배 이상으로 어려운 일이다.

'한국의 피터 드러커'로 불리는 윤석철 서울대 교수는 2005년 8월 정년퇴임을 며칠 앞두고 기자와 가진 인터뷰에서 '기업 경영의 기본은 투명 경영이 아니다'라고 한 적이 있다. 투명하지 않으면 살아남을 수 없다는 현 시대에 투명 경영이 기본이 아니라니! 외환위기도 불투명 경영에서 시작되지 않았는가. 깜짝 놀라 다시 물었다.

"그럼 뭡니까?"

"경영의 기본은 생존입니다."

이겨서 살아남기 위해서는 냉혹해져야 한다. 동상에 걸린 발가락은 잘라내야 한다. 잘라내지 않으면 온몸이 썩어 들어간다. 조직에 해를 끼치는 직원도 잘라내야 한다. 해를 끼치지는 않더라도 조직의 미래를 위해 떼어낼 필요가 있을 때는 그렇게 해야 한다.

"어느 날, 내 책상 위에 결재판이 놓여 있었어요. 해고 대상자들이었습니다. 임원 회의를 소집했습니다. 모두들 묵묵히 고개를 떨어뜨리고 있더군요. 누군들 목을 치라고 하고 싶겠습니까. 나중에는 화가 납디다. 침통한 건지 책임을 회피하는 건지 알 수가 없었어요. 아무도 나서지 않으니 제가 나설 수밖에요. 제가 했습니다. 술을 마시면 퍼질까 봐 영화 한 편 보고 집에 들어갔는데, 해고당한 사람들 생각을 하니 잠이 안 옵디다. 만약 내가 오늘 해고당했다면 어땠을까 생각하니 참담하더군요. 솔직히 어디서 칼이라도 날아올까 봐 한동안 간이 콩알만 해서 다녔어요."

외환위기 시절 구조조정을 단행했던 한 CEO의 경험담이다. 그는 '지나고 나니 좀더 냉혹하게 빨리 단행했어야 했다는 생각이 든다'며 '그랬으면 회사를 좀더 빨리 정상화시켜 나간 사람들을 더 빨리 불러오게 할 수 있었을 것'이라고 말했다. 그는 '우유부단은 CEO 자신뿐만 아니라 모두를 죽인다'고 강조했다.

다국적 기업인 한국EMC를 세웠고 오랫동안 CEO를 지냈던 정형문 전 회장도 현직에서 물러난 뒤 인터뷰차 만난 자리에서 이런 말을 했다.

"(미국) 본사에서 방침은 내려오지, 차마 내 손으로 자를 수는 없지

……. 2000년과 2001년 두 번에 걸쳐 구조조정을 했는데, 아마 내 인생에서 가장 괴로운 시간이었을 겁니다. 어떻게든 피해보려고 본사 방침 두 번 내려오면 마지못해 한 번 하고, 다섯 번 내려오면 두 번 하고 그랬습니다. (본사와) 싸우기도 많이 싸웠죠. 밤에 잠이 안 오죠. 다 내가 뽑은 사람들인데. 하지만 그 마음을 누가 알아주겠습니까. 아무도 몰라줘요. 사장이 돼봐야 사장 마음을 알지 않나 싶습니다. 본사에서는 (구조조정을) 하라고 하고, 아래(임원들)서는 손에 피 안 묻히려고 입 다물고 가만히 있고……. 한번은 오후 6시가 명퇴 마감시한이었는데, 도저히 어떻게 할 수가 없어 마감 5분 전에 전체 직원에게 메일을 보냈습니다. '잘 사는 게 복수다', 이렇게 썼어요. 그때의 착잡함이란……."

몇 년 전의 일인데도 그는 당시의 일이 생각나는 듯 연신 탁자 위의 물을 들이켰다. '자른' 사람에게도 상처가 남아 있는 것이다.

리더는 냉혹하다. 아니, 냉혹해야 한다. 냉혈한이어서가 아니다. 이 사람에게도 좋고 저 사람에게도 호인好人인 CEO나 리더는 조직을 망친다. 평상시에는 그럭저럭 조직을 끌고 나갈 수 있겠지만, 위기 상황이 오면 호인은 악인이 되고 만다. 결정해야 할 때 결정을 못하는 것은 나쁜 결정을 내리는 것보다 더 나쁘다. 자신만이 아니라 모든 사람을 망치기 때문이다.

해고 리스트에 사인한 CEO의 진짜 마음을 아는 사람이 몇이나 될까. 아끼는 마속馬謖을 읍참泣斬한 제갈공명은 정말로 냉혹한 사람이었을까.

CEO가 받고 싶은 선물, '휴가보다는 똘똘한 인재 다섯 명'

대부분의 CEO들은 휴식을 원한다. 하루 일과 자체가 중노동이기 때문이다. 하지만 CEO들에게 그보다 더 중요한 선물이 있다는 설문조사 결과가 나와 있다. 삼성경제연구소에서 운영하는 SERICEO가 국내에서 활동하는 기업체 CEO 502명을 대상으로 조사한 결과에 따르면, '답답한 속을 시원하게 뚫어줄 선물은 무엇인가'라는 질문에 대상자의 32.1%가 '똘똘한 핵심인재 다섯 명'이라고 답했다.

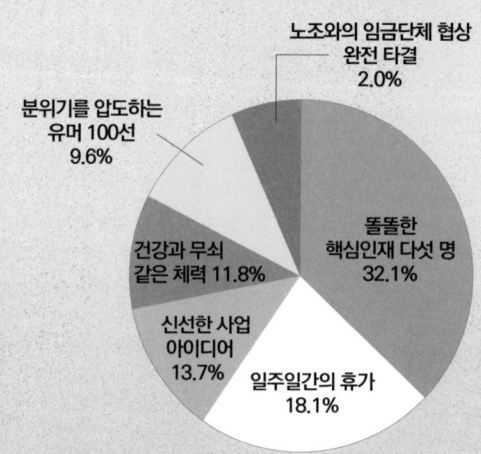

03

사장,
고독한 일인자

단 하루도 안심할 수 있는 날이 없었다.
이 과제를 누구에게 위임하겠는가? 결코 그럴 수 없다.
그것은 외로운 싸움이다.

- 루이스 V. 거스너 Jr. [19]

외로움이라는 적

 벤처 1세대라고 할 수 있는 한 CEO가 있었다. 그의 출발은 평범했다. 좋은 대학 나와 직장에 다니던 그는 친구 몇 명과 벤처를 시작했다. 초기 벤처가 그렇듯 연일 돈 구하러 다니고, 라면 삶아 먹는 생활이 기약 없이 이어졌다.

 세상 인심 야박한 건 어제 오늘 일이 아니다. 계속되는 원조 요청에 너나없이 등을 돌리기 시작했고, 못 본 척했다. 보다 못한 친구들이 약간의 돈을 모아 그에게 건넸다. 건네진 것은 돈만이 아니었다.

 "다시는 돈 얘기 하지 말자."

 말은 차가웠지만 눈물이 날 만큼 고마운 돈이었다. 한 친구는 전세를 면하기 위해 모아둔 돈을, 다른 한 친구는 1년 성과급으로 받은 돈 전부를 아내 몰래 주었다. 친구들은 '그냥 주는 것'이라고 했다. 대가 없는 돈이었다. 하지만 너무나 고마웠던 그는 제 손으로 친구들 도장을 파 지분을 나눠놓았다.

1~2년 후, 어려움을 이긴 그는 벤처 붐을 타고 코스닥에 초고속으로 입성했다. 그날 사무실에서 기념 파티를 연 그는 힘차게 건배를 제창했다.

"(주식 한 주 당) 2만 원만 가자!"

잔을 높이 치켜든 그를 따라 직원들도 목청껏 외쳤다.

"2만 원까지만 가자!"

주당 2만 원은 말 그대로 희망사항이었다. 하지만 주가는 그들 생각을 따돌렸다. 머지않아 2만 원을 훌쩍 넘어서는가 싶더니 하늘 높은 줄 모르고 치솟기 시작, 급기야는 30만 원을 넘어서는 기염을 토했다. 주당 30만 원! 그를 돕기 위해 기꺼이 돈을 건넸던 친구들은 발을 동동 굴렀다. 주당 2만 원대에서 흔쾌히 주식을 모두 팔아치운 그들이었다. 설마 그렇게까지 주가가 올라갈 줄 몰랐던 것이다.

주가가 천정부지로 뛰면서 많은 것이 변했다. CEO의 생활도 달라졌다. 회사가 커지면서 인원이 늘어나고 이전에는 해보지 못한 일들이 갈수록 쌓이면서 그는 '섬'이 되었다. 번쩍이는 사장실이 생기고 결재 단계가 늘어나면서 직원들과 얼굴 보는 일도 줄었다. 그가 엘리베이터를 타면 직원들이 슬금슬금 물러났다. 결재와 회의가 아니면 얼굴 맞대는 시간이 없었다. 대신 날이면 날마다, 아니 시시각각 화려한 수식어와 다양하고도 이채로운 경력의 사람들이 그를 둘러쌌다. 그가 선

곳에는 몇천억 원대의 돈이 쌓여 있었다. 그는 벤처 갑부였다.

하루도 쉴 틈이 없었다. 마음대로 잠을 잘 수도, 여유로운 시간을 보낼 수도, 옛 친구를 만나 소주 한잔 할 수도 없는 날들이 계속됐다. 어제는 저런 이유로, 오늘은 이런 이유로 룸살롱을 갔다. 어쩔 수 없이 불려 다니다 보니, 룸살롱 드나드는 일이 소줏집 드나들 듯 익숙해졌다. 언제부턴가는 제 발로 룸살롱을 찾았다. 어제는 기분이 좋아서, 오늘은 스트레스가 쌓여서……. 날마다 만난 사람들의 명함이 고층빌딩처럼 쌓이고 또 쌓였다.

룸살롱을 소줏집처럼 드나들었지만 느낌이 달랐다. 소줏집에서는 스트레스를 털었지만 룸살롱에서는 스트레스가 쌓였다. 소줏집을 나오면 마음이 흡족했지만 룸살롱을 나오면 가슴 속에 알 수 없는 찌꺼기가 남았다. 돌아서면 마음이 휑했다.

그러던 중 회사가 분란에 휩싸였다. 주가를 천정부지로 뛰게 했던, 화려하게 발표했던 사업이 지루하게 미뤄지면서 불신의 눈초리가 여기저기서 번뜩였고, 결국 내부 갈등으로 비화됐다. 사면초가였다. 벤처 1세대인 덕분에 일거수일투족이 뉴스로 중계됐다. 숨을 곳이 없었다. '내가 뭐 잘못한 게 있었나?' 뉴스는 갈수록 부정적인 색채를 띠었고 불신의 눈초리도 거세졌다. 억울했다. 쫓기는 그의 마음을 받아줄 곳도 없었다. 만나면 지루하게 하소연을 시작하는 버릇이 생겼고, '그러면 안 된다'고 잔소리하는 사람이 귀찮아졌다.

그는 점점 혼자서 룸살롱을 찾는 횟수가 잦아졌다. 그곳에서 아가씨들을 모아놓고 돈을 뿌렸다. 돈은 얼마든지 있었다. 사람이 없었을 뿐. 빳빳한 1만 원짜리 지폐를 산더미처럼 쌓아놓고 노래 잘하는 아가씨에게 한 움큼, 애교 잘 부리는 아가씨에게 한 움큼씩 집어줬다. 룸살롱 아가씨들이 모두 그의 방으로만 몰렸다. 그의 행동거지가 세간의 입방아에 올랐다. 아방궁 생활 같은 소식은 꼬리에 꼬리를 물고 빠르게 퍼졌다.

얼마의 시간이 흐른 후, 그는 모든 것을 넘기고 회사를 떠났다. 모두들 그의 물러남을 화제로 삼았다. 그뿐이었다. 한 달여가 지나자, 언론은 물론 누구의 입에서도 그의 이름이 거론되지 않았다. 그는 평생 살아갈 돈은 마련했을지 몰라도 평생 함께 살아갈 사람들을, 평생 함께 살아갈 세상을 잃었다. 언젠가 그는 한 친구에게 이런 말을 했다.

"불현듯 정신을 차려보니 섬처럼 고립돼 있었다. 코스닥에 등록되고 사람들이 몰려오고 돈을 벌고……. 정신이 없었지만, 좋았다. 잠을 안 자도, 밥을 안 먹어도 괜찮았다. 그런데 시간이 지나면서 도대체 주위 사람들 말을 믿을 수가 없었다. 모두들 입을 벌리고 손을 내밀며 나를 향해 달려들고 있었다. 누구를 믿고 누구를 믿지 말아야 할지 헷갈렸다.

갑자기 돈이 생기자 사람들이 몰려왔고, 좀 선별하려고 하면 '돈 벌더니 사람 달라졌다'는 소리를 했다. 그 소리 듣지 않으려고 용쓰다 보니 몸이 배겨나지 못했다. 전에는 '우리'가 사업을 결정하고, 진행하고, 마무리했다. 그런데 '벤처 갑부' 소리를 듣는 순간, 상황이 변했다. 시작은 우리가 했지만, 그 다음부터는 세상 모든 사람들이 사업을 이끌고 갔다. 전에는 조금 잘못해도 소주 한잔 마시면 그만이었다. 그런데 주식이 뜬 뒤로 나는 동물원의 원숭이처럼 묘기를 부려야 하는 신세가 되었다.

사람들로부터 어느 정도 나를 격리시켜야 했다. 내가 나를 몰랐다. 너무도 외로웠고, 그 외로움을 어떻게 풀어야 할지도 몰랐다. 열심히 산다고 생각했는데, 지금 돌아보니 되는 대로 열심히 살았을 뿐이다. 유명세와 함께 찾아온 외로움을 이겨냈어야 했다. 사람들과 어울리면 되리라고 생각했는데, 그게 아니었다. 더 처절하게, 내게 찾아왔던 고독을 혼자서 견뎌냈어야 했다. 나는 그러지 못했다. 외로움에 진 것이다."

외로움…….

외로움은 리더가 앓아야 할 병이다. 아니다. 리더가 감내해야 할 형벌일지도 모른다. 외롭지 않으면 리더가 아니다. CEO가 된다는 것은 혼자가 된다는 것이다. 국내 게임업계 최초로 미국 나스닥에 입성한 웹젠의 김남주 사장은 한 인터뷰에서 이렇게 말했다.

"사장이 되면서 가장 큰 변화는 내 사무실이 생긴 것인데, 아무래도 따로 있다 보니 직원들한테 왕따당하기 쉽다. 업무 보고나 협의차 오는 직원들이 있으면 단 몇 분이라도 붙잡고 이런저런 얘기를 나누려 노력한다."

평범한 어투지만, 느껴지는 무게는 절대 가볍지 않다. 같은 맥락에서 언젠가 LG창업투자 사장으로 있던 분이 한 얘기도 시사하는 바가 크다.

"나는 여기 오기 전, 두 번의 리더 경험이 있다. LG전자 미주 지사장이 첫 경험이고, LG전자 부사장이 두 번째 경험이었다. 여러분께 한 가지만 묻겠다. 두 자리 중 어느 자리가 더 힘들었을 것 같은가? 아마도 후자 쪽이라고 생각하는 사람이 많을 것이다. 하지만 아니다. 결론부터 말하면, 사실 미주 지사장 자리가 훨씬 더 힘들었다. 미주 지사장은 기껏해야 260명 정도의 인력을 거느리는 자리고, LG전자 부사장은 몇만 명을 거느리는 자리다. 그러나 숫자가 모든 것을 말해주지는 않는다.

말도 안 되는 소리라고 할 수도 있다. 하지만 이렇게 한번 생각해보자. 미주 지사장은 소수 인원을 데리고 있지만, 내가 모든 것을 결정해야 하는 자리다. 대신 LG전자 부사장 자리는 지사장에 비해 엄청나게 일이 많지만, 골머리를 썩히는 일은 의외로 많지 않다. 왜냐? 내 위에 한 사람이 있기 때문이다. 직제상 높은 사람이 있으니, 시쳇말로 골치 아프면 '중요 안건'이라며 넘겨버리면 그만이다. '중요 안건이니 당연히 최고결정권자가 해야 한다'는 논리를 펴면 뭐 어쩔 것인가. 받아들일 수밖에. 그러니 부사장이라는 자리가 얼마나 편하고 좋은 자리인가."

인간 사회가 실은 동물 사회와 그리 다르지 않다는 책으로 세계적인 명성을 얻은 인류학자 데스몬드 모리스는 자신의 저서에서 이렇게 말하고 있다.

"불운한 일이지만 진정한 지도자는 아무하고도 진정한 우정을 맺을 수 없다. 진정한 우정은 지위가 비슷한 사람들 사이에서만 충분히 표현될 수 있다. 물론 상위자와 하위자 사이에도 불완전한 우정은 맺어질 수 있지만, 지위의 차이는 우정을 망치게 마련이다. 그런 우정을 맺은 사람들이 아무리 선의를 갖고 있다고 해도, 생색과 아첨이 둘 사이에 서서히 끼어들어 친구 관계에 어두운 그림자를 던지는 것은 피할 수 없는 노릇이다. 사회적 피라미드의 정점에 서 있는 지도자는 완전한 의미의 친구를 영원히 가질 수 없다."[20]

사장들이 바람을 피우는 이유

CEO들을 상대로 컨설팅을 하는 어느 이름 있는 컨설턴트에게 한 CEO가 찾아왔다. 평소 밝던 표정이 처참하도록 울적하게 변해 있었다. '무슨 일이 있었느냐'는 컨설턴트의 물음에 그는 땅이 꺼질 듯 긴 한숨을 내쉬었다.

"제 젊은 애인이 떠났어요."

"예?"

"제 젊은 애인이 떠나버렸다고요."

CEO의 얘기는 놀라웠다. 그는 우연한 기회에 젊은 아가씨를 사귀게 됐다. 얘기만 나눠도 젊어지는 기분이었고, 무엇보다 그를 엄격하고 딱딱한 사장으로 여기지 않아 마음이 편했다.

몇 달이 지난 어느 날, 아가씨가 300만 원만 달라고 했다. 이유를 묻는 그에게 '남자친구한테 300만 원을 빚졌는데 갚아야겠다'는 것이었다. 그럴 수 있겠다 싶어 줬다. 얼마 후 CEO는 흑심 반, 쉬자는 마음 반으로 아가씨와 해외여행을 가기로 하고 출국 수속을 밟았다. 그런데 시간이 남아 면세점에 잠깐 들렀다가, 정신이 확 깨는 장면을 보고 말았다. 아가씨가 190만 원짜리 핸드백을 스스럼없이 들어 보이더라는 것이다. 아차 싶은 생각에 그는 여행을 포기하고 서둘러 공항을 돌아 나왔다.

컨설턴트는 이렇게 말했다.

"그가 보여준 사진 속의 아가씨는 평범한 얼굴이었어요. 화장기도 없는, 순진하게 생긴 얼굴이었습니다."

외로움을 어떻게 달래보려다 큰코다칠 뻔한 이 CEO의 예가 아니라도, 비슷한 이야기는 더 있다.

서울 소재의 괜찮은 대학을 나와 사업을 하다 실패해 대리운전을 시작한 지 2년쯤 됐다는 한 분을 만난 적이 있다(2005년 7월, '나는 서울의 대리운전사'라는 제목으로 그의 글을 〈이코노미스트〉에 게재했다). 그는 그동안 이런저런 주객들의 바퀴 노릇을 해오면서 꽤 흥미로운 사실을 발견했다고 한다.

"이렇게 많은 불륜이 있는지 전에는 미처 몰랐어요. 그런데 한 2년 정도 이 일을 하다 보니 특이한 현상이 눈에 띕디다. 늦은 밤 술집에서 나온 손님들의 차를 운전할 때, 뒷좌석에 탄 여자는 대개 둘 중 하나죠. 얼굴 예쁜 여자는 술집 여자인 경우가 많고, 그렇지 않은 여자는 보통 내연의 여자예요. 이상한 건 내연의 여자들이 하나같이 '반반한 얼굴'이 아니라는 겁니다. 제 눈이 평범하다면 분명히 수준 이하입니다. 처음에는 '도대체 왜 저런 여자를 데리고 다닐까' 하는 생각이 들었는데, 가만 보니 이유가 있더군요. 두 사람의 얘기를 듣다 보면 실소가 나올 때가 한두 번이 아니에요. 사장쯤으로 보이는 남자들이 하는 얘기가 뭔지 압니까? '오늘 사무실에 책상이 하나 들어왔는데 말이야……', '어제 만난 그 아저씨 같은 사람 있잖아……' 뭐 이런 거예요. 그야말로 시시콜콜하죠. 근데 더 이상한 건 내연의 여자들이 그런 얘기를 살뜰하게 다 받아준다는 겁니다. 하나같이 똑같아요. 사장처럼 보이는 손님들도 비슷하기는 마찬가지죠. 차에 오르자마자 하는 행동이 약속이나 한 듯 똑같습니다. 차에 타면 5분 안에 집에 전화를 겁니다. 통화가 끝나기까지는 채 5분이 안 걸려요. '나다', '애는?', '좀 있다 (집에) 들어갈 거다' 이 정도죠. 하도 궁금해 몇 분에게 직접 물어본 적도 있어요. 왜 부인에게는 시시콜콜한 주변 얘기를 하지 않느냐고요. 그러면 대부분 하는 말이 있어요. '애들 키우는 얘기가 아니면 상대해주지도 않는다'는 겁니다. 사장님들이 왜 바람을 피우는지 알겠더군요."

CEO는 어려운 자리다. CEO라는 자리는 '무난하게 조직을 이끄는 리더'로 설명이 끝나는 자리가 아니다. CEO의 도덕성은 이익이다. 이익을 내야 다음 일을 할 수 있다. CEO는 그 자신이 한 인간이면서, 여러 인간형과 더불어 일을 해야 한다. 때문에 인간적이어야 하고 그러면서도 이익을 내야 한다. 전장에 나선 장수가 어떻게든 승리해야 하는 것과 마찬가지다.

요즘 우리 나라 대기업들은 과장급에서 CEO 후보자를 비밀리에 선발하곤 하는데, 어느 기업에서는 후보 선발의 기본 요소로 '외로움을 견딜 수 있는가'라는 항목에 상당한 가산점을 준다고 한다. 외로움을 혼자 삭히지 못하고 이리저리 나댈 경우, 필시 부작용이 생겨난다는 점을 잘 알기 때문이다.

이는 역사가 증명하는 사실이기도 하다. 얼마나 많은 리더가 외로움과 고독을 달래려고 술과 색을 가까이 하다 망가졌는가 말이다. 하지만 리더들이 진짜 여자를 좋아했을까? 개인적인 생각이지만, 그들은 여자를 좋아했다기보다 외롭고 고독한 처지를 벗어나는 가장 좋은 방법을 '색色'에서 찾지 않았나 싶다.

세계를 움직인 왕들의 총애를 한 몸에 받으며 오랫동안 권력을 누린 정부情婦들을 보면 공통점이 있다. 절세미인인가? 그런 예도 있지만, 공통점은 아니다. 잠자리를 잘 했던가? 그랬을 수도 있지만, 이 또한 답은 아니다. 그러면 뭘까? 답은 의외이면서도 상식적인 데서 찾아진다. 한마디로 같이 있으면 편하다는 것이다. 애정 없는 정략 결혼이 서양 왕실을 지배하던 시기, 정부는 왕에게 강력한 영향을 미쳤다. 왕에 대한 정부의 영향력은 뛰어난 미모나 사랑만으로 얻어지는 것이 아니었다. 왕비보다 신분이 낮은 그녀들이 살아남기 위해서는 다른 뭔가가 있어야 했는데, 그게 바로 '편안함'이었다.

애기가 나온 김에 좀더 진도를 나가보자. 미모는 변하고 애정은 식는다. 지속적인 '왕의 정부'로 남아 있기 위해서는 편안함과 함께 끊임없는 인내도 필요했다. 그런 만큼 정부들의 화려한 겉치장 속에는 참기 힘든 고된 나날이 있었다.

"정부로 성공하기 위해서는 아무리 피곤해도 왕과 기쁘게 대화를 나누고, 몸이 아플 때도 왕과 관계를 갖고, 왕의 온갖 변덕을 감내하고, 왕이 가장 좋아하는 음식들을 내놓고, 왕의 심기가 불편할 때는 위로를 해주고, 왕의 발을 마사지하고, 왕의 집을 꾸미고, 왕의 아이를 (때때로 다른 여자와의 사이에서 낳은 아이까지도) 키우는 등 모든 일을 기쁘게 해낼 각오를 해야 했다."[21]

애기가 좀 빗나갔지만 왕이 원했던 것을 CEO들도 원하고 있다는 '증거'는 다른 데서도 쉽게 찾을 수 있다. 일례로 술을 못 마시는 이들을 제외하면, 웬만한 CEO치고 집 근처에 단골 바나 선술집 하나 갖고 있지 않은 사람이 없다. 모두들 술이 세서, 미처 못다 마신 술을 마저 마시기 위해서 저마다 단골 술집을 두고 있는 것일까? 그렇지는 않을 것이다. 그들은 그저 누군가에게 얘기를 하고 싶은 것이다. 그게 여의치 않으면 혼자라도 있고 싶은 것이다.

알고 보면 CEO들의 주변 상황은 황무지나 같다. 그들이 마음속에 들끓는 크고 작은 고민거리를 누구와 상의할 수 있을까? 아내나 남편? 경험해본 이들은 알겠지만, 아무리 살을 맞대고 사는 부부라도 어느 때건 흔연히 '비즈니스와 인생을 논하는 대화 상대'가 되어주지는 않는다. 듣기 좋은 콧노래도 한두 번이라고, 싱숭생숭한 얘기를 몇 번 입에 올리고 나면 나중에는 마주앉아 입술만 달싹여도 지레 표정이 딱딱해지거나 일그러지기 십상이다. 얼굴에 확 묻어나는 '또 그 얘기냐'는 짜증을 굳이 숨기려 들지도 않는다. 그쯤 되면 극히 예민한 얘기들이 나올 여지가 없다.

그럼 친구와 선후배는? 그들이라고 별반 다를 게 없다. 흥겨움을 좋아하는 부류이지, 고민을 나눌 상대는 아니다. 잘못했다간 외려 왕따나 당하기 십상이다. 하면, 직원들은? 이른바 'CEO학'에서는 외로움이나 고민을 부하들에게 털어놓지 말라고 충고한다.

그렇다면 CEO한테 가장 좋은 대화 상대는 도대체 누구일까? 사견이지만 아마 '경쟁자'가 아닐까 싶다. 경쟁자는 '또 다른 나'이기 때문이다. 피차가 내 몸처럼 따라주지 않는 부하들을 '모시고', 똑같은 시장에 대해 똑같은 고민을 하는 처지이지 않은가. 그래서인지 옛날 중국에서 천하통일을 한 이들을 보면 자신의 경쟁자를 바로 밑의 수하로 앉히는 경우가 종종 있었다. 자신의 마음을 가장 잘 아는 사람이기 때문이었을 것이다.

하지만 CEO가 넋 나가지 않고서야 이 '또 다른 나'를 상대로 모든 고민을 시시콜콜 털어놓을 수는 없는 일이다. 어떻게 경쟁자에게 내부 정보들을 알려줄 수 있겠는가 말이다.

그렇다면 이제 남은 대화 상대는? 좀 고상하게 얘기하자면 철학적이고 그렇지 않게 말한다면 처절함이 묻어나지만, 결국은 자신밖에 없다. 자신과의 대화. 글쎄 어쩌다 자신을 발견하는 일이라면 모르겠지만 허구한 날 자신을 뒤집고 엎고 깨물어야 한다면 그리 반갑고 즐거운 일은 아닐 것이다.

고립무원孤立無援……. CEO들은 그렇게 홀로 남겨진다. 홀로 남아 남모르게 끙끙 앓는다. 골프며 등산이며 갖가지 취미생활을 즐겨보지만, 사실 그 또한 홀로임을 확인하는 활동일 뿐이다. 결국은 자신과의 만남이고, 자신과의 싸움일 테니 말이다.

이런 상황에서 '동구 밖 단골 술집'은 심신이 지친 일인자들에게 어쩌면 정신적인 보금자리일지도 모른다. 아무런 의도 없이 자신을 반겨 맞고(물론 그 반가움도 돈으로 사는 것이긴 하지만) 무작정 얘기를 들어주는, 어쩌면 그것이 심심풀이 땅콩 같은 얘기일지라도 웃음으로 들어주는 그런 곳이니 말이다. 동시에 그들은 이곳에서 자신을 알아보는 이가 아무도 없다는 일종의 익명을 즐기는지도 모를 일이다.

짐작컨대 CEO들이 많이 사는 주택가 근처의 아담한 '안가安家'는 시나브로 더 늘어나지 않을까 싶다. 외로운 CEO들이 갈수록 늘고, 경쟁사회가 치열해질수록 그들의 외로움도 더 짙어질 테니 말이다. 실제로 괜찮게 사는 동네에서는 '바' 형태의 술집들이 조금씩 늘어나고 있다고 한다. CEO의 외로움을 달래주는 신종 상품이 등장한다면 상당히 고부가가치 상품이 되지 않을까 싶다.

 # 누가 내 고민을 들어줄까

CEO들은 마음속에 들끓는 크고 작은 고민거리를 누구와 상의할까? 몇 년 전 중소기업 CEO들을 대상으로 설문 조사한 결과를 보면 다음과 같다.

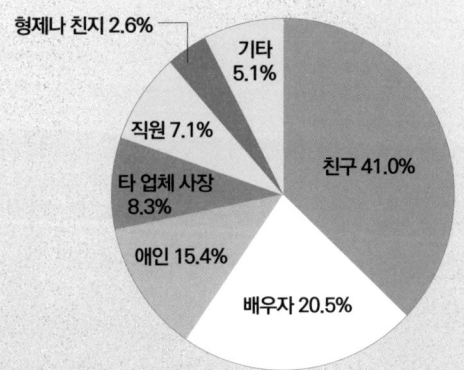

출처 : 중소기업진흥공단, 2005년 8월, 중소기업 CEO 97명 설문 조사 결과

강한 자만이 느낀다

언젠가 박병엽 팬택계열 부회장을 술자리에서 본 적이 있었다. 말로만 들었지 얼굴을 마주한 것은 그때가 처음이었다. 키는 그리 크지 않았지만 구릿빛 얼굴에 한눈에도 호방한 성격임을 알 수 있었다. 분위기가 무르익자 역시나 그는 호방해졌다. 그의 입에서 나오는 호칭은 둘 중 하나였다. '형님' 아니면 '동생'. 좀 어색한 상대에게는 아예 호칭을 생략했다. 그로부터 둘 중 하나의 호칭을 받으려면 한 시간이면 너끈할 것 같았다.

술자리가 끝날 무렵 그에게 분위기를 확 깨는 질문 하나를 던졌다.

"무엇으로 기억되고 싶으십니까?"

명색이 기자였지만, 그를 만나고 나서 질문을 던진 것은 그때가 처음이었다. 이것저것 물어봤자 수없이 많은 질문을 받아본 그에게 새로운 질문은 없을 터, 노회한 사냥꾼처럼(?) 나도 '한 방에 끝내자'는 생각이었다. 예상은 했었지만 '한 방'은 의외의 결과를 가져왔다. 그렇지 않아도 자리를 마무리하는 썰렁한 분위기에 확실한 찬물을 끼얹었던 것이다. 잠시 조용한 침묵이 흘렀다. 그는 가만히 나를 바라볼 뿐 입을 열지 않았다. 그렇게 몇 분이 흐른 뒤, 어색함을 추스르는 분의 '중재'에 의해 침묵은 끝이 났다.

나는 지금도 '박병엽'이라는 이름을 들으면 그때 생각을 하곤 한다. 그는 왜 대답을 하지 않았을까? 술에 취해서? 마땅한 말이 떠오르지 않아서? 그것도 아니면 별 이상한 질문이라고 생각해서?

사실 지금도 물어보고 싶다. 아니, 그때 정말 물어보고 싶었던 것은 '선택'에 대한 것이었다. 어느 조직에서나 중요한 선택은 최종 결정권자가 한다. 선택을 한다는 것은 책임도 진다는 뜻이다. 물줄기를 바꾸는 CEO의 선택은 보통 '칼날 위의 몸 바꾸기'로 표현된다. 그만큼 위험하다. 그런데도 그는 선택을 통해 거듭나고, 성장하고 있다. 무엇일까. 선택을 잘하는 비결은.

그런데 마침 그에 대한 궁금증을 풀어주는 기사가 한 경제신문에 났다. 2005년 5월 4일자로 나온 이 기사는 박 부회장의 SK텔레텍 인수 결정 보도가 있은 직후, 기자가 박 부회장의 집을 찾아가 이뤄진 것이다. 술에 취한 그의 대답은 선택이 얼마나 힘든 일인지를 그대로 말해준다.

팬택계열 창업자인 박병엽 부회장. 그는 취해 있었다. 비틀거리며 차 문을 열고 나오는 모습이 몹시 힘들어 보였다. 힘든 하루였던 모양이다. SK텔레텍 인수를 결정하기까지 무엇 하나 쉬웠으랴.

기자가 박 부회장을 청담동 집 앞에서 만난 시각은 5월 4일 새벽 1시. 팬택계열의 팬택앤큐리텔이 SK텔레텍을 인수하기로 했다는 소식이 알려진 직후였다. 기자는 "술을 너무 많이 마셨으니 내일 얘기하자"는 박 부회장과 실랑이를 해야 했다. 밤 10시부터 집 앞에서 기다렸다는 말에 "그럼 술이나 한잔 하자"며 집 안으로 들어갔다.

팬택앤큐리텔이 지난 5월 3일 SK텔레콤의 휴대전화 제조 자회사인 SK텔레텍을 3,000억 원에 전격 인수한 것은 예상을 뒤엎는 '깜짝쇼'였다. 또 SK텔레콤과 팬택 모두에 도움이 되는 '묘수妙手'였다는 게 업계의 일반적인 평이다. SK텔레콤으로서는 SK텔레텍의 경영권을 양도함으로써 이동통신 사업자가 휴대전화 제조업까지 한다는 비난을 피하고 정부 규제에서 풀려날 수 있게 됐다. 또 전략사업에 투자할 현금 3,000억 원을 손에 넣게 됐다. 팬택앤큐리텔과 팬택을 거느리고 있는 팬택계열로서는 SK텔레텍을 인수함으로써 국내 휴대전화 시장에서 지배력을 확고히 다질 수 있게 됐다.

팬택계열 창업자인 박병엽 부회장(44)으로선 SK텔레텍 인수는 세 번째 승부수다. 그는 맥슨전자를 다니다 그만두고 1991년 팬택을 설립해 무선호출기 제조업에 뛰어들었다. 전세금을 빼 창업자금으로 써야 했던 그로서는 인생을 건 '도박'이었다. 2001년에는 적자에 허덕이던 현대

큐리텔(현대전자 휴대전화사업부문)을 인수해 1년 만에 흑자로 돌려놓았다. 이번 SK텔레텍 인수는 그의 꿈인 '세계 5대 휴대전화 메이커'를 실현하기 위한 또 하나의 승부수인 셈이다.

기자 : 어려운 결정을 했습니다.
박 부회장 : 고민 좀 했습니다. 요즘 드라이버를 휘두르면 200야드도 안 가 뚝 떨어집니다. 아이언샷을 하려고 하면 땅이 불쑥불쑥 솟아오르기도 해요. 사실, 어제도 혼자 새벽 2시까지 술을 마셨어요. 세금을 내고 아껴 쓰면 삼대가 놀고먹을 만한 돈을 모아놓고 왜 고생을 사서 하려는가, 끊임없이 모험을 하고 도전해야 하는 것이 내 운명인가, 이런 생각이 들어요. 하지만 돈이 전부가 아니지 않습니까. 구성원이 만족하는 회사, 출근하면 즐거운 회사를 만들어보고 싶었어요. 내 마음 깊이 이런 욕망이 숨어 있다는 사실을 새삼 확인했습니다.
최태원 SK 회장과는 알고 지낸 지 8, 9년 정도 됩니다. (……) 세계적으로 휴대전화 시장의 경쟁이 너무 치열하지 않습니까. 지멘스의 경우에서 보듯 한번 잘못하면 순식간에 수천억 원 까먹는 게 휴대전화 사업입니다. 최 회장은 나보고 '박 부회장은 바닥에서 출발해 어떻게 팬택을 세계 6, 7위까지 키울 수 있었느냐'고 물었어요. 그래서 내가 '고민되면 같이 해봅시다'고 제의했습니다.
기자 : 평소 경영에 대해 어떻게 생각합니까?
박 부회장 : 기업이 망하는 것은 한순간이라고 생각해요. 항상 두려움을

갖고 겸손함을 잃지 않으려고 노력하죠. 요즘 칭기즈칸에 관한 책을 읽고 있는데 몽골군의 개방성, 유연성, 창조성에 깊이 공감하고 있습니다. [22]

얼마나 힘들게 결정을 했는지 짐작이 가고도 남는다. 모든 가능성을 탐색했겠지만, 결국 마지막 결정을 내리는 것은 자신이었을 테니까. 이럴 때 술은 리더의 벗이 된다. 술은 자신과의 대화를 가능하게 한다. 이 기자는 얼마의 시간이 지난 후, 다시 그의 동향을 알리는 기사를 썼다.

"팬택계열 창업자이자 최고경영자인 박병엽 부회장은 요즘 심심찮게 병원에 간다. 스트레스성 장염 때문이다. 의사는 술을 마시지 말라고 하지만, 사업하다 보니 쉽지 않다. 겉으로는 호탕하고 건강해 보이지만, 남몰래 고심하고 있다는 인상을 지울 수 없다. 특히 올해 초, SK텔레텍을 인수하는 과정에서는 자신에게 수없이 묻고 답하며 속을 태웠다. 휴대폰 전문업체로 살아남으려면 과연 어떻게 해야 하는지 답을 찾아야 했기 때문이다." [23]

최고 리더들에게서 자주 듣는 말 중 하나가 '고독'이고 '외로움'이다. 모든 리더들이 고독과 외로움을 토로하는 걸 보면, 그것은 아마 '리더가 되면 걸리는 병'이지 않나 싶다. 사법부의 존경을 받았던 최종영 전 대법원장이 겪었다는 일화다. 1999년 9월, 대법원장에 취임하자 향우

회에서 그를 초청했다. 고향이 배출한 인물을 보려고 사람들이 몰려들었다. 그 와중에 이름만 대면 알 만한 이가 눈치를 살피다 귓속말로 민원을 해왔다. 자신과 관련된 재판을 잘 봐달라는 것이었다. 이후 최대법원장은 사적 모임에 아예 발을 끊었다. 점심도 가능한 한 대법원장실에서 혼자 먹었다. 오해를 피하기 위해서였다. 이를 두고 한 신문의 논설위원은 이렇게 썼다.

"얼마 전 퇴임한 한 대법관은 "법관이 고독을 두려워해서는 안 된다. 그 고독은 달갑지 않은 어둠 같지만, 거기에 익숙해지면 평소에는 미처 볼 수 없었던 은밀한 사물의 존재까지 알아보는 능력을 얻을 수 있다"고 말하기도 했다."[24]

한국HP의 최준근 사장은 재직 당시 '어떨 때 가장 외롭다고 생각되느냐'는 질문에 '(직원들로부터) 밥 먹으러 가자는 소리를 못 듣는 게 가장 외로운 것'이라고 말했다. 10년 동안 장수 CEO로 있는 그답지 않은 말이다. '정말이냐'고 물었더니 '그렇다'고 대답했다. 30여 년간 현대미포조선, 쌍용자동차 등에서 경영자 생활을 해온 손명원 씨도 비슷한 고백을 한 바 있다.

"회사를 경영하다 보면 외로운 순간들이 많다. 보다 정확히 말하자면 두렵고 고독한 순간들이 많다고 해야 할 것이다. CEO란 회사의 경영을 책임져야 하는 사람이다. 그러기 위해서 CEO의 자리에 앉아 있는 것이고, 그 능력을 보여줘야만 진정한 리더라고 할 수 있다. 회사가 난관에 봉착해 어려움을 겪을 때, 때론 직관만으로 중요한 결정을 내려야 할 때도 있다. 한마디로 자신의 판단을 스스로 신뢰하지 못한다면 도저히 문제를 해결할 수 없는 것이다. 다른 사람의 의견, 다른 사람의 조언이 어느 정도 참고는 될 수 있지만 아무도 나를 대신할 수는 없다. 결정은 온전히 경영자의 몫이고, 고비를 잘 넘기지 못할 경우 돌아오는 책임 또한 CEO의 몫이다. 아버지가 늘 강조하셨듯, 진정한 삶의 문제는 혼자서 감당할 수밖에 없다는 생각이 든다."25)

이런 반응은 CEO들에게서 공통적으로 나타난다. 고 최종현 SK그룹 회장의 막역한 친구였던 언론인 홍사종 씨는 최 회장에 대해 이렇게 회고한 바 있다.

"사람은 울적할 때 기분을 풀기 위해 친구들을 불러서 술을 마신다. 그의 경우는 달랐다. 걱정거리가 있을 때, 마음이 상했을 때는 으레 혼자 술을 마셨다. 기분이 좋을 때 한해서 가까운 친구들과 술을 마셨다. (……) 그가 처음부터 술을 즐기거나 많이 마신 것은 아니었다. 적어도 유학생 시절에는 그럴 만한 여유가 없던 탓도 있었지만 맥주도 잘 마시지 않았다. 그가 자주 술을 마시기 시작한 것은 SK가 소공동으로 이사한 다음부터였다. 자주 마신 게 아니라 하루도 빠지지 않고 술을, 그것도 통행금지 시간에 걸릴까 말까 할 때까지 마셨다. 하루는 보다 못해 왜 그렇게 많이 마시느냐고 충고를 했다. 그러자 그는 '이걸 안 마시면 잠이 안 온다'고 대답했다. 나는 그제야 그 당시 회사 운영이 얼마나 어려운지를 처음으로 알았다."26)

2004년 가을, LG그룹에서 20여 년 이상 CEO를 역임한 이헌조 LG전자 자문역을 만난 적이 있었다. 그는 한강이 내려다보이는 동부이촌동 옛 아파트에서 '(사장이라는 자리가) 힘들긴 한 곳이지'라고 토로했다. 연세가 든 이답게 고어체를 쓰는 말투가 인상적이었다.

"임원이 되었을 때는 정말 기뻤는데, 사장이 되었을 때(1976년 LG증권 사장)는 별로 기쁘질 않았어요. 제 감정을 꾸밈없이 나타낼 만큼 신경이 연약하면 안 되거든. 늙은 소나무 뿌리마냥 질기고 단단해서 슬픔도 기쁨도 감출 줄 알아야지. 어디 그뿐인가? 이따금 아닌 척하는 재간도 익혀야 해요. 그 버릇이 오래가면 어느 게 내 기분인지 잘 모르지. 나도 모르니 그야말로 슬픈 일일 수밖에. 그래도 큰 입찰을 따내거나 히트 상품을 만들어냈을 때는 얼마나 기쁜데. 온몸이 진동하는 것 같아. 하지만 가장 기뻤던 것은 위아래로 신뢰를 받고 있다는 걸 확인할 때가 아닌가 싶어요."

수첩에 메모해둔 내용과 비슷했다.

'완벽에 가까운 CEO는 경쟁자, 고객, 종업원, 은행가, 이사회, 언론 앞에서 실상은 그렇지 않더라도 항상 편안하고 자신 있고 유능하게 보여야 한다. 또 허풍에 가까운 연기를 할 줄 알아야 한다. 때로는 별로 기분이 좋지 않아도 긍정적이고 유쾌한 것처럼 행동해야 한다. 기분이 좋지 않다는 것을 겉으로 드러내서는 안 된다. 지금 우리는 커다란 곤경에 빠져 있다는 태도로는 조직을 전투장으로 끌고 갈 수 없다.'

어쨌든 건강이 좋지 않아 오랜 시간 이야기할 수 없었던 그는 내게 책을 한 권 건넨 뒤, 할아버지가 손자를 대하듯 손가락으로 일일이 내용을 확인해주었다. 자신이 틈틈이 강연하고 손수 쓰기도 한 글을 엮은 책이었다. 다음은 그가 가리킨 내용을 발췌한 부분이다. 1977년에 썼다니 꽤 오래된 글이다.

(CEO라는 자리는) 기쁜 일보다는 화가 나는 일이 더 많다. 이로울 게 없다는 걸 뻔히 알면서도 제 마음을 제가 어쩌지 못한다. 그래서 사장의 하루는 노여움을 삭이는 일로 흘러간다. 사업은 원천적으로 욕심이 바탕에 깔려 있는 일이라 욕심대로 목적을 달성하면 기쁜 것이 당연한데, 그러지 못했을 때는 반대로 슬퍼지는 것이 아니라 화가 나는 법이다. 부하를 믿고 맡긴 일이 엉뚱한 결과를 가져오거나, 부하가 상사를 속이려 들면 선의 여부를 막론하고 화나고 속상하여 무력감마저 든다. 사장 자리 따위 팽개치고 싶은 충동이 이는 일이 비일비재하다.

부하를 제 손으로 그만두게 하는 것만큼 슬픈 일은 없다. 세상사 순탄하지만은 않아서 때로는 애매한 사람까지 회사를 떠나도록 강요해야 될 때도 있다. 원망스러운 눈초리에 슬픔이 담겨 있으면 내 가슴도 찢어진다. 사장실의 한쪽 벽에 '거리사居利思義'라고 쓴 액자가 걸려 있다. 이해 속에 살고 있으면서도 정의나 의리를 잊지 말고 명심하라는 뜻인데 그렇게 노력하지만 쉬운 일은 아니다. 은근히 남들이 그렇게 보아주었으면 싶어서 그런 액자를 걸어놓고 있는지도 모른다. 그래서 남의 눈에 어김없이 장사꾼으로만 비치는 자기 모습을 발견하면 참으로 슬프다.

경영자는 스태프가 가지고 있는 시야와 다른 시야를 가져야 하고, 스태프에 좌지우지되지 않는 리더십이 있어야 하고, 또 그런 결단은 어떤 의미에서는 누구에게도 의존할 수 없는 것이기 때문에 대단히 고독한 직업이다. 최고경영자는 엄청난 고독 속에서 집념을 가지고 싸워나가고, 집념을 가지면서도 집착은 안 해야 하고, 일은 도맡아 하면서도 소유하지 않아야 하고, 거짓말을 좀 하면서 진실을 추구해야 하는, 이렇게 아주 힘든 직업이며 자기 자신과의 끊임없는 싸움이라고 해도 과언이 아니다. (……) 경영인은 어떤 부분에서는 색맹이 되어야 한다고 생각한다. 소유에 대해서 색맹이 되어야 하고, 집착에 대해서 색맹이 되어야 한다. 전문경영인으로서 이것저것 다 밝은 듯이 이야기하거나 행동을 하면 저는 그분을 믿지 않는다. 회사가 잘되고 있을 때는 해박한 지식과 명랑한 분위기로 기업을 잘 이끌고 나가겠지만, 그 기업이 망하느냐 흥하느냐는 최종의 결단을 내릴 일이 생기면 그런 분은 대개 도망가고 만다. 결단을 못 내린다. 자기 스태프에 의존하고 만다.[27]

CEO, 참 어려운 직업이다.
불교 경전 '아함경阿含經'에 이런 얘기가 있다고 한다.
어떤 남자에게 어느 날 아침 아주 예쁜 미녀가 찾아왔다.
"전 행복이라고 합니다. 당신께 행복을 주려고 찾아왔습니다."
남자는 이게 웬 떡이냐 싶어 얼른 그 미녀를 집 안으로 맞아들였다.

그런데 잠시 후 또 다른 여자가 찾아왔다. 이번엔 아주 못생긴 여자였는데, 입에 피고름까지 흘리고 있었다. 남자는 기겁을 하며 그 추녀를 쫓아내려 했다. 그러자 추녀는 이렇게 말했다.

"저는 불행이라고 합니다. 당신께 불행을 주려고 찾아왔지요. 좀전에 당신을 찾아온 행복이는 제 쌍둥이 언니입니다. 우린 늘 같이 붙어 다니지요."

그러더니 추녀는 이렇게 덧붙였다.

"만일 당신이 나를 맞아들이지 않는다면 행복이도 이 집을 떠날 것입니다. 나를 함께 받아들이든가, 아니면 언니를 포기하든가 둘 중 하나를 선택하세요."

남자는 이러지도 저러지도 못하는 길고 긴 번뇌 속에 빠져들었다.[28]

우리 삶도 이와 같다. 봉우리가 있으면 골짜기가 있고, 낮이 있으면 밤이 있다. 영화 〈역도산〉에서 역도산은 이렇게 말한다.

"나는 외롭다. 하지만 그건 강한 자만이 느끼는 외로움이다."

외로움은 강한 자만이 앓는 병이다. 외로움과 강함, 이 둘 중 하나만 택할 수는 없다. 선택할 수 없어 괴로운 게 아니다. 선택할 수 있어서 괴로운 것이다.

애연가와 독신자, 누구 수명이 짧을까

"20대에는 판단력이 모자라 결혼하고, 30대에는 인내력이 부족해 이혼하며, 40대에 기억력이 약해져 재혼하는 것이 사람이다."

한 사회학자가 했다는 말이다. 하지만 '기억력이 떨어져 재혼하는 쪽'이 그렇지 않은 쪽보다 더 좋다는 연구 결과가 나와 있다. 독신 생활이 흡연보다 건강에 해로울 수 있다는 연구 결과다. 영국 워릭대의 앤드루 오스왈드 교수 팀이 40대 1만 명의 라이프스타일을 10년간 추적한 결과다.

연구팀에 따르면, 조사 기간 10년 동안 추적 대상 1만 명 중 600명이 숨졌다. 이 가운데 결혼 경험이 없거나 별거·이혼한 남성의 사망률은 일반 남성의 사망률보다 10% 포인트 높은 것으로 나타났다. 여성의 경우도 독신의 사망률이 4.8% 포인트 높았다. 흡연자들의 사망률이 대체로 5% 포인트 높은 것을 감안하면 독신 남성은 '애연가보다 더', 독신 여성은 '애연가만큼' 단명(短命)하는 셈이다.

이 연구를 보도한 인디펜던트는 〈브리짓 존스의 일기〉를 본 사람이라면 독신 생활이 건강에 나쁜 이유를 알게 될 것'이라고 했다. 이 영화에서 르네 젤위거가 연기한 독신녀 브리짓 존스는 (결혼한 사람보다) 모임이 잦아 술을 많이 마시고, 식사는 자주 거른다. 시간을 함께 보낼 파트너가 없어 일에 파묻혀 살고, 고민을 나눌 막역한 친구도 없다. 연구를 주도한 오스왈드 교수는 '결혼은 당신을 살아 있게 하며, 그 효과는 놀랄 만큼 크다'고 말했다.

고독보다는 부부싸움이 더 건강에 유익하다는 얘기 같다.

사장으로 산다는 것

04

밤새 홀로 불을 켜고 있는 등대

인간이 체험할 수 있는 가장 아름다운……
사랑의 감정을 느껴보지 못한 사람,
그런 감정에 사로잡혀 밤새워 괴로워해보지 않은 사람은
살고 있다기보다는 죽은 것과 같다.
- 아인슈타인

보이는 곳에 있어야 한다

어딘가에 '왁자지껄 hub-bub'이라는 나라가 있었다. 이름에서 눈치챘겠지만 몹시 시끄러운 나라였다. 사람들은 온갖 불협화음을 만들어냈다. 자동차는 경적을 울리고, 사람들은 사람들대로 너나없이 목청껏 소리를 지르며 냄비나 프라이팬을 두들겨댔다. 이 나라의 왕은 어린 왕자에게 다가오는 생일에 무엇이든 원하는 선물을 해주겠다고 약속했다. 왕자는 비디오 게임기 같은 것을 달라고 하는 대신, 고차원적인 소원을 밝혔다. 세상에서 가장 큰 소리를 듣고 싶다는 것이었다.

왕은 나라 곳곳에 신하들을 보내 왕자의 생일날, 정해진 시간에 모두들 한껏 목청을 높여 '생일 축하합니다'라고 외치라는 명령을 내렸다. 전자우편도, TV도 없는 시절이었던 만큼 쉽지 않은 일이었으리라.

어떻든 사람들은 모두 그 생각이 마음에 들었다. 더 많은 사람들이 참여할수록 세상에서 가장 큰 소리를 듣게 된다는 기대감에 부풀어올랐다. 모두들 왕자의 생일을 목 빼고 기다렸다.

왕자는 세상에서 가장 큰 소리를 듣게 될 것이었다. 그만 빼고 모두들 소리를 지를 테니 말이다. 왕자의 생일이 며칠 앞으로 다가왔을 때, 어떤 사람이 놀라운 생각을 해냈다. 소리지르는 데 동참하지 않고 입을 다문 채 귀를 기울이면 그 역시 세상에서 가장 커다란 소리를 들을 수 있지 않겠는가. 자기 한 사람의 목소리가 빠진다 해서 커다란 소리가 크게 줄지는 않으리라. 물론 그건 혼자만 간직하기엔 너무 멋진 생각이었다. 그 사람은 아내에게 이야기했고, 아내 역시 그렇게 하고 싶어했다.

기발한 아이디어는 금방 퍼져나가는 법. 결국 온 세상 사람들이 그 계획을 알게 되었다.

드디어 왕자의 생일날이 되었다. 모두들 기대에 부풀었다. 왕자는 발코니로 나가 세상에서 가장 큰 소리를 들을 준비를 했다. 약속된 시간이 왔다. 하지만 아무 소리도 들리지 않았다. 새들이 지저귀는 소리뿐이었다. 왕자는 너무 충격을 받아 잠시 말을 잃었다. 그 순간, 전에는 한 번도 듣지 못했던 소리가 왕자의 귀에 들려왔다. 바람이 나뭇잎을 건드리는 소리, 물 흐르는 소리, 새 소리……. 처음 경험하는 즐거운 소리였다. 왕자는 왕에게 달려가 정말 멋진 생일 선물을 받았다고 외쳤다.[29]

이 이야기는 우리에게는 낯선 미국 작가 벤자민 엘킨Benjamin Elkin이 지은 책에 나오는 것이다. 조직은 '왁자지껄' 나라의 국민처럼 제각기 자기 소리를 가진 개인의 네트워크로 이루어져 있다. 그리고 왕이 명령을 내려도 모두들 자기만의 생각을 하고 자기만의 행동을 한다. 물론 자신의 이득을 위한 행동이다. 이런 행동이 어느 선을 지나면 '왁자지껄' 나라가 아닌 '제멋대로' 나라가 된다.

리더는 조직이 가야 할 방향을 가리킨다. 조직이 강으로 가야 할지, 산으로 가야 할지를 미리미리 알려주는 자리인 것이다.

일본 전국시대를 풍미한 오다 노부나가. 천하의 풍운아였던 그도 늘 조직을 긍정적인 방향으로 돌려놓기 위해 애썼다. 혼슈(미에 현 동부에 있는 이세의 나가시마)에서 전투를 치르던 때의 일이다. 그의 부대는 적군을 제압하지 못해 전전긍긍하고 있었다. 날마다 작전회의가 열렸다. 그때마다 주제는 하나였다. '왜 우리는 이기지 못하고 패하는가?' 모두들 입에 침을 튀기며 패인을 따지기에 바빴다. 보다 못한 노부나가가 나섰다.

"지금부터 회의의 초점을 '왜 이기지 못하는가'가 아니라, '어떻게 하면 이길 수 있는가'로 맞추겠다. 지금부터는 '어떻게 하면 이길 수 있는가'를 논하라."

리더에게는 리더만이 감내하는 고통이 있다. 리더는 그런 고통을 극복하면서 조직을 이끈다. 천하의 지략가인 제갈공명이나 23전 23승을 이룬 이순신 모두 지금으로 말하면 위경련 비슷한 지병이 있었다. 그만큼 하루 24시간, 신경을 곤두세우고 있었다는 의미다.

등대에 불을 켜고 밤새 등대를 지키는 일은 고독하고도 힘들다. 조직이 어디로 가는지 모른다면 그 조직의 생존 가능성은 절반 이하로 줄어든다. 배가 가야 할 방향을 모른다면 낭패다. 바다에 떠 있는 게 배의 목적은 아니다. 조직의 생존 가능성을 떨어뜨린 리더는 원인을 자신에게서 찾는 법이 없다. 항상 자기 아닌 곳에서 원인을 찾는다. 그는 '리더의 고통'을 회피하는 사람이다. 이런 리더의 특징은 명령과 지시를 내리면 부하들이 무조건 따라야 한다고 믿는 것이다. 자신이 해야 할 일을 제대로 모르고 있는 경우다.

어두운 밤, 등대를 지키는 일은 고통을 감내하는 일이다. 초원을 고향으로 태어난 인간에게는 근본적으로 '홀로 있음'을 두려워하는 특성이 있다. 다시 말해 모든 인간은 혼자이고 싶어하지 않는다는 얘기다. 하지만 리더는 혼자일 때가 많다. 대중은 리더가 바라보는 곳을 보고, 가리키는 곳을 본다. 그들은 언제 어디서든 확실하게 보이는 곳에 리더가 있어야 안심한다. 문제는 '언제 어디서든 확실하게 보이는 곳'에 있는 일이 쉽지 않다는 점이다. 어둠 속에 홀로 등대처럼 있다 보면, 어느 순간 전후 좌우를 분간하지 못할 때가 많다. 감각을 잃어버리는 것이다. 초음속으로 전투기를 모는 조종사는 가끔 바다로 '솟구쳐오르다' 추락한다. 하늘과 바다가 같은 색깔이기 때문이다.

죽는 꿈까지 꾸어야 **성공할까**

　몇 년 전 MP3 플레이어인 '아이리버'가 세상을 떠들썩하게 하고 있을 때 양덕준 당시 사장을 만나러 간 일이 있었다. 그런데 만나자마자 나는 내 눈을 의심해야 했다. 회사 관계자들로부터 '많이 달라졌다'는 말을 듣긴 했지만, 너무나 달라진 모습이었다. 예의상 부드럽게 넘어갔어야 했는데 그러지도 못했다. 한눈에도 꽤나 힘든 시간을 보낸 듯했다.
　양 사장도 그런 사실을 숨기지 않았다. '78킬로그램에서 움직이지 않던 몸무게가 70킬로그램으로 빠졌다'면서 '(체중을 줄이려는) 노력도 했지만 마음고생이 심했다'고 말문을 연 그는 '사업을 시작한 이후 올 상반기가 가장 힘들었다'고 털어놓았다. 그의 대답은 솔직하고도 담백했다. 무엇이 그를 힘들게 했을까?

"올 연초, 우리는 경쟁이 치열한 레드오션에 빠져 있다는 생각이 들었어요. 레드오션에서는 싸워 이겨도 남는 것이 자존심밖에 없어요. 돌파구를 찾아야 할 텐데, 도대체 어디서 어떻게 찾아야 할지 막막하더군요. '이거다' 하는 정답이 있는 것도 아니고, 정말 한시도 머리에서 고민이 떠나지 않았습니다. 회사 규모가 작을 때는 '안 되면 다시 시작하지 뭐' 하는 마음이 있었어요. 하지만 지금은 상장회사인데다 직원도 수백 명입니다. (회사) 이름도 있고……."

'얼마나 고민했느냐'고 묻자, 그는 '하늘만큼'이라면서 털털하게 웃었다. 양 사장은 '회사가 가야 할 길을 만들 때 가장 괴롭다'면서 '잘못하면 시작하자마자 망하는 게 이 세계의 법칙이기 때문'이라고 말했다. 그도 그럴 것이 아이리버라는 MP3플레이어로 유명한 레인콤은 고속 성장을 거듭하면서 몸집이 눈덩이처럼 커졌다. 소요 자금도 몇억 원 수준에서 몇십억 원 수준으로 뛰었고 사람도 많아진 조직은 '다국적군'이 됐다.

"이상하게도 (회사가) 순탄할 때는 즐거운 꿈을 꾸었는데 힘드니까 악몽을 꾸더군요. 한번은 내가 죽는 꿈을 꿨는데, 꿈을 꾸면서도 '아, 이런 상황까지 왔구나' 하는 생각이 드는 겁니다. 식은땀도 흘려봤어요. 깨면서 '이제부터는 사후 세계겠구나' 싶은 느낌까지 들더군요."

그렇다면 돌파구는 찾았을까? 그는 '방향을 잡고 나니 살이 조금씩 붙고 있다'고 답했다.

"그동안 특별한 컨셉트 없이 잘 만들어 판다는 개념을 가지고 일해왔습니다. 이래 갖고는 안 됩니다. 매뉴팩처링 오리엔티드 Manufacturing oriented (제품 만들기 지향)는 창조성이 없다는 것과 같아요. 회사가 커지면서 우리는 우리도 모르게 시장 상황과 상업(수익) 논리에 의해 움직여왔습니다. 이래서 안 되고 저래서 안 된다는 생각에 머리가 굳어졌어요. 말도 안 되는 발상을 연구하는 게 진정한 R&D라고 봅니다. 창조성이 있는 회사로 바꿀 생각입니다. 이제 평범한 제품은 내지 않을 겁니다."

그는 '어마어마한 작업'이라면서 '미래 대비 로드맵을 만들면서 업무 조직을 파격적으로 바꾸는 중'이라고 말했다. 새로 설정한 캐치프레이즈는 '두 걸음 앞서자 Two step forward.' 2005년 6월에 출시된 'U10'은 그의 생각을 담은 첫 제품이었다. 당시 그는 '하반기에는 더 혁신적인 제품이 나올 것'이라고 자신했다.

"생각해보니 사업 시작하던 시절에 겪은 고민을 다시 겪고 있더군요. 사람 걱정, 돈 걱정 말입니다. 차원이 다르긴 하지만……."

사실 그가 '심각한 갈등'을 겪은 것은 올 초가 처음은 아니었다. 1년 반 전인 2004년 1월 만났을 때 그는 너털웃음을 지으며(당시 주식상장으로 그는 막 1600억 원대의 거부가 되어 있을 때였다) '(창업 초기) 사장인 나한테 스카우트 제의가 왔는데 정말 오락가락했다'고 말한 적이 있었다. 그와의 인터뷰 내용을 적은 당시의 수첩에서는 이런 대목이 눈에 띈다.

"회사 설립 준비를 하고 있는데 외국 회사에서 스카우트 제의를 해왔어요. 상당한 연봉에 좋은 자리까지……. 마음이 왔다갔다하더군요. 워낙 힘들었거든요. 회사를 세우려고 보니 막히는 게 한두 가지가 아니었어요. 전에 대기업(삼성전자)에 다닐 때는 돈 걱정이고 사람 걱정이고 해본 적이 없었는데, 사업을 시작하니 이 두 가지가 안 되는 겁니다. 돈이야 회사에다가 달라면 얼마든지 줬거든요. 사업만 된다면 무한정으로 지원했고, 사람도 원하면 갖다 쓸 수 있었습니다. 내가 사업 시작하면 적어도 웬만한 사람들은 우르르 몰려들 줄 알았는데 웬걸, 구경만 하고 있더라고요. 1,000만 원 구하기가 그렇게 어려운 줄 처음 알았어요. 몇천억씩 주무르다가 푼돈도 못 구한다는 생각에 힘이 빠져 있던 시기였습니다. 불현듯 '이거 안 되는구나' 싶은 생각이 들면서 맥이 쫙 풀려 있는데 스카우트 제의가 들어온 거죠."

그는 혼자서 머리를 싸매다가 결국 동료들에게 털어놨다. '1년만 갔다 오겠다. 안정되면 곧 돌아오겠다. 우리도 돈이 없지 않느냐'고 했다.

"그때 누군가가 '그럼 모든 게 끝'이라고 했어요. 그 말을 듣고 나니 묘하게 힘이 나는 거예요. 내가 이 회사를 이끌어가는 사람인데 어디 가서 뭘 하겠다는 건가, 하는 생각이 들었거든요. 내가 우유부단하구나, 하는 생각도 들고 말이죠. 없었던 일로 하고 말았습니다. 덕분에 고생은 좀 했죠. 하하하."

OEM 납품을 하다 독자 브랜드로 미국 시장에 진출하려고 했을 때도 한동안 고생을 해야 했다. 이렇게 생각하면 이게 옳은 것 같고 저렇게 생각하면 저게 옳은 것 같아 끙끙거리고 있을 때 직원들이 말했다.

"사장님을 믿고 따라가겠습니다."

그 말에 용기를 얻은 그는 독자 브랜드를 추진했고, 미국에서 활동 중인 디자이너 김영세 씨를 무턱대고 찾아가 MP3플레이어 디자인을 맡겼다. 그는 '고생은 했지만 그때마다 힘이 되어준 한마디를 잊지 않은 직원들이 고맙다'고 말했다.

모든 경영 관련 책들은 방향을 정하고 비전을 세우고 부하들을 통솔해 '블루오션'으로 가는 것이 리더의 일이라고 이구동성으로 외친다. 하지만 손뼉도 부딪쳐야 소리가 난다. 리더는 자신이 한 손을 번쩍 들었을 때 따르는 구성원들도 손을 번쩍 들어 하이파이브하기를 바란다. 모든 것을 혼자 할 수는 없다. 자동차를 운전해보면 안다. 낮에 운전하는 것보다 밤 운전이 훨씬 힘들고, 조수석에 앉는 것보다 운전석에 앉는 게 더 피곤하다는 사실을. '블루오션'이라는 개념을 창안한 김위찬·르네 마보안 프랑스 인시아드 경영대학원 교수(두 사람은 인터뷰에서도 항상 이름을 붙여줄 것을 요구한다)는 이렇게 말한 적이 있다.

"기업은 경쟁을 통해 활로를 찾는 경향이 있다. (……) 시장 경계선 내에서만 보지 말고 경계선 너머에 있는 새 수요를 볼 수 있어야 한다. (……) 새로운 고객, 새로운 시장을 어떻게 창출할 것인가가 경영자의 고민이 돼야 한다. 그러기 위해선 큰 그림을 봐야 한다. 세부적인 것에 집착하면 안 된다."[30]

두 교수는 '산 너머'를 보는 게 CEO의 당연한 일이라고 했다. 정말 그럴까?

"내가 후회하는 일이 없다면 거짓말이지. (……) 그러나 한때도 멈출 수 없는 게 기업이다. 잠시라도 멈추고 있으면 그 기업은 낙오한다. 사업이란 그렇게 어려운 것이다. (……) 회장이 지난 것에 집착해서 후회나 하고 앉아 있을 만큼 기업은 한가하지 않다. 그룹의 최고책임자는 항상 앞을 보고 가야 한다. 만약 회장이 제자리에 머물러 있다면 사원들이 앞으로 나가려야 나갈 여지가 없다."[31]

고 최종현 SK그룹 회장이 CEO의 역할을 두고 했다는 말이다. 그런데 세상이 변하긴 변한 것일까? 그의 아들인 최태원 SK그룹 회장은 인터뷰에서 같은 질문에 이렇게 말했다.[32]

"(주)SK만 하더라도 과거에는 울산 공장 한 개만 생각하면 됐는데, 지금은 전 세계 지도를 놓고 고민해야 할 정도입니다. 수백 가지 변수를 고려해야 하는 복잡한 경영 상황에서 몇 명의 집단이 기업을 이끌고 나가는 것은 불가능해졌습니다."

"그렇다면 회장님께서 경영하는 데 있어 가장 큰 애로점은 무엇입니까?"

"문제는 외부의 불확실성입니다."

CEO도 '산 너머'에 무엇이 있는지 모른다는 말이다. 산 너머에 무엇이 있는지 모르면서도 수많은 생명을 이끌고 가야 한다면 마음이 어떨까? 자금력과 정보력, 인재가 든든한 한국의 네 번째 재벌 그룹 회장이 이 정도라면 여타 CEO들의 답답한 가슴은 말할 필요도 없을 것 같다.

 # 미국 출장길, 비행기 옆 좌석에 같이 앉아 가고 싶은 사람은?

아무리 비행기라도 미국 가는 길은 멀다. LA까지 12시간은 족히 걸린다. 성공하는 경영자들은 이 시간에 못다 한 일을 한다. 보고서를 보는 이들도 있고, 만화책으로 스트레스를 푸는 이들도 있다. 그래도 사실 12시간은 길다. 이런 먼 출장길에 내게 도움이 되는 누군가가 있다면 어떨까? 경영자들은 누구와 자리를 같이하고 싶을까? SERICEO가 2005년 9월 20일 설문한 결과에 따르면, CEO들의 머릿속을 꽉 채우고 있는 것은 역시 미래에 대한 고민이 우선으로 꼽혔다.

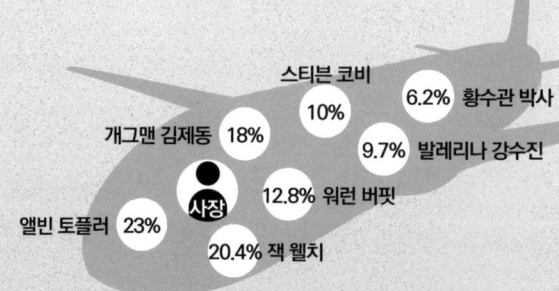

05
기다리는 고통

> 달리고 있는데 힘이 들지 않는다면
> 아마도 내리막길을 가고 있는 것이다.
> - L.W. 피어슨

CEO와 직원은 종류가 다른 인간이다

서른일곱이라는 나이에 다국적 기업의 CEO 자리에 오른 한 젊은 사장이 있다. 처음 제안이 왔을 때는 '하고 싶지 않다. 어린 나이는 비즈니스하기에 좋은 조건이 아니다'라고 거절했는데, 본사 쪽에서 '나이는 중요하지 않다. 도전해보라'고 해서 앉게 된 자리다. 하지만 CEO라는 자리와 젊은 나이가 궁합이 맞기까지는 상당한 어려움이 있었던 모양이다. 첫 1년을 그는 이렇게 말했다.

"1년 동안 CEO를 하면서 '참아야 한다'는 것을 배웠습니다. CEO가 되기 전 여러 부서를 거쳤는데, 그러다 보니 은연중에 '내가 가장 많이 알고 있다'는 생각을 하고 있더군요. 그걸 경계해야 한다는 걸 느꼈습니다. 직원들이 '뭘 하겠다'는 아이디어를 내면 '그거 내가 옛날에 했는데 안 됐어', 이렇게 말하고 싶어지는 겁니다. 상황이 달라졌는데 말이죠. 일을 다 안다고 생각하니, 지시를 내리고 결과를 기다리는 시간도 정말 고통스럽더군요. 하루면 될 성부른데 왜 일주일이 걸리나, 이런 생각이 들거든요. 담당 직원에게 전화 한 통 하고 싶은 마음이 굴뚝 같은데, 참아야 하는 것도 힘든 일 중 하나였습니다."

CEO에 오른 초보 사장치고 이런 과정을 겪어보지 않은 이들이 없다. 실적에 따라 자리 이동이 잦은 다국적 기업에서 10년 넘게 CEO를 지냈던 최준근 전 한국HP 사장은 '(임직원들이) 열심히 할 때까지 기다리는 끈기가 필요하다'고 강조한 적이 있다. 성질 급하게 나서서 '나를 따르라'고 하면 안 된다는 얘기다. 그들이 스스로 생각하고, 스스로 판단하고, 스스로 행동할 수 있도록 기다려야 한다는 것이다. 마치 자식을 키우듯.

사실 이런 기다림은 자연의 본성이다. 자연의 포식자들은 각자 훌륭한 사냥꾼이 되어야 생존이 가능하다. 그리고 훌륭한 사냥꾼이 되는 기본은 바로 기다리는 것이다. 요즘 흔히 거론되는 카멜레온을 보자. 녀석은 먹잇감이 나타나면 제 몸을 변색시킨 후, 상대방이 눈치채지 못하게 슬금슬금 다가간다. 양쪽 눈을 따따로 360도로 굴리면서 포획 시점을 고른다. 그렇게 끈질기게 기다리다 기회가 왔다 싶으면 몸통보다 긴 혀를 순간적으로 뻗어 먹잇감을 덮친다. 눈 깜짝할 사이다.

녀석은 포식의 기회를 만들기 위해 주위와 같은 모습으로 순간순간 스스로를 변화시킨다. 결코 자신을 도드라지게 드러내지 않는다. 카멜레온뿐 아니라 모든 사냥꾼이 다 그렇다. 호랑이를 잡으러 다니는 노련한 사냥꾼은 결코 자신을 내보이는 법이 없다. 그는 주위와 하나가 된다. 동물의 제왕인 호랑이도, 초원의 왕인 사자도 사냥을 할 때는 몇 시간이고 납작 엎드린다. 엎드려서 기회를 포착하고, 기회가 포착되면 일격을 가한다.

마찬가지로 주위 환경 격인 아랫사람을 밀치고 자신을 내세우는 리더는 부하직원들의 마음을 사냥할 수 없다. 필요하면 카멜레온처럼 그들의 색이 되어줘야 한다. 그들의 색이 되어 기다리는 것이다. 기다림이 자연의 본능이라면, '자연스러운 것'이라는 말도 된다. 그렇다. 기다림은 자연스러운 것이다.

혹자들은 '사장이란 자리는 참아야 하는 자리'라고 말하기도 한다. 어떤 일본인 CEO는 인터뷰에서 이런 말을 한 적이 있다.

"부하직원들이 내 기대치의 60~70%만 해도 잘하는 것이라고 여겨야 한다."

초보 사장에게는 인내심을 테스트하는 일이 아닐 수 없다.

CEO와 직원은 사실, 다른 종류의 인간이다. 예를 들어보자. 주5일제를 실시하는 회사에서 CEO가 금요일 오후에 모종의 지시를 내렸다.

"이러저러한 것에 대해 좀 알아보시오."

주말이 지난 다음주 월요일 아침, CEO가 묻는다.

"어떻게 됐습니까?"

"알아볼 만한 시간이 없었습니다."

"무슨 소립니까? 3일 전에 얘기한 건데!"

"아니, 금요일 오후에 지시를 내리셔서……."

실제로 한 회사에서 있었던 일이다. CEO는 3일 전에 지시한 일이지만, 부하직원은 '전날' 오후에 받은 지시다. 시간을 다르게 여기니, 다른 종류의 인간일 수밖에. 왜 이런 상황이 일어날까?

강석진 전 GE코리아 회장은 이렇게 말한 적이 있다.

"CEO는 임원일 때와 달리, 사람과 조직에 임파워먼트(empowerment, 권한 위임)하는 자질을 키워야 합니다. 자기가 다 아는 일이라도 아랫사람 얘기를 끝까지 들어주고 소신을 가지고 일하게끔 해야 합니다. 속으로 끙끙 앓아야 할 때가 많죠. 회사를 망치는 리더의 유형은 명확해요. 아랫사람의 설명이 끝나기도 전에 '알았어', '이렇게 저렇게 해' 하면서 다 시키는 거예요. 그러면 (아랫사람들이) 머리를 안 씁니다. 손발만 움직이는 거지요. 인내심 있게 다 듣고, 거리낌 없이 아이디어가 나오게끔 분위기를 자유롭게 만들어야 합니다. 그렇게 나온 아이디어들을 경영에 반영한 다음, 평가를 내리고 보상하고 인센티브를 주는 거죠. 내가 아이디어를 냈더라도 아랫사람에게 주고 말이죠. 실행과 결단도 확실해야 합니다. 밑에 책임을 전가하지 말고 자기가 잘못을 껴안아야 해요. 주변을 보면 흔히 잘된 것은 자기가 했다고 회장에게 보고하고, 안 된 것은 아랫사람에게 책임을 전가하는데 그런 사람을 누가 따릅니까. 한 가지 더 보탠다면, 조직 전체가 프로 정신으로 일하는 분위기를 만들어야 합니다. 이게 CEO죠. 부려먹는 조직이 아니라, 활기차게 알아서 일하는 조직을 만들어야 하는 겁니다. (업무를) 다 아니까 사장이다? 아니죠. 말단부터 아이디어를 내서 자기 스스로 자기 일을 개선하도록 하는 사람이 CEO입니다. 간부는 자기 일만 잘하면 되지만, CEO가 되려면 잘하는 것보다는 리드하는 게 중요해요."

선장은 피가 나도록 혀를 깨문다

창의적인 발명과 신제품 개발로 유명한 3M에는 전통 있는 회사답게 여러 '회사 격언'이 있다. 그중 재미있는 게 '선장은 피가 나올 때까지 혀를 깨문다'는 격언이다. 이 격언의 유래지는 미국 해군사관학교다.[33]

미국 해군사관학교에서는 졸업 과제로 범선 운항 훈련을 실시하는데, 훈련을 담당하는 선장은 방향 키에서 손을 내리고 조용히 뒤로 물러나 생도들에게 일체의 조종을 맡긴다. 그러나 마음까지 내려놓을 수는 없는 법. 불안해 보이는 조종에 선장은 자기도 모르게 입과 손이 움직이지만, 일단 운항을 맡긴 이상 지시를 삼가려고 입술을 깨물며 참는다. 그러다 보면 터진 입술에서 흘러내린 붉은 피가 흰 제복을 흥건하게 적시는 일이 심심찮다는 것이다.

리더의 심정은 어디서나 같다. 리더의 이상적인 모습은 '맡겼다면 간섭하지 않는 것'이다. 경영이란 위임에 대한 내면의 고통과 남 모르게 싸우는 과정이다. 조직의 인재는 그러한 과정 속에서 큰다. 인재가 성장하지 않는 조직은 죽은 조직이나 마찬가지다.

그러면서 리더는 남이 잘하게 하는, 조직의 힘이 발휘되도록 하는 사람이어야 한다. '초秒 관리'로 유명한 시간 컨설턴트인 윤은기 중앙공무원교육원 원장은 '자신의 힘만 쓰는 사람은 관리자에 불과하다'고 단정한다.

"명령이나 지시를 하면 손발만 움직입니다. 리더십이란 다른 사람의 마음을 읽고 움직이게 하는 힘 아닙니까."

문제는 다른 사람의 마음을 움직이는 일인데, 이게 그리 쉽지가 않다. 어떻게 보면 이건 끈질긴 지적知的 전투라고 할 수 있는 마음 전쟁이다. CEO의 '권력'을 이용해 몇 번씩 말하고 강조하지만 아랫사람들은 꿈쩍도 않는 경우가 태반이기 때문이다. '알아서' 움직여줘야 승리할 수 있는데도 말이다. 언제까지 아이의 손을 잡고 학교에 데려다줄 것인가. 혹시 귀머거리가 아닌가 하는 생각이 들 정도로 아랫사람들은 움직이지 않는다. 갈 길이 먼 리더의 입장에서는 마음이 급하고 발이 동동거려지지만, 움직이지 않는 아랫사람들을 언제까지 채찍으로, 명령으로 달리게 할 수는 없는 일이다. 오죽하면 잭 웰치가 '(조직은) 백 번을 말해야 한 번 들리는 것처럼 움직인다'고 했을까.

오너라고, 사장이라고 자신의 생각대로 조직이 움직이리라 여긴다면 오산이다. 돈이 있다고 움직이는 것도 아니다. 움직이는 척할 뿐이다. 이럴 때 경영자들은 가슴이 꽉 막혀오는 답답함에 사로잡힌다. 취재 과정에서 만난 한 대기업 CEO는 이런 말을 했다.

"(경영은) 혼자만의 고독한 싸움입니다. 혼자 하다 보니 이래저래 시행착오를 범하게 되는 경우도 많습니다. 말이 시행착오지, 현실에서 시행착오는 궁지에 몰리는 것을 뜻합니다. 이런 일이 여러 번 반복되면 부하들의 움직임이 눈에 보이게 떨어집니다. 이때 마음의 결정을 어떻게 내리느냐가 중요하지요. 돌이켜볼 때, 제가 CEO가 된 후 가장 잘한 일을 하나만 꼽으라면 직접 내리던 지시를 모두 (부하들에게) 맡겨버린 겁니다."

하던 일을 맡긴다……. 마음의 갈등이 없을 수 없다. 쉬운 일이 아니기 때문이다. 승진한 사람은 맡은 분야의 일을 잘한 덕분에 신분 상승을 이룬 것이다. 당연히 아랫사람보다 일을 더 잘한다. 문제는 리더가 된 후다. 내가 하면 더 잘할 수 있다고 생각하는 순간, 이런저런 코치를 하고 싶은 마음이 생긴다. 내가 더 빨리 할 수 있다고 생각하는 순간, '에이!' 하면서 직접 달려들게 된다. 부하들이 하는 걸 보고 있으면 갑갑하고 지루한데다, 고치고 가르치고 하다 보면 더 많은 시간이 소요되기 때문에 혼자 해치워버리고 만다. 단위 조직의 리더가 되고 CEO가 되면 매일, 아니 매시간 느끼는 일이다.

하지만 결과적으로 보면 그건 자살행위다. 부하들의 시행착오를 참아내지 못하면 본인의 성장은 물론 부하의 성장, 나아가 조직과 회사의 성장은 점점 멀어진다. 기다리면서 겪는 마음의 고뇌는 경영자라면 당연히 감수해야 하는 것이다. 혼자만의 고독한 싸움을 경험했던 앞의 CEO는 이렇게 덧붙였다.

"내가 더 잘하는 일을 맡겨놓고 가만히 지켜본다는 게 얼마나 괴로운 일인지 모르겠더군요. 옛날의 나도, 나의 상사도 이랬을까 싶었습니다. 그래도 맡겨버렸죠. 그러지 않았으면 결국 나나 부하들이나 불행한 시간이 되었을 겁니다. 조직이 스스로 움직이지 않으면 개선이고 혁신이고 아무것도 할 수 없어요. 혁신도 나를 따라주는 핵심 추종자들이 있을 때 가능한 겁니다."

하지만 조직의 아이러니는 여기서도 발생한다. 유능한 사람일수록 '시간을 버려가며 비효율적으로' 기다리는 일을 못 견뎌 한다. 인사조직 관련 경영 컨설턴트들이 자주 하는 말이 있다.

"초보 CEO나 초보 리더들이 가장 힘들어 하는 일은 '맡기는' 겁니다. 일단 윗사람이 되면 실적이 자신의 24시간을 감시한다는 생각이 들죠. 때문에 실적이 무너지고 있는 것을 지켜보기란 정말 이를 악물지 않으면 견디기 힘든 고통입니다."

백 번 말해야
한 번 움직인다

〈타임〉과 〈뉴스위크〉 등에서 25년 넘게 기자로 일했던 로버트 슬레터는 잭 웰치를 주인공으로 한 《최후의 리더십》이라는 책에서 웰치가 관리자들에게 다음과 같이 주문했다고 쓰고 있다.

- 여유를 가져라.
- 직원들에게 한숨 돌릴 기회를 주어라.
- 직원들이 성취감을 갖도록 만들어라.
- 소홀히 관리하는 법을 배워라.
- 그러면 직원들은 더 높은 생산성을 올릴 것이다. [34]

재미있는 대목은 '소홀히 관리하는 법'이라는 표현인데, 모든 일에 일일이 간섭하지 말라는 의미다. 슬레터는 계속해서 '그렇게 직원들을 정중히 대하고 그들이 중요한 공헌을 하고 있다고 느끼게 만들고 확신을 준 다음, 그들의 진로에서 빨리 빠져나오라'고 말하고 있다. 그들이 스스로 길을 가게끔 말이다.

책의 주인공인 웰치는 이렇게 말했다.

"리더(지도자)는 루스벨트, 처칠 같은 사람처럼 어떻게 무언가를 더 잘 할 수 있는지 분명한 비전을 제시하는 일을 한다. 반면 관리자는 관리가 수준 높은 임무라고 여기며 자신이 남들보다 더 똑똑하다는 인상을 주려 한다. 그들은 통제하고, 사람들을 질식시키며, 사소한 일들에 시간을 낭비한다. 사람들의 뒤통수를 노려보는 것이 그것이다. 그들은 사람들에게 자신감을 줄 수 없다."[35]

그렇다면 진정한 리더들은 어떻게 행동해야 할까? 웰치의 말을 한 번 더 빌려보자.

"직원들이 스스로 일을 하도록 옆으로 물러나야 한다. 그들이 자발적으로 성장하고 이기도록 허용하며, 그것을 이룩했을 때는 보상을 해주면 된다."[36]

그리고 스스로 자신의 역할을 이렇게 정의했다.

"내가 해야 할 일은 이런 것이다. 자원과 돈을 적절하게 배분하고, 아이디어를 전파한다. 그것뿐이다. 또 올바른 사람을 찾아야 하고, 올바른 사업에 적절한 양의 돈을 주어야 하고, 이 사업에서 저 사업으로 빠르게 아이디어를 전파해야 한다. (……) 내 일은 능력이 있는 사람들에게 올바른 질문을 던지는 것이다. '우리가 그것을 직접 만들어야 하나?', '꼭 그것들을 이탈리아에서 수입해야 하나?' (……) 관리자라는 말은 통제와 같은 말이다. 차갑고, 무정하고, 폐쇄적이고, 열정이 없는 통제다. 나는 좋은 TV프로를 어떻게 만드는지 전혀 모른다. 엔진을 만드는 방법도 모른다. 하지만 나는 NBC(GE의 자회사)의 사장이 누구여야 하는지는 알고 있다. 그리고 이것만 알면 된다. 내가 해야 할 일은 최고의 인재를 찾아내고 그들에게 자금을 대는 것이다. (……) 나는 열정 없이 사업하는 리더를 본 적이 없다."37)

열정의 소유자였던 웰치는 무조건 기다리지 않았다. 그는 좀더 적극적인 쪽을 택했다. 그는 중요한 아이디어가 있을 때 그것이 조직 내에 완전히 스며들어 사람들의 생각이 바뀌는 순간까지 전파하고, 전파하고, 또 전파해야 한다는 사실을 알고 있었다. 자서전에서 그는 '무엇을 할 때마다 귀에 딱지가 앉을 정도로 끊임없는 격려와 촉구의 북소리를 울려댔다. …… 모든 이니셔티브의 성공은 얼마나 집중적으로 그리고 얼마나 열정적으로 그것을 수행하느냐에 달려 있다. 격려와 촉구의 북소리를 멈춰서는 안 된다'고 역설하고 있다.

웰치는 '최고의 CEO가 알아야 할 모든 것'의 하나로 커뮤니케이터 the communicator를 들었다. 그는 어떤 아이디어나 메시지를 조직 전체에 전달하고자 할 때, 한 번도 이 정도면 충분하다고 말해본 적이 없었다. 그는 아이디어가 있으면 수년에 걸쳐 온갖 종류의 회의 때마다 수없이 반복해서 강조하고 또 강조했다. 나중에는 아예 신물이 날 지경이었다고 회고할 정도였다. 천하의 GE가, 그것도 무서운 '중성자탄 잭'조차 신물이 나고 귀에 딱지가 앉을 정도로 강조해야 움직이는 게 조직인 것이다.

이런 조직의 속성은 한국이라고 크게 다르지 않다. '관리의 삼성'이라는 말이 있는 삼성그룹에서 회장의 한마디는 엄청난 위력을 지닌다. 1991년, 이건희 회장은 '지난 1981년부터 지금까지 계열사 및 비서실에 지시한 내용을 모두 취합하고, 그것들이 어떻게 이행되었는지 각 사별로 종합해서 보고하라'는 지시를 내렸다.

비서실이 발칵 뒤집힌 가운데 지시 내용을 취합한 결과, 1981년 이후 이 회장이 내린 지시사항은 무려 284쪽에 달했다. 그렇다면 이행 정도는? 비서실이 파악한 이행 실적은 미미했다. 회장의 지시사항이 상당 부분 이행은커녕, 실종되고 말았던 것이다. 삼성이 이 정도라면 다른 곳은 불문가지다.

문제는 여기서 끝나지 않았다는 데 있다. 1993년 이 회장은 7월 13일에서 20일까지 일주일 동안 도쿄에서 해외 임원회의를 가졌다. 100여 명이 참석한 대규모 회의였다.

"지금 삼성에는 이사급 임원이 800명 있는데, 내 얘기를 심각하게 받아들이고 귀 기울이는 사람은 10% 남짓 될까 말까 한다. 부장급도 회장이 무슨 얘기했는지 아는 사람이 10%가 안 된다. 삼성에서 회장과 위기의식을 공유하는 사람이 5% 있으면 많이 있는 거다. 내가 말하기 시작한 지 몇 달 됐는데도 회사가 안 바뀐다. 내 말을 안 듣는 거다."[38]

이 회장의 심각한 질타였다. 오너가 이처럼 심하게 질타하면 조직은 일사불란하게 한바탕 소동을 일으키기 십상이다. 그런데 그게 아니었던 모양이다. 두 달 뒤인 9월 초, 서울 태평로 삼성 본관 28층 회장실. 주요 계열사 사장단 10여 명이 모여든 가운데, 평소 과묵한 이 회장이 탁자를 치면서까지 매우 흥분된 어조로 말했다.[39]

"내가 그렇게도 강조했던 질質 경영의 후속 조치들이 제대로 이뤄지지 않고 있습니다. 어떻게 회장이 말해도 안 되는 겁니까. 어떻게 하면 내 뜻을 이해하고 질 경영이 착근될 수 있습니까. 그룹 원로들인 여러분이 방안을 찾아보세요."

부임 첫해가 아니었다. 이 회장은 1987년 회장 자리에 취임한, 회장 7년차였다! 그렇게 1년이 지났다. 엄청난 변화가 있었을까?

1994년, 이 회장이 이우희 비서실 인사팀장을 불렀다. 현명관 비서실장과 여타 비서실 팀장들까지 모두 모였다. 이 회장은 그 자리에서 국제화된 인력 양성 프로그램인 지역전문가 과정에 선발된 인력들의 인사고과표, 어학성적표 등을 하나하나 꼼꼼히 체크하더니 'A급을 보내라고 했더니 어떻게 B, C급이 대다수냐'며 인사팀을 호되게 나무랐다. 결국 삼성 사장단과 인사팀은 그해 지역전문가를 다시 선발하는 한바탕 소동을 벌여야 했다.[40]

삼성그룹의 오너 회장이 펄펄 뛰어야 한다면, 나는 새도 떨어뜨릴

재벌그룹 CEO가 이 정도라면 기다림과 인내심은 모든 CEO의 숙명인지도 모를 일이다.

병 들어가는 CEO들

스트레스는 만병의 근원이라고 한다. 맞는 말인가 보다. 경영자 10명 가운데 7명이 각종 질환으로 고생하고 있다니 말이다. 삼성경제연구소의 유료 정보사이트 SERICEO가 446명의 회원을 대상으로 설문한 결과, 그중 68.4%가 고혈압과 간질환 등 각종 질병에 시달리고 있다고 답했다. 건강에 특별한 문제가 없다는 응답은 31.6%에 그쳤다.

혹시 여기 나오지 않은 더 큰 질병은 없을까? '외로움' 말이다.

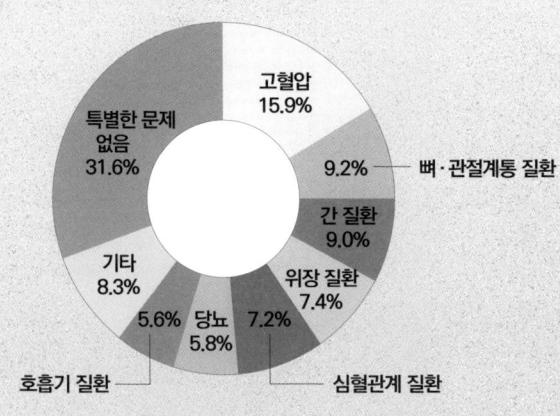

출처 : 삼성경제연구소

사장으로 산다는 것

06
솔선의 어려움, 수범의 고통

일이 되고 안 되고는 능력이 모자라서가 아니라
잡념이 모자라서다.
- 토고 도시오(도시바 회장)

조직,
거꾸로 가는 괴물

　　어느 공장에서 일어난 일이다. 언제부턴가 한 작업반장이 하루 일과가 끝난 후, 여기저기 흩어진 공구를 소리 없이 정리하기 시작했다. 모두들 정신없이 일하느라 어지럽게 늘어놓은 공구를 혼자서 치우는 건 보통 일이 아니었다. 일을 마치면 어디 앉아 한숨 돌리고 싶은 게 인지상정 아닌가. 누구는 세면대로 가고, 누구는 담배 피우러 가고, 누구는 일찌감치 퇴근해버린 텅 빈 공장 한 켠에서 반장은 반원들이 팽개쳐둔 연장과 공구들을 제 것인 양 묵묵히 치우고 챙겼다.

　　그렇게 며칠이 지났다. 몇몇 반원들이 반장의 행동을 알아차렸다. 하지만 그뿐이었다. '뭘 저리 잘 보이고 싶을까.' 그들은 '회사에 잘 보이려고 안달하는' 반장을 빈정대는 눈길로 힐끗거리다 휑하니 나가버렸다. 누구도 애쓴다는 말 한마디 없었다. 그저 모였다 하면 입을 비죽대며 끼리끼리 수군거릴 뿐이었다. 그럼에도 반장은 하루도 빠짐없이 공구를 가지런히 정리한 다음, 가장 늦게 퇴근했다.

두 달이 지났다. 고참 한두 명이 공구 정리에 합류했다. 날마다 혼자서 공구를 정리하는 반장에게 영 미안한 마음이 들었던 것이다. 사실 반장이 가욋일을 시작한 이후, 반원들은 아침마다 가지런히 정리돼 있는 공구 덕분에 기분 좋게 하루를 출발할 수 있었다. 일일이 찾아다니지 않아도 공구들은 언제나 제자리에 있었다. 이래저래 그들은 공구를 정리해두는 게 좋다는 걸 알게 됐지만, 그뿐이었다. 작업이 끝나면 몸이 우선 천근만근이었고, 그동안 굳이 정리하지 않았어도 일을 못한 적이 없다는 핑계로 슬금슬금 꽁무니를 빼기에 바빴다.

석 달째가 됐다. 뒤통수가 근지러운 듯 미적거리며 퇴근하던 중고참 몇 명이 공구 정리에 손을 보탰다. 물론 여전히 뒤도 돌아보지 않고 가는 사람도 있었다. 그러나 한 사람 한 사람, 공구 정리에 참여하는 반원들의 숫자는 날이 갈수록 꾸준하게 늘어났다.

그렇게 여섯 달이 지난 어느 날 반원들은 놀라움을 금치 못했다. 하나도 예외 없이 공구 정리를 하고 있는 자신들을 발견했던 것이다.

공구 정리를 시작한 이후 그들에게는 변화가 있었다. 매일 아침 기분 좋게 작업을 시작할 수 있게 됐다는 것만이 다가 아니었다. 우선 생산성이 놀랄 만큼 높아졌다. 이전에는 출근 후, 어디 뒀는지 모를 연장들을 모으느라 너나없이 부산을 떨어야 했다. 기름때가 묻은 채 여기저기 널려 있는 공구들을 주워 곧바로 작업에 들어가기도 쉽지 않았다. 그뿐이었을까? 북새통 같은 '1차 작업'이 끝나면 으레 담배 한 대 피우는 '1차 휴식'을 가져야 했다. 하지만 전날 공구를 정리해두기 시작한 뒤로는 곧바로 작업에 돌입할 수 있었다. 표정이 달랐고 결과물이 달랐다. 각종 포상이 주어졌다.

옆 반 작업반장이 이에 자극을 받았다. 그는 몇몇 고참을 불러모은 뒤, '우리도 해보자'는 식으로 리더십을 발휘했다. 다음날 고참들이 반원들을 설득했고 그날부터 이 반에서도 전원 공구 정리에 들어갔다. 여섯 달 걸려 전원이 공구 정리에 참여하게 된 앞 반과 달리, 이 반에서는 이틀 만에 같은 상태에 도달했다.

그렇다면 누구의 리더십이 더 훌륭했을까?

두 반의 차이는 얼마 가지 않아 드러났다. 반장들의 승진을 겸한 전직이 있은 후, 두 반에는 완전히 다른 그림자가 남았다. 여섯 달 걸려 전원 참여를 이룬 반은 계속해서 공구 정리를 하는 반면, 이틀 만에 같은 일을 성취한 반은 주먹 속의 모래처럼 하나둘 빠져나가더니 얼마가 지나자 공구를 정리하는 사람이 아무도 없었다. 리더의 솔선수범으로 자연스럽게 습관을 익힌 반과 그렇지 않은 반의 차이였다. 무려 여섯 달 동안이나 묵묵했던 반장의 고통이 있었느냐 없었느냐의 차이이기도 했다.

흔히들 솔선수범을 말한다. 하지만 실제로 솔선수범하는 이들은 그리 많지 않다. 리더는 아직 한 번도 검증되지 않은, 무엇이 있을지 모르는 미지의 길을 가야 한다. 반면 대중은 리더가 이미 검증한 길을 간다. 리더는 위험을 감수한다. 그러나 대중은 위험을 감수하고 싶어 하지 않는다. 리더라는 자리는 위험을 무릅쓴 대가다.

외환위기가 일어나기 전, 작은 식당을 운영한 적이 있었다. 나로서는 처음 겪는 '경영 입문'이어서 모든 것이 낯설고 힘들었다. 손님으로 가던 식당과 주인으로 있는 식당은 완전히 달랐다. 그중 하나가 직원을 다루는 일이었다. 주방에 아주머니 둘을 두고 손이 달리는 점심, 저녁 시간을 위해 아르바이트생을 채용했다. 그런데 이 아르바이트생들이 매일 속을 상하게 했다.

잠깐 손님이 없는 틈을 이용해 신문을 보고 있으면, 그들도 똑같이 신문을 펼쳐놓고 보는 것이었다. 그렇잖아도 손님이 없는 '썰렁한' 식당에 두세 명이 널찍하게 신문을 펼쳐둔 채 보고 있는 장면을 생각해보라. 식당 운영 경험이 있는 사람이라면 당장 망해가는 곳이라고 손가락질할 것만 같은 모습이었다.

그렇다고 나만 볼 테니 너는 접으라고 말할 수도 없었다. 그건 정말 속 좁은 행동처럼 여겨졌다. 신문 하나 보는데 주인이라서 되고, 직원이라서 안 된다는 차별처럼 느껴졌던 것이다. 어쩔 수 없이 내 쪽에서 먼저 보던 신문을 접어야 했다. 그러면 그들도 말없이 신문을 접었. 이런 일은 식당에서만 일어나는 게 아니다.

1993년 루이스 거스너가 IBM을 살리기 위해 취임했을 때다. 50여 명이 모인 중역회의에 참석한 거스너는 자리에 앉은 순간 내심 놀랐다. 남자들이 모두 흰 셔츠를 입고 있었던 것이다. 그의 셔츠는 파란색이었다.

몇 주 뒤 다시 중역회의가 열렸다. '튀는 복장'에 움찔했던 거스너는 이번에는 흰 셔츠를 입고 회의장에 들어섰다. 하지만 그는 다시 한 번 자신의 '튀는 복장'을 의식해야 했다. 그만 빼고는 모두들 색깔 있는 셔츠를 입고 있었던 것이다.

'조직이라는 괴물'은 청개구리처럼 반대되는 일을 하는 데 재능이 있다. 좀 따라해주면 좋겠다 싶은 건 외면하면서 설마 했던 일은 어김없이 따라한다. 부친에게서 매출 1,000억 원대의 중소기업을 물려받은 한 오너 사장의 말을 들어보자.

"경영 수업을 받느라 현장에서 몇 년 구르기도 해서 웬만큼 공장 분위기를 안다고 생각했어요. 아무래도 시대가 바뀌고 구조 변화도 필요할 것 같아, 사장 자리를 물려받자마자 새로운 사업을 시작했습니다. 잠자는 시간을 3~4시간으로 줄이고 죽도록 거기에 매달렸어요. 독일에 건너가 기술을 배워 오려고 무릎까지 꿇어가며 빌기도 했습니다. 하지만 회사에 와서 보면 분통이 터지는 겁니다. 죄다 자기 할 일만 하는 거예요. '이거 하라'고 하면 이것만 하고, '저거 하라'고 하면 저것만 하고……. 너무 힘이 들더군요. 어느 날인가 집엘 들어가다 술을 한잔 했어요. '왜 그럴까', '왜 이런 상황이 됐을까' 계속 이런 생각만 떠올라요. 한 잔 두 잔, 그렇게 술을 마셨는데 어느 순간 뒷목이 쭈뼛해지더군요. 생각해보니 나 혼자였어요. 나 혼자만 가고 있었던 겁니다. 그것도 멀리. 뒤돌아보니 따라오는 사람이 없었어요. 이건 완전히 돈키호테가 아니고 뭐겠습니까. 아무도 없었어요. 아무도!"

그날 이후 그는 터벅터벅 '혼자' 걸어 '무리' 속으로 돌아왔다. 그리고 2년 뒤, '어르고 달래다시피 해서' 전에 새로 시작했던 사업에 다시 진출했고 가까스로 기반을 닦았다. 그는 '처음에 진출했더라면 제대로 이익을 봤을 것'이라고 씁쓸해했다. 앞에 언급한 거스너도 'CEO인데도 누군가에게 이러저러한 지시를 한다고 해서 그 일이 이루어지는 것은 아니라는 사실을 알게 됐다'고 취임 초기 시절을 털어놓은 적이 있다.

앞서 나가는 자는 고통스럽다. 남이 가지 않는 길을 처음으로 가야 하기 때문에 힘이 들고, '여기도 괜찮은데 왜 딴 데로 가느냐'는 투덜거림도 받아줘야 한다. 길이 울퉁불퉁하다고 볼멘소리를 하고, 갈 길이 먼데 왜 배불리 먹여주지 않느냐고 불평해도 묵묵히 들어줘야 한다. 힘들고 불평 소리 높아도 그는 갈 수밖에 없다. 그래야 모두 살기 때문이다.

무리는 멀리 보지도 않고, 볼 생각도 안 한다. 그들은 항상 '당장 뭔가를 해달라'고 한다. 사실 앞을 미리 보는 게 좋은 일만은 아니다. 미래를 예측했다가 불행에 빠진 이들이 얼마나 많은가.

세종이 한글을 창제한 것은 농업생산력을 높이려는 데서 비롯되었다. 《농사직설》이라는 책을 만들었지만, 정작 그 책을 읽어야 할 농민들은 글을 몰랐다. 그들이 읽을 수 있는 글이 있어야 했다. 하지만 최만리를 필두로 한 신하들은 거세게 저항했다. 당시 최만리의 소속은 한글 창제의 본산이었던 집현전이었다! 미래를 보는 왕과 미래를 보지 못하는 신하. 미래를 보지 못하는 신하가 미래를 보는 임금에게 대든 셈이다. 역사는 지금 그들을 어떻게 평가하고 있을까? 솔선수범은 그래서 어렵다. 말은 쉬워도 행동은 쉽지 않다.

리더가 굵은 눈물을 흘릴 때

미국 배우 멜 깁슨이 나오는 〈위 워 솔저 We Were Soldiers〉라는 영화가 있다. 화염에 익어버린 살갗을 비롯해 끔찍할 정도로 생생한 전쟁 장면도 볼 만했지만, 멜 깁슨이 맡은 하버드 석사 출신 할 무어 중령의 모습이 인상 깊어 족히 대여섯 번은 봤던 것 같다.

때는 미국이 베트남 전에 발을 들여놓기 시작하는 1965년. 전면전을 준비 중인 미국은 일단 베트남의 지형을 경험하기 위한 시험 전투에 돌입한다. 이 시험 전투의 책임자가 바로 할 무어 중령. 하지만 그가 가야 할 곳은 10여 년 전 프랑스 군이 몰살당했던 무시무시한 아이드랑 계곡이었다. 일명 '죽음의 협곡'이라 불리는 이곳으로 떠나기 앞서 그는 연병장에 부대원을 모아놓고 일장 연설을 한다.

"우리는 이제 전투를 하러 떠납니다. 나는 제군들이 살아서 돌아오도록 하겠다는 약속은 할 수 없습니다. 하지만 다음 내용들만은 맹세할 수 있습니다. 우리가 전투를 하러 갔을 때, 나는 가장 먼저 전쟁터에 도착할 것이고 가장 나중에 그곳을 떠날 것입니다. 그리고 나는 제군들이 생존해 있든 전사했든, 단 한 명도 그곳에 남겨놓고 돌아오지 않을 것입니다. 우리는 모두 함께 집으로 돌아올 것입니다."

1965년 11월 14일 일요일 오전 10시 48분. 제7기갑부대 1대대장 무어 중령은 헬기를 이용, 395명의 부하와 함께 아이드랑 계곡에 내려선다. '죽음의 협곡'이라는 말답게 헬기에서 내려서자마자 전투가 시작되고, 미군이 포로로 잡은 월맹군은 '이 지역을 점령한 월맹군은 모두 정규군으로 2,000명에 가깝다'는 놀랄 만한 소식을 전한다. 그러는 사이, 선발대는 거의 전멸한다. 초긴장 속의 격전. 이틀이 지난 16일 오후 4시 5분, 부하들을 버리고 귀환하라는 본부의 명령이 떨어진다. 하지만 무어 중령은 부하들을 두고 갈 수 없다고 완강히 거부한다.

3일째인 17일 오전 1시, 적과 아군을 가리지 말고 폭격하라는 절체절명의 '브로큰 애로우'를 이용해 전세를 뒤집은 무어 중령은 그대로 몰아쳐 아예 월맹군 본거지를 급습한다. 그리고 철수. 무어 중령은 자신의 공언대로 마지막으로 죽음의 협곡에서 발을 뗀다. '가장 먼저 내리고 가장 나중에 떠날 것'이라는 말을 실천한 것이다. 헬기 조종사를 비롯한 부하들이 왜 그를 신뢰하는지 알게 해주는 대목이다(하버드 석사 출신으로 한국전과 월남전에 참전했던 퇴역 장군인 할 무어 중령의 실화를 소재로 한 이 영화의 공동 원작자는 사진기자로 나오는 조셉 갤러웨이인데, 그 또한 실제 인물로 UPI통신사 등에서 44년간 언론인으로 일했다).

할 무어 중령. 그는 두려움이 없었을까? 무섭지 않았을까? 다시 영화 속으로 들어가보자. 격전으로 숱한 부하들이 죽어나가던 날, 의연하기만 했던 무어 중령은 뒤돌아서 혼자 운다.

리더의 눈물. 그건 리더의 굵은 눈물이었다. 부하를 죽이지 않아야 하고, 이겨야 하고, 그러려면 지휘를 잘해야만 한다는 마음속의 억눌림, 그 억눌림을 그는 구토를 하듯 눈물로 토해냈다. 그의 눈물은 눈이 아니라 가슴속에서 꾸역꾸역 토해졌다. 죽은 부하에 대한 죄책감과 월맹군에 대한 분노였을까? 그럴 것이다. 하지만 한 가지가 빠졌다. 그의 가슴속에서 토해진 것은 또한 리더인 그가 감내해야 했던 두려움이고, 평가를 내릴 수 없는 자기 행위에 대한 무서움이었을 것이다.

몇 년 전 KBS 1TV에서 방영했던 '불멸의 이순신'에도 비슷한 장면이 나온다. 명나라 도독 진린을 구하기 위해 아끼던 황세득 첨사를 희생한 이순신. 그는 주둔지로 실려온 황 첨사와 부하들의 시신을 보고 분노하는 장교 및 병졸들을 향해 냉정한 한마디를 던진다.

"전장에서 죽음이란 항상 등짐같이 짊어지고 다니는 것일 뿐……. 괘념치 말게나. 전장에서 지는 아쉬운 목숨이 어디 한둘이겠는가."

한 마디라도 분노의 말을 보태줄 만도 하건만 그의 태도는 냉랭했다. 찬물을 끼얹는 장군의 말에 분위기는 숙연해지고, 이순신은 몸을 돌려 휘적휘적 걸어가버린다. 그리고는 홀로 숲속으로 들어가 울음을 토해낸다.

대개 이름난 장군들은 솔선수범하는 모습을 많이 남겨놓고 있다. 맥아더는 포탄이 진지에 떨어져도 태연하게 쌍안경으로 적정을 살폈다. 참모들이 대피하라고 사정하면 '일본군은 아직 나를 쏠 탄환을 만들지 못했다'는 유머를 던지곤 했다. 2차 대전 영웅 중 한 사람인 조지 패튼 장군은 미군 기계화 부대 발전에 초석을 놓은 인물로, 적기가 공습해 기총소사를 퍼부어도 맥아더가 그랬던 것처럼 피하는 법이 없었다. 지뢰 지대에서 부대의 전진이 정지되면 부하들을 제치고 자기 차를 선두로 몰아 그곳을 통과, 전진 속도가 떨어지지 않게 했다.

그러면 그는 천성이 겁이 없는, 용감무쌍할 뿐인 장군이었을까? 아니었다. 포격이 시작되고 자신도 모르게 겁이 나고 있다는 걸 알게 된 그는 스스로 혈압을 재면서, 혈압이 올라가는 자신을 저주했다. 전쟁 공포증이라는 진단을 받은 병사들을 구타해 지휘권을 뺏기기도 했지만, 그는 부하가 죽었을 때 울었고 전장에서는 선두에 서지 않는 법이 없었다.[41] 패튼의 사관학교 6년 후배이자 아이젠하워와 동기생인 오마르 브래들리는 패튼을 좋아하지 않았고 싫어하기까지 했지만 '용감하고, 화려하며, 위대한 쇼맨 show man 이다. 화를 너무 잘 내는 게 탈이지만 사실은 천성이 우아한 사람이다. 뛰어난 리더십의 소유자요, (……) 전투에 임해서는 참모들로 하여금 최대한의 능력을 발휘하게 하였고, 최대의 성과를 얻도록 지휘했다'고 패튼을 평했다.[42]

로마의 율리우스 카이사르는 전쟁 중에 고전하는 군단이 보이면, 뒤쪽에 있는 병사의 방패를 빼앗아 들고 그대로 최전선으로 나아갔다. 그리고는 백인 대장들의 이름을 차례로 부르며 적진으로 돌진하라고 격려했다. 총사령관의 이런 모습에 병사들은 사기충천하여 용감하게 싸웠다.[43)]

앞서 나가는 자의 고달픔

솔선^{率先}은 '남보다 앞장서다'의 뜻이고 수범^{垂範}은 '모범을 보인다'는 의미다. 말 그대로 남보다 앞장서 모범을 보이는 일이 이른바 솔선수범이다. 하지만 이건 말처럼 쉽지 않다. 프랑스의 철학자 베르그송이 '사상가로서 행동하고, 행동가로서 사색하라'는 말을 남긴 것도 그만큼 행동과 실천이 어렵기 때문이다. 무조건 행동으로 옮기는 게 아니라 '잘' 해야 하고, 잘하려면 '언제'를 제대로 선택해야 한다.

솔선은 생각 없이 앞으로 나서서 행동하는 게 아니다. 행동에 앞서 생각해야 하고 준비해야 한다. 리더가 어려운 것은 모두의 앞에 서야 하고, 뭇사람들이 싫어하거나 못 하는 일을 해야 하고, 먼저 알아서 헤아려야 하며, 계획을 가지고 실천해야 하는 까닭이다. 당연히 행동에는 노고와 희생이 따른다.

솔선수범의 제1원칙은 자기가 하고 싶지 않은 일을 남에게 시키지 않을 뿐만 아니라, 남이 하고 싶어 하지 않는 일을 자기가 하는 것이다.44) 얼마나 괴롭고 힘들겠는가. 리더는 부하들의 숨은 능력을 일깨우기 위해 서투르게 해 보이고 실패도 해 보인다. 시행착오를 두려워 말고 능력 발휘를 하라는 의미다. 부하들은 늘 행동으로 보여야 따르기 때문이다.

1809년 비엔나 근교 와그람wagram에서 프랑스와 오스트리아 군이 강을 사이에 두고 대치한 채 감히 어느 쪽도 공격에 나서지 못하고 있을 때였다. 다리는 하나밖에 없었다. 그런데 돌연 프랑스 군 쪽에서 돌격 명령이 떨어지더니, 말을 탄 한 장군이 오스트리아 군을 향해 질주하기 시작했다. 누가 봐도 나폴레옹이었다. 위험한 다리를 맨 먼저 달려가는 총사령관을 보고 엎드려 있을 병사가 어디 있겠는가. 눈사태가 덮치듯 프랑스 군이 큰 파도를 이루며 오스트리아 군을 덮쳤다. 나폴레옹 전사에서도 유명한 와그람 전투의 시말이다.45) 나폴레옹이 존경했다는 알렉산더도 언제나 기병대의 선두에 섰고, 이순신도 항상 선두에 있었다.

솔선수범의 어려움은 기업 경영뿐 아니라, 역사에서도 고스란히 드러난다. 리더들의 솔선수범이 없던 시기, 우리 역사는 어떠했을까? 임진왜란의 상황으로 돌아가보자.

7년여 동안 온 국토를 유린한 임진왜란이 일어났을 때, 선조는 도망가기 바빴다. 1592년 4월 14일 부산성, 15일 동래성을 함락시킨 왜군이 한양으로 진격하자 그는 같은 달 30일 도성을 버리고 피란길에 올랐다. 5월 3일, 왜군은 한양에 무혈 입성했다. 가장 치열하게 전투를 치렀어야 할 수도에 무혈 입성한 것이다.

이때 조정의 유력한 세력이었던 서인은 항상 강경론자였다. 윤두수로 상징되는 서인은 요즘으로 치면 다수당 격으로, 당연히 목소리가 높았다. 그들은 왜군에게 쫓긴 선조가 의주를 넘어 요동으로 가려 하자 강력히 이에 반대했고, 중국의 지원도 반대했다. 또한 그들은 일본의 공격이 잠시 누그러지자 일본에 대한 선제공격론을 일관되게 주장했다. 당시 이순신의 수군을 제외한 조선 육군은 왜군에 비하면 대적조차 안 되는 숫자였다. 그런데도 그들은 선제 공격의 목소리를 높였다. 왜였을까?

(선조와 마찬가지로) 윤두수의 서인도 명분과 대의만 있었을 뿐, 전략이 없었다. 윤두수는 선조의 요동내부(遼東內附 : 요동으로의 도망)를 반대했고, 중국의 지원조차도 반대한 적이 있다. 이것이 '대의'였기 때문이다. 그리고 일본에 대한 선제공격론을 일관되게 주장했다. 이것이 '명분'이었기 때문이다. 그러나 스스로는 자신을 지킬 힘도, 적을 공격할 용기도 없었다. 뒷걱정은 하지 않았다. 국가의 운명을 자신의 운명으로 느끼지 않았기 때문이다. 이들은 앞에서는 명분을 주장해 강경파가 된다. 그러나 막상 전선에 직접 나가서 결사항전하라고 하면 구실을 붙여 도망을 친다.[46]

기업 조직에도 '서인' 같은 사람이 있다. 전략적 고려보다는 감정적 분노와 명분을 앞세워 사람들의 이목을 끌지만, 회사의 운명에는 무관심한 이들이다. 이들은 당장 뭇사람의 관심을 끌 만한 말을 골라서 하고, 특히 리더의 얕은 마음과 가벼운 귀에 사탕발림을 한다. 하지만 말뿐이다. 사실은 자신의 안위에 관심이 있을 뿐, 조직의 운명은 뒷전이다.

서인도 조선의 운명에는 무관심했다. 그들에게는 항상 자신의 운명이 문제였다. 이렇게 현실을 무시하는 서인은 1623년, 결국 쿠데타를 일으켜 광해군을 폐위시킨다. '명에 대한 배은망덕'과 '후금과의 화친'이 쿠데타의 이유였다.

물론 다르게 행동했던 사람도 있었다.

1597년 7월 16일 새벽, 1,000여 척의 왜군 함선이 남해 칠천량 앞바다에 정박 중인 조선 수군을 덮쳤다. 수군통제사 원균은 이 해전에서 조선 수군을 전멸로 이끌었다. 조선 수군의 첫 패배였고 완전한 패배였다. 그러자 선조는 8월 3일, 백의종군 중이던 이순신에게 3도 수군통제사로 복귀하라는 칙명을 내린다(조정의 임명은 7월 23일이었다. 9일이 걸려 도착한 것이다). 하지만 전멸한 조선 수군의 3도 수군통제사는 이름뿐이었다. 9명의 군관과 약간의 군사가 그가 거느린 전력의 전부였다.

그러나 이순신은 움직였다. 시간과의 싸움이었다. 파죽지세로 전라도를 향해 진군한 왜군은 남해안을 빗자루로 청소하듯 쓸고 있었다.

조선 수군에 남은 것은 경상우수사 배설이 데리고 도망친 12척과 정비 중이어서 화를 면했던 1척의 함선.

이순신은 진도의 벽파진에 머물렀다. 벽파진은 명량(울돌목)의 좁은 해협을 등지고 있는 곳으로 한산도가 전라도 바다를 지키기 위한 전진기지였다면, 이곳은 서해로 가는 길목을 막기 위한 차단기지였다. 사실 더 이상 물러설 곳도 없었다. 다 합쳐 1,000여 척에 이르는 함선을 보유한 왜군에 비하면 100분의 1 정도밖에 안 되는 전력으로 적을 막을 곳은 이곳이 유일했다. 이곳이 뚫리면 곧바로 한강이었고, 한강을 내주면 상황은 끝나는 것이었다. 하지만 무능한 선조와 조정은 '수군을 포기하고 권율의 육군에 합류해 싸우라'고 종용한다. 1,000여 척에 이르는 일본 수군이 병력과 군량미를 한강에 내려놓으면 전세가 어떻게 될지, 한 치 앞을 못 보는 지시였다. 바로 이때 '지금 신에게는 전선 12척이 있습니다'는 이순신의 장계가 올라간다.[47]

이미 전세는 일본 쪽으로 완전히 기울어 있었다. 왜군은 8월 16일 남원성을, 8월 29일 전주성을 점령했다. 이순신이 벽파진에 진을 친 8월 29일, 일본 좌군은 전라도 지역을 완전 장악하기 위해 남하했고 우군은 서울을 향해 북상 중이었다. 9월 15일, 이순신은 벽파진에서 바다 건너 화원반도에 있는 전라우수영으로 진영을 옮겼다. 거리는 멀지 않지만, 두 곳 사이에는 명량해협이 있었다.

9월 16일, 정찰병의 다급한 목소리가 전라우수영을 울렸다.

"장군, 이루 헤아릴 수 없는 적선이 우리 함선을 향해 옵니다."

도도 다카도라, 가토 요시아키, 와키사카 야스히로 등이 지휘하는 133척의 대함대가 좁은 명량해협으로 들어오고 있었다. 결코 물러설 수 없는 한판. 13척의 함선이 곧 조선의 운명이었다. 조선 수군의 규모를 크게 보이려고 13척의 함선 뒤에 늘어서게 한 피란 어선 100여 척을 위해서라도 물러설 수 없었다. 이순신의 부하들은 공포에 질려 숨소리도 내지 못했다.

명량해협은 폭이 좁아 적선이 한꺼번에 달려들 수 없는 곳이었다. 때문에 들어오는 적선을 순차적으로 격파하면 되지만, 그것은 이론일 뿐 사실상 대적이 불가능한 전투였다. 조수의 흐름도 조선 수군 쪽으로 역류해 더 불리했다. 적극적으로 노를 저어야 제자리를 지킬 수 있는데, 적의 기세에 압도당한 조선 수군은 슬금슬금 뒤로 물러나고 있었다.《이순신의 두 얼굴》은 그때 상황을 이렇게 묘사하고 있다.

이순신은 자신이 올라선 함선 노군(노를 젓는 사람)에게 있는 힘을 다해 노를 저으라고 엄명했다. 이순신의 함선이 휘하 부하의 함선을 뒤로 하고 불쑥 앞으로 나섰다. 공격 지시에 따라 일시에 지자포가 불을 뿜고 현자포가 가세하자, 바다가 화염에 휩싸였다. 팽팽한 긴장감 속에 이순신의 함선과 맞서려던 왜군의 선봉 함대에는 갑작스런 당황스러움이 덮쳐들었다. 어느 순간 무엇에 걸린 듯 배가 앞으로 나가지를 못한 채 뒤뚱거렸고, 뒤쪽의 배들은 앞쪽 배들을 들이받을 듯 계속 가까워지고 있었다. 더구나 조선 수군은 12척의 함선이 뒤로 물러난 가운데

1척만이 앞으로 나와 그들을 상대하고 있었다. 이해할 수 없고 의심스러운 것은 그 1척이 대장선이라는 점이었다.

오직 이순신의 대장선만이 외롭게 분투하고 있었다. 사기가 올랐던 부하들도 점점 지쳐가고 있었다. 거친 파도와 함께 한 발 한 발 위기가 다가서고 있었다. 더 이상은 버티기 어려웠다. 그런데도 조선의 12척 함선은 먼바다에서 대장선의 독전을 관망만 하고 있었다. 이를 본 이순신은 피가 끓어오르면서 화가 치솟았다. 호각을 불어 깃발을 올리자, 중군장 김응함의 함선이 대장선에 가까이 다가오고 거제 현령 안위의 함선도 오기 시작했다.

"안위야 군법에 죽고 싶으냐? 네가 군법에 죽고 싶으냐? 도망간다고 해서 어디 가서 살 것 같으냐?"

안위의 안색이 창백해졌다. 안위는 황급히 적선의 숲으로 돌격해 들어갔다. 김응함도 적진으로 돌진했다. 곧 치열하고도 절박한 전투가 벌어졌다. 와중에 왜군 선봉대장 구루시마 미치후사의 시체를 건져 올린 이순신은 함선의 돛대에 그의 목을 걸었다. 그리고 왜군이 이를 본 순간, 전세는 결정 나고 말았다. 이 싸움에서 조선 수군은 단 1척의 함선도 잃지 않았다. 손실은 전사자 2명, 부상자 3명에 불과했다.[48]

전장에서 상관은 명령을 어긴 부하의 목숨을 그 즉시 거둘 수 있다. 상관의 명령은 곧 군율이기 때문이다. 하지만 대장인 이순신이 앞서 나가 싸우는데도 부하들은 머뭇거렸다. 명령을 내리는데도 망설였다.

이것이 어찌 전장에서만의 일이겠는가.

지금은 세계적인 완구회사로 거듭난 오로라월드의 홍기우 사장은 이런 말을 한 적이 있다.

"언젠가 회사 워크숍에서 벌겋게 달궈진 숯불 위를 걷는 시간이 있었습니다. 한눈에도 열 걸음 거리는 족히 돼 보이는 숯불이었는데, 거길 걸어가라고 하니 눈치만 보면서 아무도 가질 않는 거예요. 강사가 '이렇게 하면 충분히 건널 수 있다'고 해도 선뜻 나서는 사람이 없었습니다. 어쩔 수 없이 공동 대표를 맡고 있는 오너 사장과 제가 먼저 건넜지요. 그러자 모두들 줄을 지어 건너더군요."

팬택의 박병엽 부회장은 1991년 종자돈 4,000만 원으로 시작한 회사를 2005년 초 현재 연 매출 3조 원대의 회사로 키운 입지전적인 기업인이다. 언젠가 그와의 인터뷰에서 기자가 "'인덕 경영', '감성경영'을 하고 있다고 들었다"고 하자, 그는 이렇게 말했다.

"(책상으로 가 두툼한 서류 뭉치를 들어 보이며) 직원들이 저한테 제출한 숙제입니다. 출장 가기 전, 《상품개발력을 기른다》는 책을 읽고 독후감을 써내라고 했거든요. 이게 모두 200명분인데, 오는 일요일 집에서 다 읽을 겁니다. 6시간쯤 걸리겠죠. (오너가) 이렇게 열심히 읽고 그중 인상적인 부분에 대해선 코멘트까지 하는데, 어떤 사람들이 하나로 뭉치지 않겠어요. 경영자에 대한 신뢰도 절로 생기지 않겠어요? 물론, 그러느라 내 인생은 '드럽게' 힘들지만(웃음)."

모르긴 몰라도, 리더들은 그의 '드럽게'라는 말이 지닌 의미와 무게를 잘 알 것이다. 웃으면서 유머스럽게 표현했지만, 그 자신이 앞서 나가지 않으면 안 되는 상황을 이른 것일 게다.

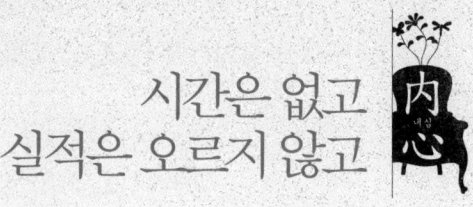

시간은 없고
실적은 오르지 않고

갈 길은 먼데 날이 저물면 걸음을 재촉하던 나그네는 제풀에 지치고 만다. 할 일은 태산 같은데 뭘 좀 하다 보면 하루가 간다. 새어나오느니 푸념이고 한숨일 때, 스트레스는 더 쌓인다. 이럴 때 리더들의 마음속엔 무엇이 들어 있을까?

① **당신이 느끼는 스트레스는?**
   (0 : 스트레스 없음, 10 : 인간이 느낄 수 있는 극단의 스트레스)

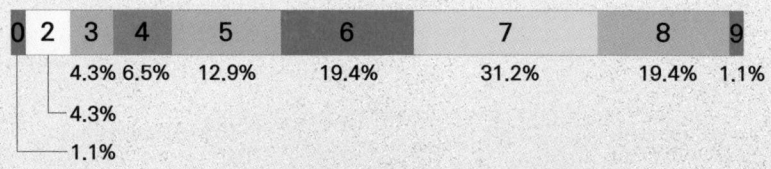

② 지금 하는 일에 만족하지 못하는 이유는?

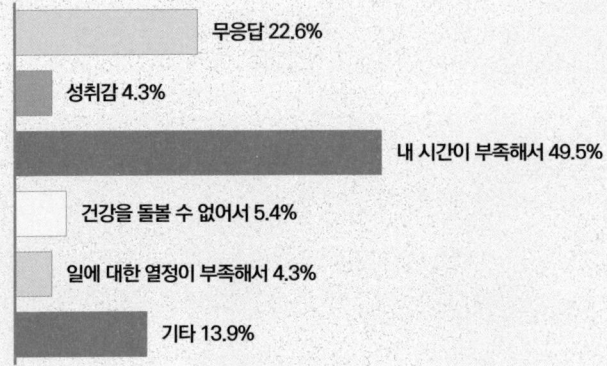

③ 회사를 그만두고 싶을 때는?

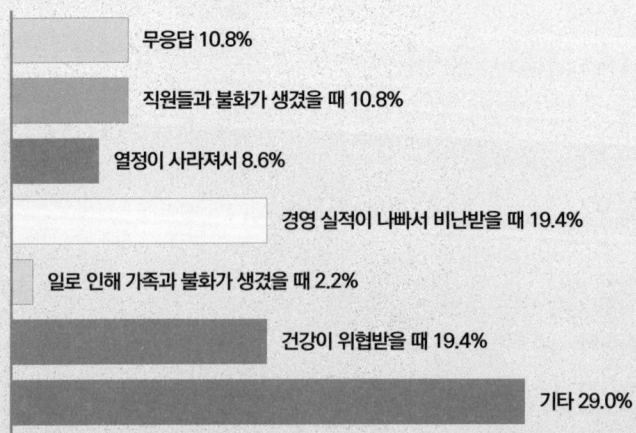

출처 : 종업원 100인 이상 사업장 CEO 93명 스트레스 지수 설문 조사,
〈시사저널〉, 2005년 8월 16일자

07
고독한 의사결정

나는 사슴을 잡기 위해서 미끼를 놓을 때
처음 냄새를 맡으러 오는 암사슴을 쏘지 않고
사슴떼 모두가 모여들 때까지 기다린다.
- 오토 폰 비스마르크

나는 왜 작아지는가

 아프리카 대초원에 사는 소와 비슷하게 생긴 누와 얼룩말 무리는 매년 수천 킬로미터에 달하는 대장정을 한다. 물과 초원을 찾아가는 고통스런 여정이다. 잠시만 지체해도 무리에서 낙오되고, 그렇게 되면 무리를 뒤쫓아오는 사자나 하이에나들에게 잡아먹히기 십상이다. 걸어가면서 새끼를 낳는 것도 이 때문이다. 적응하는 생물만이 생존한다는 다윈의 말처럼, 그렇게 태어난 새끼 또한 젓가락처럼 생긴 곧 부러질 듯한 다리를 몇 번 휘청거리다 이내 어미를 따라 걷기 시작한다. 대단한 생존력이다.

 문제는 이런 여정이 아니다. 초원이 눈앞에 있는 곳, 그곳에는 커다란 마라 강이 있다. 강만 건너면 끝없는 초원. 저 초원에 도달하기 위해 누 떼는 무려 수백 킬로미터를 걸어온 것이다. 하지만 강이 문제다.

물살이 세기 때문에 자칫 휩쓸려 갈 우려도 있지만 강에는 물살만 있는 게 아니다.

부유물처럼 위장한 나일악어는 물살보다 더한 공포의 포식자다. 보기와 달리 악어는 둔하거나 멍청하지 않다. 1년 내내 오늘만 기다려온 녀석들은 누 떼가 강변에 도착하기 전에 온 강을 샅샅이 탐사, 물살이 센 곳을 미리 알아둔 후 그 근처에서 기다린다. 잘만 하면 1년을 견딜 영양분을 섭취하는 날이니, 양쪽 모두 사생결단을 내는 날이기도 하다. 악어는 제 몸무게의 절반 무게만 먹어도 1년을 산다. 이 때문에 강변에 다다른 누 떼는 대여섯 시간씩을 그저 머뭇거리기만 한다. 우두머리가 결정을 내리지 못한 때문이다.

과감한 행동과 무모한 행동은 똑같이 보일지 몰라도 본질은 다르다. 과감함이 합리적인 사고를 바탕으로 한다면, 무모함은 비이성적이고 감정적인 데서 나온다. 어느 누가 감히 악어들이 우글대는 급물살 속으로 뛰어들고 싶겠는가. 누 떼는 리더만 처다볼 뿐 움직이지 않는다. 누고 악어고, 양쪽 다 순간을 기다린다. 인간이나 동물이나 먼저 화내는 쪽이 지고, 절륜의 무공을 지닌 검객의 싸움에서는 먼저 움직이는 사람이 진다. 기나긴 기다림의 시간……. 드디어 누 떼의 리더가 과감하게 물에 뛰어든다. 그러면 뒤를 이어 무리를 이룬 누들이 차례차례 강으로 뛰어들어 건너편을 향해 나아가기 시작한다. 리더가 움직이지 않으면 더더욱 움직이지 않는 인간 세상과 하나도 다를 바 없는 장면이다.

한편 파충류 중 가장 영리하다는 악어는 기다란 주둥이를 스칠 듯 맛있는 먹이가 바로 코앞을 지나가는데도 눈 하나 꿈쩍하지 않는다. 대단한 인내력이다. 그들은 기우뚱하는 녀석이나 약한 녀석들이 사정거리 안에 걸려들 때까지를 기다렸다가 순간적으로 덮친다. 악어들은 절대 앞 무리를 공격하지 않는다. 뒤따르는 무리가 도망가버리기 때문이다. 그들은 결정을 내려야 할 때가 언제인지를 잘 알고 있는 것이다.

삶이란 선택이다. 선택이 이어져 삶이 된다. 하지만 즐거운 선택은 많지 않다. 더 좋고 덜 좋은 선택은 흔한 게 아니다. 대개는 '좋거나 아니면 나쁘거나'이다. 그래서 기억에 남아 있는 선택의 순간은 추억이다. 추억은 대부분 당시의 고통이 자라나 핀 꽃이다. 개인의 선택이 이럴진대 하물며 자신을 포함해 많은 이들의 생존을 책임지는 자리에 있는 사람의 선택은 더 고통스러울 수밖에 없다.

깊은 밤, 사무실 창가를 서성이며 뭔가를 생각하는 리더는 필시 선택의 기로에 서 있을 가능성이 높다. 숱한 데이터 검토와 회의를 거쳐 이제 결정을 해야 할 때다. 수많은 사람들이 수많은 안을 검토하고 분석했다. 하지만 이제는 혼자다. 오직 혼자서 '해야 할까, 말아야 할까'를 결정지어야 하는 것이다. 내가 사인을 하면 내일 아침 모든 구성원은 새로운 곳을 향해 나아갈 것이다. 이 결정에 내 운명이, 회사와 회사에 적을 둔 수많은 이들의 운명이 걸려 있다. 운명의 승부수를 띄워야 하는 것이다.

아무리 작은 것도 함부로 보아 넘겨서는 안 된다. 균형 잡힌 시소는 0.000001그램의 무게에도 한쪽으로 기울어진다. 먼지 한 톨 정도밖에 안 되는 무게이지만 그 무게에 둔중한 시소가 균형을 잃는다. 적과 팽팽하게 대치 중인 전쟁터에서 균형이 깨지고 추가 한쪽으로 기운다는 것은 의미가 크다. 한편은 기쁨을, 다른 한편은 쓰라림을 맛봐야 한다. 잘 하면 본전이지만, 조금이라도 삐끗하면 모든 책임을 다 져야 하는 사람이 리더다. 해리 트루먼 전 미국 대통령은 과단성 있는 인물로 기록되고 있지만, '결정하는 데까지 시간이 얼마나 남았는가'라는 질문을 가장 많이 한 리더였다.

한 대기업 계열사 출신의 CEO는 '수백 명의 구조조정 명단을 결재판 속에서 접해보지 않은 사람은 사인 하나가 얼마나 무서운지 잘 모를 것'이라고 말한 적이 있다. 자신의 사인 하나에 수백, 아니 가족까지 포함하면 수천 명의 사람이 생존권이 위협받는 절벽 위를 걸어가야 하기 때문이다. 사인을 하자니 그 많은 사람이 얼마나 다칠까 하는 생각에 안절부절못하게 되고, 사인을 안 하자니 회사 전체가 몰락할 위험에 처한다. 머리가 무거워질 수밖에 없다.

물론 좀더 쉽게 결정을 내릴 수도 있다. 많은 리더들이 이 함정에 빠진다. 세상 이치는 묘해서 쉽게 결정하면 어려운 일이 오고, 어렵게 결정하면 상대적으로 마음 편한 결과가 나올 때가 많다. 앞의 CEO는 '새로운 사업을 시작하거나 오랜 시간 공들인 신제품 개발을 공식적으로 허가하기 전날에는 도통 잠을 못 잤다'며 '아무리 술을 마셔도 정신만 또렷해지는데, 그게 참 죽을 노릇이었다'고 했다.

언젠가 판사로 있던 한 친구가 "사형선고를 내리기 전날에는 잠을 못 자 항상 고생했다"며 그럴 때마다 과음을 했던 기억이 난다. 그 친구는 어느 생각에 함몰돼 있지 않나 하는 생각에 재판이 열리는 날 아침에는 항상 출근길 만원 버스를 탔다. 편협된 생각을 조금이라도 버리고, 일반 사람의 시각에서 사건을 바라보기 위함이었다. 모두들 당연하게 생각하는, 그러나 리더에게는 무거운 돌덩어리를 이고 있는 것 같은 결정의 괴로움이다.

세계적인 회사인 미쉐린 타이어의 총수였던 프랑수아 미슐랭은 한 기자와의 인터뷰에서 '총수로서 어떤 때 가장 부담을 느끼느냐'는 질문을 받자 이렇게 답했다.

"10만 명이나 되는 사람들의 운명이 나에게 달려 있다고 생각하면 때때로 두렵습니다. (……) 치명적일 수 있는 결정들을 해야 할 순간이 있거든요. 실제로 해보기 전에 확실한 것은 아무것도 없죠. 그 선택들이 정말 힘겹게 느껴지는 이유는 결정을 내리는 그 순간에 우리가 아는 것은 아무것도 없다는 데 있습니다. 기업의 총수는 늘 불확실함 속에서 행동해야 합니다. 그 순간에 결정을 내려야 하는 거죠. 바로 그것이 문제입니다."[49]

칼은 내려쳐지면 그만이다. 저 아름다운 마리 앙트와네트도 단두대의 칼날이 내리친 순간 싸늘한 시신으로 변하고 말았지 않은가. 화살이 시위를 떠나면 화살을 쏜 당사자도 어쩔 수 없듯, 선택도 내려지면 그만이다.

지금은 어엿한 중견 회사로 자리잡은 웅진식품을 적자 회사에서 번듯한 회사로 만든 조운호 전 부회장. 그는 언젠가 적자투성이의 회사 대표 자리를 받아들인 것을 인생 최대의 결단으로 꼽았다. 아니, 결단이 아니라 어쩌면 인생 최대의 고민이었을 것이다.

1999년 3월은 내 인생 최대의 전환점이었다. 매출액보다 큰 450억 원의 누적 적자를 안고 매월 10억 원 이상의 적자가 계속되던 상처투성이의 웅진식품 대표를 맡았기 때문이다. 당시 회사는 대리점 창고마다 유통기한이 임박한 재고가 가득했고, 부실채권과 낮은 공장 가동률로 몸살을 앓고 있었다. 더구나 타 계열사의 절반밖에 되지 않는 급여로 3개월 임금 체불까지 발생해 임직원들의 사기는 떨어질 대로 떨어졌다. 이런 상황에서 내세울 만한 수익상품도 없었다. 그 누구라도 이런 최악의 상황에 직면한 회사를 맡으려 하지 않을 텐데, 과연 내가 대표를 맡는다고 달라질 것이 있을까? 대표직을 맡는다고 치자. 그렇다면 어디서부터 손을 대야 하지? 회사를 기사회생시킨다면 더없이 좋겠지만, 그렇지 못한다면 나도 결국 이 회사와 함께 침몰할 것이다……. 이것이 38세의 나에게 주어진 과제이자 기회였다.[50]

그는 곧 결정을 내렸다. 고민에 끌려가지 않고 운명이 자신에게 내민

제안을 받아들이기로 한 것이다.

"사람이 살아가면서 예기치 않게 다가오는 운명이란 것이 있다. 나에게는 그동안 살아오면서 수없이 많은 결단의 순간들이 왔지만, 이를 피하거나 그 상황을 오래 끌고 가지 않았다. 원하지 않는 운명이 내게 오더라도 일단 마음으로 받아들이고 나면 그 속에 분명한 나의 역할이 있기 때문이다. 그 역할에 충실하면 세상은 항상 내게 더 큰 역할을 준다는 것도 이미 알고 있었다. 용기도 필요했다."[51]

하지만 결정을 한다고 끝날 일인가. 24시간 '전쟁터'에서 먹고 자는 생활이 시작됐고, 고생 끝에 '아침햇살', '초록매실' 같은 히트상품을 만들어냈다. 모든 것이 선택이었고, 선택은 고통이었다. 보통은 머뭇거리다 밀쳐내는, 예기치 않게 찾아오는 운명을 과감하게 받아들여버리고, 캄캄한 밤 같은 어둠 속을 달린 덕분이었다.

우리는 대개 이런 사람들의 이런 행동과 결과를 '확신'이라는 말로 설명하고 끝내버린다. 마치 그들이 확신이라는, 보통 사람에게는 없는 특수한 뭔가를 가지고 태어난 것처럼 치부해버린다. 그 확신이 무엇이고 무엇으로 이루어져 있는지 알 생각도 하지 않는다. 하지만 그는 이렇게 말한다.

"어느 조직의 리더나 마찬가지겠지만, 한 기업의 CEO는 경영의 매 순간이 결단의 연속이다. 신사업을 추진할 때, 신제품을 출시할 때는 물론이고 조직 속에서 일어나는 일들에 대한 크고 작은 결정들을 해야 하기 때문이다. 그럴 때마다 나는 마치 작두를 타는 마음이다. 날이 시퍼런 작두 위에 올라가야 하는 상황에서 발을 베일 것인가, 아니면 작두 위에서 춤을 출 것인가…….'[52]

작두. 그렇다. 신이 내린 무당은 작두를 타야 인정을 받는다. 날이 서다 못해 시퍼런 작두 위를 걸어가는 일은 무당이라도 쉬운 일이 아니다. 오죽하면 '무당이라고 해도 작두를 타야' 한다는 말이 나왔겠는가. 무당에 대한 신뢰가 '작두타기'에서 비롯된다면, 리더에 대한 신뢰는 '결과가 있는 결정'에서 나온다. 성공하면 인정받고 대우받지만, 실패하면 십중팔구 '주홍글씨'를 떠안고 살아야 한다. 운명이다. 당연히 제아무리 배포가 큰 리더라도 결과가 중요한 결정 앞에서는 작아질 수밖에 없다.

장수 CEO라고 할 수 있는 최준근 전 HP 사장은 재직 당시 기자와의 인터뷰에서 이렇게 말했다.

"힘들기로 따지면 중요한 결정을 내려야 할 때입니다. 최종안으로 좁혀진 2, 3개의 사안을 놓고 고민고민하다 부하들에게 물어볼 때가 많습니다. 그런데 대답을 잘 안 해요. 특히 결정을 내리기 전 순간이 가장 외롭고 힘들죠. 그 순간에는 아무도 도와주는 사람이 없거든요. 예를 들어 실적이 나쁜 부서가 있으면 이걸 구조조정을 해야 할 것인가, 아니면 뭐가 다른 방법을 찾을 것인가를 결정할 때가 그런 경우지요. 또 필요한 부분이 있으면 회사를 만들어야 좋은 건지, 아니면 M&A를 해야 하는 건지 선뜻 판단 내리기 어려운 부분이 참 많아요. 아직도 쉽지 않은 문제입니다. 회사가 작을 때는 어떤 결정에 대해 손해를 보는 쪽을 설득하기도 하고 설명도 했는데, 회사가 커지고 신속하게 일을 처리해야 하는 상황이 많아지면서 그것도 쉽지 않아요. 어려워요."

대답을 하지 않는 이유는 결정에는 항상 책임이 따르기 때문이다. 크리스트 아지리스 하버드대 교수는 여기서 한 발 더 나아가 중요한 의사결정을 하는 회의 분위기에 대해 설명한 적이 있다.

"흥미로운 것은 유능하고 조직에 헌신적인 임원일수록 중요한 의사결정에 대해 흥분하는 데 비해, 무능력하고 헌신적이지 않은 이사들은 애석해하는 수준에 그치고 만다. 그들은 '나도 그렇게 말했다'는 식의 태도를 보이며 유감을 표시하지만 상황을 바로잡는 데는 관여하지 않으려고 한다. 다시 말해, 충격을 받는 이사들일수록 유능한 사람들이다."[53]

도박이 따로 없다

　최고경영자나 리더는 본능적으로 누군가의 의견을 들어보려고 한다. 특히 혼자서 결정할 수 없을 정도로 사안이 아주 복잡할 때, 모든 구성원의 공감대를 얻어내기 위해 지지부진하게 사안이 진행되고 있을 때는 더 그렇다. 이른바 공식 라인에서 제대로 된 정보가 들어오지 않고 진행이 더딘 상황이면 이런 경향은 더 심해진다. 촌각을 다투어야 할 때인데도 아무도 움직이지 않고 있는 것처럼 보이기 때문이다. 이때가 비공식 라인이 가동되는 순간이다.

　이런 상황에도 못 미칠 때, 최고경영자나 리더는 '육감'을 활용한다. 이 육감의 다른 말은 '직감', '배짱', '내면의 목소리' 등이다.

　최근 몇 년간 발군의 실력을 보이고 있는 코리아홈쇼핑 박인규 사장의 성공 비결은 '싼 값에 비단옷'이다. 값은 싸지만 실속 있는 상품을 팔자는 전략이 제대로 들어맞은 것이다. 또 하나, 빼놓을 수 없는 것이 있다. 2002년부터 과감하게 실시한 '후불제'가 그것이다. 후불제란 말 그대로 상품을 받아보고 돈을 내는 방식. 그가 처음 이 제도를 제안했을 때 회사 내 모든 사람이 반대하고 나섰다. '무조건 안 되고, 어떻게 해서도 안 될 것'이라는 의견이었다.

자신을 제외하고는 모두들 기를 쓰고 반대하니 곤혹스러웠다. 정말 괜찮을까? 마음이 흔들렸다. 사업에 실패한 후 얼마나 많은 어려움을 겪어야 했던가. 헐값에 얻은 월셋집에 곰팡이가 뒤덮여 더 이상 살지 못하고, 아내와 딸을 처가로 들여보낸 뒤 자신은 사무실에서 먹고 자고 지낸 날이 얼마인가. 하지만 자신은 월급을 받는 사람이 아니라 주는 사람이었다. 돌파구 없이 어떻게 작은 회사를 성장시킬 수 있단 말인가. 그는 결정을 내렸다. 결정 없이 이루어지는 일은 없었다.

무성한 우려 속에 시행된 후불제는 성공적이었다. '안 될 것'이라는 생각은 지레짐작일 뿐이었다. 그는 이를 '2% 인간론'으로 설명했다.

"100명 중 90명은 선한 사람이죠. 나머지 10명 중 2명 정도가 나쁜 편이고 8명은 중간쯤 됩니다. 의외로 제품을 받아놓고도 돈을 안 내는 사람은 형편이 비교적 나은 쪽입니다."

물론 CEO의 결정이 다 옳은 것은 아니다. 이런 '고집'에는 조건이, 필수조건이 있다. 여느 사람이 보지 못하는 것을 보고, 하지 못하는 것을 해야 한다는 점이다.

1981년 9월, 삼성그룹 전체 임원회의에 참석한 임원들의 얼굴에는 불안한 기색이 역력했다. 이병철 회장의 선언 때문이었다. 평가가 엇갈리기는 하지만, 고 이병철 전 삼성 회장은 거의 모든 사업을 사장단의 의견을 경청한 후 시작했다. 사장단이 안 된다고 하면 미련 없이 포기했다. 개인적으로 음반사업을 하고 싶어 두 번이나 추진했으나 사장단이 반대하자 체념한 적도 있었다. 하지만 유일하게 밀어붙인 사업이 하나 있었다. 반도체였다. 이 회장을 그룹 임원회의에서 '앞으로 반도체와 컴퓨터에 삼성의 흥망을 걸겠다'고 선언했다.

"전 세계 경제학자나 전문가들 얘기를 들어보면 중진국의 살길은 컴퓨터와 반도체라고 합니다. 중진국이 앞으로 살아갈 길, 곧 흥망은 반도체와 컴퓨터에 달려 있습니다. 이 두 가지를 우리가 개발해야 합니다. (……) 시간이 걸릴지는 모르지만 결국은 성공할 수 있다는 확신을 가져야 합니다."54)

삼성은 1984년 10월에야 간신히 반도체 수출을 시작할 수 있었다. 첫 작품은 64K D램이었다. 그러자 미국 마이크론 사가 3달러였던 가격을 1달러 80센트로 낮춰버렸고, 일본 업체들까지 여기에 가세하면서 64K D램은 30센트까지 가격이 떨어졌다. 이른바 신생업체 죽이기였다. '흥망을 건' 삼성도 죽기살기로 나왔다. 20센트로 내려버린 것이다. 원가에도 못 미치는 가격이었다. 이때 삼성은 반도체에서 무려 1,300억 원의 적자를 기록했다. 안팎으로 불만이 터져나왔고 비난과 원성이 자자했다. 오늘날 소니를 능가한다는 삼성의 저력은 이렇게 시작됐다.

비슷한 또 다른 예를 인텔을 비약적으로 성장시킨 앤드류 그로브 전 회장의 경영 행보에서도 발견할 수 있다. 인텔 사의 창업 멤버로 1986년 회장에 취임한 그로브는 '비메모리 반도체에 역량을 집중하기 위해 메모리 반도체에서는 철수한다'는 폭탄선언을 발표했다. 당시 인텔은 메모리 반도체의 원조 기업으로, 일본 업체들의 거센 추격 속에서도 모든 종류의 반도체를 생산하는 가운데 매출의 40%를 메모리 반도체에서 건져내고 있었다. 당연히 반발이 일었다. 하지만 그는 단호하게 결정을 밀고 나갔다. 지났으니 말이지만 그것은 역사적인 도박이었다.

10년이 지난 후, 인텔은 비메모리인 마이크로프로세서 시장의 80%를 점유하는 시장 독점을 이뤘다. 규모와 내실의 성장은 말할 것도 없었다. 메모리보다 부가가치가 훨씬 높은 비메모리를 선택하고 여기에 역량을 집중한 결과, 인텔은 CPU산업의 상징적인 존재가 되었다. 그리고 286·386·486 같은, 컴퓨터의 성능을 평가하는 표준으로 자리잡았다. 당장의 수익을 보장해주는 부분을 포기함으로써 더 큰 미래를 확보했음이요, 수없이 고뇌한 대가를 얻은 셈이었다.

앤드류 그로브는 《앤드류 그로브 승자의 법칙 Only the Paranoid Survive》 이라는 책에서 '전략적 변곡점 Strategic inflection point'이라는 용어로 이 상황을 설명한 적이 있다. 전략적 변곡점이란 변화가 시작되는 지점이라는 의미다. 이 지점은 새로운 사업의 기점일 수도 있고, 지금 하고 있는 사업의 종말을 알리는 신호가 될 수도 있다. 눈에 보이는 커다란 변화가 아닌 미미한 움직임으로 시작할 수도 있다. 하지만 이를 제대로 파악하지 못했을 때는 패자가 된다. 이길 수 없다는 말이다. 그로브는 이렇게 말했다.

"소방서에서 (화재가 일어나는 것을) 계획하듯 계획할 줄 알아야 한다. 소방서는 화재가 발생할 순서와 장소를 미리 알지는 못한다. 따라서 일상적인 사건부터 불시의 재난에 대처할 수 있도록 강하고 효율적인 팀을 구성해야 한다."55)

그는 '지금 우리가 하고 있는 사업을 누군가 더 잘, 더 싸게 해서 우리 고객을 차지해버리지 않을까 하는 걱정에 항상 초긴장 상태'였다. 물론 이런 건 그만의 전유물이 아니다. 기업을 이끌고 있는 모든 경영자의 머릿속을 지배하고 있는 것이다. 언제, 어디서 새로운 경쟁자가 등장할지 모르기 때문이다. 그래서 그는 야구에서 쓰이는 '히트 앤 런hit and run' 작전을 애용했다. 남보다 빨리 신제품을 내서 시장을 휩쓴 후, 경쟁사들이 쫓아오면 가격을 대폭 내려버리는 전략이다.《앤드류 그로브 승자의 법칙》에는 이런 구절도 나온다.

"만일 경쟁자가 당신을 쫓아오고 있다면 그들을 앞질러야만 죽음의 계곡에서 빠져나올 수 있다. 그리고 그들을 앞지르려면 특정 방향을 정하고는 사력을 다해 달려야 한다. 그들이 당신을 쫓아오고 있으니까 가능한 모든 방향을 고려해볼 수 있지 않겠느냐고, 달리 말해 양 다리를 걸칠 수 있지 않겠느냐고 반박할 수도 있을 것이다. 내 대답은 '안 된다'다. 양 다리를 걸치는 것은 비용이 많이 들 뿐 아니라 집중력을 약하게 한다."[56]

그는 자신이 경험으로 얻은 교훈도 들려준다. "나는 전략적 변곡점에서 '점point'이라는 단어가 틀린 명칭이라는 것을 배웠다. 그것은 하나의 점이 아니다. 그것은 길고도 고통스러운 투쟁"이라는 말이 그것이다. 문제는 이 "고통스러운 투쟁이 '짠' 하면서 나타나지 않고 살금살금 온다"는 것이다. 웬만해서는 알아챌 수 없다는 얘기다. 어떻게 해야 할까? 그는 이렇게 말했다.

떠오르는 추세와 관련된 문제를 다룰 때 당신은 합리적인 자료를 단순히 대입시키지 말고, 당신의 관찰과 본능에 의존하는 편이 낫다.[57]

왜 육감에 의지할까

바로 앞 장에서 그로브 전 회장은 '이상한' 충고(?) 한마디를 했다. 자료보다는 관찰과 본능에 의존하라는 대목이다. 어느 기업보다 수치와 데이터를 신봉할 성싶은 회사의 CEO가 관찰과 본능을 말한 것이다. 묘한 것은 그로브 회장만이 아니다. CEO나 리더들에게 '왜?'라는 질문을 던지면 대개 '육감'이나 '직감'이라는 단어로 되돌아올 때가 많다. 뭔가 있을 듯한데 '직감이었다'고 말하면 더 이상 물을 수가 없다. 어떻게 설명할 수가 없다는 데 뭐라고 할 것인가.

고 이양구 동양그룹 창업주의 둘째 딸로 베니건스(외식업), 영화사업인 메가박스(복합상영관)와 쇼박스(투자배급사), 온미디어(케이블채널) 등 오리온그룹의 엔터테인먼트 사업을 성대하게 이끈 적이 있는 이화경 사장은 2005년 10월, 한 인터뷰에서 의미 있는 얘기를 했다.

"······일을 하면서 '내 안에 있는 아버지를 자주 느낍니다. 지금도 어려운 사업 결정을 할 때마다 '아버지였다면 어떻게 하셨을까' 하는 생각을 하며 아버지에게서 영감을 얻습니다. 과거에 아버지는 큰 결정을 하시기 전에 달을 보면서 몇날 밤을 새우시곤 했어요. 저도 아버지를 닮아가는 것 같아요."[58]

이 사장은 '오리온그룹의 엔터테인먼트 사업 부문의 저력은 대체 무엇이냐'는 질문에 "내가 하고 싶은 것, 즉 '욕망'과 '현실' 사이에서 최대공약수를 찾고 그 다음에는 모든 역량과 열정을 투입한다"라고 대답했다.

"사업이란 게 순간순간 선택과 결정을 해야 하잖아요. 바로 '욕망'과 '현실'이 합쳐지는 곳에 오리온이 서 있다고 보면 맞아요."

이 사장은 '사람이 할 수 있는 모든 것을 다 하고 난 뒤, 아주 간절한 마음으로 그 일이 이루어질 수 있도록 기도한다'고 말했다. 일단 육감으로 선택하고, 하고자 하는 일에 모든 힘과 열정을 쏟아 부은 다음 성취를 기원한다는 얘기다. 대부분의 CEO도 비슷한 말을 한다.

그렇다면 도대체 '그들'이 말하는 육감이란 뭘까? 여러 연구 결과를 종합해보면, 최고경영자들은 논리적인 방법이 통용되지 않을 때 직관이나 육감을 이용한다고 한다. 리더의 육감에 대해 상당한 연구 성과를 축적해온 〈하버드 비즈니스 리뷰〉의 선임편집자인 알덴 M. 하야시는 육감이 필요해지는 상황에 대해 존슨앤존슨 랄프 라슨 전 회장의 말을 인용한다.

"의사결정이 매우 계량화되어 있는 중간관리자까지는 누구든지 맡은 바 자기의 임무를 잘할 수 있다. 그러나 문제가 보다 복잡하고 애매모호해지는 고위 경영진에 오르게 되면, 그러한 판단력이나 직관력이 실제 나아가야 할 방향과 전혀 다르게 움직인다."[59]

위로 올라갈수록 '감'으로 결정하는 상황이 많아진다는 것이다. 하야시는 "연구에 의하면 '감'이 아주 중요하고, 필수적일 때도 있다"고 놀라워하며 이렇게 말했다.

"경쟁 상대를 물리치기 위해 완벽한 전략을 세워야 하는 최고경영자의 직관적인 본능 속에는 다른 사람들이 간과하거나 불규칙적인 잡음으로 치부해버리는 여러 가지 패턴 속에서 의미 있는 패턴을 발견해낼 수 있는 초인간적인 능력이 있다는 사실이다."[60]

특히 요즘 같은 세계화 시대, 불확실성의 시대에 한 번 실수는 병가지상사가 아니다. 낭떠러지에서 한 번 실수는 추락이고, 추락은 곧 죽음이다. 외환위기 때 경험했듯 한 번 실수는 수백, 수천 명을 거리로 내몬다. 어제 유효했던 것이 오늘은 휴지 조각이 되고, 언제 어디서 새로운 경쟁자가 불쑥 모습을 드러낼지 모른다. 빨리 돌아가는 세상에 적응하려면 빠른 판단력이 필요하다. 이것저것 다 맞춰볼 여유가 없다. 표적이 이동하면 사냥꾼도 이동해야 한다.

인간은 처음부터 순발력 있는 판단력으로 생존을 유지해왔다. 문화인류학자들은 인간은 아직도 초원지대에 살았던 경험을 유전자 속에 간직하고 있다고 말한다. 초원에서 누군가와 맞닥트리는 일은 촉각을 있는 대로 곤두세워야 할 만큼 중요한 일이다. 생명과 관련된 일이기 때문이다.

미약한 신체를 가진 인간은 도망가야 할지 숨어야 할지, 그것도 아니면 상대와 친해져야 할지를 가장 빠른 시간 안에 판단해야 한다. 그래야 살아남을 수 있는 까닭이다. 이런 경험은 지금도 '첫인상의 중요성'으로 남아 있다. 어린아이들이 본능적으로 어둠을 무서워하는 것도 인간의 유전자 속에 간직된 초원 시절의 경험 때문이다. 달리기에 약한 인간은 가시거리가 없는 밤에 유난히 취약했던 것이다.

그렇게 보면 최고경영자나 리더들에게 지금은 밤과 같은 상황이다. 모닥불을 피워놓고 있지만 언제 어디서 생명을 위협하는 뭔가가 나타날지 모른다. 신경을 날카롭게 곤두세우고 있어야 하는 이유다.

사실 숲에 살던 인간이 초원으로 나온 그 순간부터 빠른 선택은 필수적이었다. 동물학자들은 숲에 사는 원숭이와 초원에 사는 원숭이 사이에는 기강의 차이가 확연하다고 설명한다. 숲은 숨을 만한 곳도 많고, 이러저러한 장애물도 많아 방어할 시간을 벌어준다. 하지만 초원에서는 상황이 다르다. 언제 어디서 일촉즉발의 위기가 시작될지 모르기 때문이다. 위험이 감지되는 바로 그 순간, 뛰어야 생존을 유지할 수 있다.

그래서 하야시는 다시 한 사람의 말을 인용한다. 위스콘신 에너지 회사의 리처드 압두 회장이다.

"소화불량에 걸려 약을 잔뜩 먹더라도 자신의 '육감'을 믿는 방법을 배워야 한다. 그렇지 않으면 99.99% 확신할 만큼 충분한 자료를 갖고 결정을 내린다고 해도 그때의 결정은 무용지물이 되고 만다."[61]

새로운
생각의
발전소

　　　　　　　　　　미래학자로 유명한 프랜시스 후쿠야마는 언젠가 '취미가 뭐냐'는 질문에 이렇게 대답했다.
　"제 취미는 우리 집 지하에 있는 방에서 레고(조립식 완구)를 맞추는 겁니다."
　기자의 질문이 이어졌다.
　"혹시 자녀들과 시간을 보내시는 겁니까?"
　"아닙니다. 제 취미입니다."
　"그건 애들이나 하는 거 아닙니까?"
　"그렇기는 합니다만 아시다시피 제 직업은 미래학자입니다. 항상 구름처럼 보이지도, 만져지지도 않는 미래를 그려내야 하죠. 그러다 보면 현실과 멀어질 때가 많습니다. 그 현실감을 직접 느껴보기 위해 하나 하나 완구를 조립해보는 거지요. 레고는 마지막 하나까지 완벽하게 딱 맞춰야 하잖아요. 현실감각이 생길 수밖에 없죠. 미래를 만드는 일도 비슷합니다."

미래학자의 취미가 레고 맞추기라니? 달리 생각하면, '보통 인간'이나 '일반인'임에 틀림없다는 말이다. AOL의 사장을 지낸 보브 피트먼의 얘기를 들어보자.

"시장의 동향을 살피는 작업은 직소 퍼즐 jigsaw puzzle 을 바라보는 것과 같다. 그림 조각이 어떤 모양인지를 하나하나 생각해봐야 한다. 이 말은 그것이 단순한 데이터의 뭉치가 아니라는 뜻이다. (그리고 가능한 한 많은 데이터를 기억 속에 넣어야 하는데) 나는 새로운 데이터 포인트가 생길 때마다 그 한 조각을 다른 그림 조각들에 맞춰보는데, 그러면 답에 좀더 가까이 접근할 수 있다. 그러다 보면 어느 날 갑자기 전체 조각의 윤곽이 떠오른다."62)

피트먼이 말한 '조각 대입'은 전문 용어로 '크로스 인덱싱 cross-indexing'이다. 이는 완전히 다른 분야에서 대입 가능한 어떤 패턴을 발견해내는 것을 일컫는다.

1990년대 초, 지금은 다임러크라이슬러가 된 크라이슬러를 살린 보브 루츠 당시 사장은 모두들 반대하는 '닷찌 바이퍼 dodge viper'를 '배짱'으로 밀어붙여 대히트를 기록하면서 단번에 부실을 털어냈다. 그런데 그는 소위 대박을 냈음에도 '배짱'을 논리적으로 설명하지 못했다.

그저 '감'이었을 뿐이라고 했다. 하지만 하늘에서 뚝 떨어진 것은 없다. 나중에 알고 보니 루츠는 해군 전투기 조종사 출신이었다. 그는 자신이 전투기를 몰던 시절 충분히 숙지했던 공기역학의 원리를 경영에서도 감안하고 있다는 사실을 몰랐던 것이다. 무의식이 도움이 된 셈이다. 다양한 경험이 필요한 건 이런 이유에서다.

그래서 그런지 잘나가는 CEO들을 보면 취미가 아주 고상하거나 독특하다. 스키를 비롯한 스포츠는 물론이고, 대당 1,000만 원이 넘는 오토바이를 세 대나 가지고 있으면서 주말마다 어디론가 떠나는 CEO도 있다. 이건희 삼성그룹 회장은 영화와 다큐멘터리 전문가이고, 구본무 LG그룹 회장은 새에 관한 한 프로를 능가하는 수준으로 알려져 있다. 조양호 한진그룹 회장은 책과 달력을 만들 정도로 사진에 대한 애착이 유별나다. 잘나가는 중소기업 CEO들도 뭔가 하나씩은 있다. '총각네 야채가게'로 유명한 이영석 사장은 오토바이 애호가이고, 펌프로 유명한 한국그런포스펌프의 이강호 사장은 스키를 비롯한 각종 스포츠에 일가견이 있다.

나중에 다시 설명하겠지만 맥주와 소주 양대 시장을 장악, 주류 '천하통일'을 이룬 하이트의 박문덕 회장은 미술에 조예가 깊다. 특히 고 권진규 화가에 대한 애착이 유별나다. 나는 박 회장을 직접 만날 때까지만 해도 리더들이 '돈이 있어서', '품위와 체면을 갖춰야 하기 때문에', '사교적인 차원에서' 독특한 취미를 갖는 것이라는 생각을 짙게 하고 있었다. 그래서 '미술에 대한 조예의 깊이'를 물었더니, 박 회장은

'품위 있고 자상하게' 답변하기를 '(미술에 관심을 가진 지는) 개인적으로 38년쯤 됐다'고 했다. (대답한 시점은 2003년) 내 예상과 달리 '어린 나이'에 시작했던 것이다.

"본격적으로 미술에 호감을 가지게 된 건 스물여덟 살 때부터입니다. 사실 좀 흔한 일은 아니었죠. '왜 미술이냐'고 묻는 분들이 많은데 그냥 느낌이 좋아요. 1978년엔가 800만 원을 그림 사는 데 쓰기도 했죠. 당시로서는 큰돈이었어요. 전 재산이었는데, 그렇게 그림을 하나둘 사다 보니 묘한 매력이 있더군요. 실컷 즐기고 2, 3년 지나면 이자 이상의 돈도 벌 수 있잖아요(웃음). 꼭 그게 아니더라도 은행 융자 받아서 사기도 했어요. 돈은 없고 다음 날 가면 벌써 없어져버리니 어쩝니까. 다행히 이제는 보는 눈이 조금 생겨 손해는 보지 않는 편입니다. 값어치만 따지면 굳이 컬렉션을 할 필요는 없지요. (회장실 한 켠에 서 있는 권진규 흉상을 가리키며) 저기 보세요. 저분인데…… 한국현대미술의 3대 화가 중 박수근, 이중섭은 미술관이 있는데 저분은 없어요."

"경영에 도움이 됩니까?"

"회장이라는 자리가 언뜻 보면 아무것도 하는 일 없는 자리라고 여겨질지 모르지만 사실 가장 편하지 않은 자리입니다. 항상 고독하고 결정을 내려야 하는 자리여서 굉장히 스트레스를 받지요. (결정한 일이) 잘되면 후유증이 돌아오지 않지만 안 되면 모든 책임을 다 져야 합니다. 그럴 때 바로 화랑에 가서 그냥 (그림을) 보고 옵니다. '어떤 그림이 좋으냐'고 물어오는 분들이 많은데 자기가 좋으면 좋은 그림입니다. 자기를 속이면 안 돼요. 피카소 그림도 처음 볼 때는 이상하지요. 당연한 겁니다. 자꾸 보면 처음에는 보이지 않던 것도 보이고 그러지요. 보는 눈도 바뀝니다."

'개인의 이미지뿐만 아니라 회사 이미지에도 영향을 미치는 것 같다'고 하자, 그는 '효과가 있다'고 고개를 끄덕였다.

"'미술을 좀 한다'고 하면 한 단계 더 높게 보죠. 누군가 '미술관에서 상담해서 한 번도 실패한 적이 없다'는 사람도 있었습니다. 사실 술장사에 좋은 이미지가 없는데 이런 활동도 필요하지 않나 싶습니다. 그리고 결국 사회에 환원하는 건데요. 이거 다 기증할 겁니다. 30년 가까이 신중하게 모은 건데 누굴 주겠습니까? 그 미술관도 항상 하이트와 같이 갈 겁니다."

이쯤 되면 취미도 그들에게는 일의 일부분이다. 의논할 상대가 적거나 없고, 부담을 털어내야 새로운 생각을 할 수 있기 때문이다. 자신이 내린 결정이 '먹통 고집'이 되지 않게 하려면 자기점검을 하는 일도 게을리하지 말아야 한다. 먹통 고집은 자신과 회사에 치명적인 상처를 남기기 때문이다.

그런 이유로 리더들은 항상 불안할 수밖에 없다. 반도체에 관한 한 세계 시장을 좌우하는 영향력을 가졌던 황창규 전 삼성전자 반도체 총괄 사장도 재직 시절 한 대담에서 '예술 쪽에 관심이 많다'면서 '예술을 접하면서 스트레스를 풀기도 한다'고 말한 적이 있다. 그는 또 '전혀 다른 영역인데도 영감을 얻는다'면서 '마에스트로 연주자들이 연주하는 자세를 보고 많은 것을 느낀다'고 했다.

앞에 언급한 피트먼은 '자신이 내린 결정과 사랑에 빠져서는 안 된다'고 했지만, 고통 끝에 태어난 '자식'을 사랑하지 않을 사람이 몇이나 될까. 더구나 자꾸만 사랑을 확인하고 싶어지는 게 인지상정 아닌가. 리더…… 이래저래 힘든 자리다. 그런데도 왜 그들은 좀더 나은 결정을 하려고 애쓸까? 누군가 이렇게 말했다.

"내가 쏜 화살이 과녁에 정확하게 맞았을 때, 그 순간의 기쁨이나 보람은 어디에 비할 바가 못 되지요."

벤자민 프랭클린의
'신중함을 위한 수학 공식'

1772년, 유명한 과학자 조지프 프리스틀리는 두 가지 대안을 놓고 고민하던 끝에 벤자민 프랭클린에게 도움을 청했다. 얼마 뒤, 프랭클린으로부터 편지가 왔다. '1772년 9월 19일, 런던'에서였다. 내용은 대략 이러했다.

인간은 종종 어려운 결정을 내려야 하는 순간에 직면하곤 하지. 그 문제를 심사숙고하고 있는 동안에는 대부분 찬성과 반대에 대한 이유가 한꺼번에 머릿속에 떠오르지 않아 문제 해결이 더욱 어려운 것 같네. (……)

이런 복잡한 문제를 해결해야 할 때 나는 종이 한 장을 가져다 가운데 줄을 그어 반으로 나눈 다음 한쪽 칸에는 찬성을, 다른 한쪽 칸에는 반대를 적은 뒤 한 사나흘 고민하면서 그때마다 떠오르는 생각을 각각의 난에 기록한다네.

이런 식으로 찬성과 반대의 이유를 한 곳에 적어놓고 각각의 이유에 대한 중요성을 평가해본다네. 그리고 찬반 양쪽에 메모되어 있는 생각이 동일하다고 판단되면 두 가지 생각을 제외시켜버리지. 찬성 쪽에 쓴 한 가지 이유가 반대 쪽에 쓴 두 가지 이유와 동일하다고 판단될 때는 세 가지 모두 지운다네. 마찬가지로 반대 쪽에 쓴 두 가지 이유가 찬성 쪽에 쓴 세 가지 이유와 동일하다고 판단되면 다섯 가지 모두를 지운다네. 이 과정을 반복하다 보면 결국 찬성과 반대 의견이 어느 쪽으로 기우는지 분명히 드러나게 된다네. (……) 아무쪼록 가장 좋은 결정을 내리길 바라네. 벤자민 프랭클린.[63]

사장으로 산다는 것

08
나도 때로는 월급쟁이이고 싶다

웃지 않아서 얻는 고통보다 웃으면서 느끼는 고통이 훨씬 낫다.

직원

농사짓기

　　　　　　　　　　화가 단단히 나 있는 듯 얼굴이 벌겋게 상기된 채로 찾아온 그는 '술이나 한잔 마시러 가자'고 했다. 분위기가 심상치 않아 하던 일을 제치고 엉거주춤 그를 따라 술집으로 갔다. 퇴근 시간이 가까워지고 있긴 했지만 아직은 훤한 대낮이었다. 그는 앉자마자 종업원이 가져다준 물을 벌컥벌컥 들이켰다. 그리고 소주잔이 채워지자 단숨에 털어넣었다. 한 병쯤 마셨을까. 얘기가 시작됐다.

"도대체 이놈의 사업 못 하겠다!"

"왜 또 그래요?"

"이 자식들을 그냥……. 어휴!"

분기탱천하던 그는 술이 들어갈수록, 시간이 갈수록 변했다.

"그렇게 잘해줬는데……."

술이 거나해지자 그는 고개를 푹 숙였다. 자신감이 없어지는 모양이었다.

"도대체 누굴 믿고 일을 해야 할까?"

질문인 듯 자조인 듯한 말을 그는 중얼거렸다. 거친 흥분과 꺼질 듯한 한숨을 반복한 그는 연신 소주잔을 비웠다. 그날 그는 만취가 됐다. 다음 날에도 출근을 하지 못했다. 술병과 마음병이 겹쳐 끙끙 앓아 누웠다. 전화기 속의 목소리는 허탈에 절어 있었다. 자포자기할까 걱정스러울 정도였다.

발단은 직원들이었다. 인정이 많았던 그는 직원들에게 아낌없이 털어주었다. 상당량의 주식을 무상이다시피 나눠줬다. 그런데 당시 회사 사정이 좋지 않았다. 주문 물량이 나날이 떨어져 밤잠을 못 자며 이리 뛰고 저리 뛰었다. 그러다 그날 오후 5시쯤 사무실에 들어와보니 모두 퇴근하고 없더란 것이다. 모두들 사장이 들어오지 않을 것으로 생각하고 가벼운 마음으로 퇴근해버린 것이었다. 텅 빈 사무실, 텅 빈 마음을 이기지 못하고 나를 찾아온 것이었다.

5년 전 작은 사업을 할 때 겪은 경험담이다. 이 정도면 약과다.

리더들은 대개 믿을 만하고 싹이 보이는 잎을 온실에서 키우지 않는다. 자신 또한 어렵게 혹한 겨울을 보낸 적이 있고, 그 겨울이 지나고 보니 인생의 영양분이 되었다는 것을 알기 때문에 엄하게 냉정하게 대하고 딱딱하게 키운다. 때로는 한직으로 보내는, 내동댕이를 쳐보기도 하고(실제로 이런 인사를 자주 구사하는 재벌그룹 회장도 있다. 살아남는지 보는 것이다) 메마른 황무지 같은 곳에 팽개쳐보기도 한다. 마치 절벽 위에서 새끼를 굴리는 사자처럼 그렇게 길러내고 싶은 마음이 있다.

꼭 이렇게 하지는 않아도 아끼고 믿어서 모든 걸 맡기고 있던 직원이 어느 날 머리를 쭈볏거리며 사표를 내민다면 어떨까? 억장은 이런 날 무너진다. '내가 너를 어떻게 키웠는데……'

어느 나라에 제일가는 무예 고수가 후계자를 키웠다. 고수의 늙어감을 아까워하던 왕이 직접 지시한 일이었다. 고수는 심혈을 기울여 제자를 키웠다. 몇 년이 지난 어느 날, 스승이 왕에게 '할 건 다 했다'고 보고했다. 그러자 훈련장을 찾은 왕이 제자에게 물었다.

"다 배웠느냐?"

"예."

궁금증이 많은 왕에게 갑자기 짓궂은 생각이 떠올랐다. 다시 제자에게 물었다.

"그럴 리는 없겠지만 만약 스승과 겨룬다면 누가 이길 것 같으냐?"

깜짝 놀란 제자는 말을 하지 못하고 머뭇거렸다. 하지만 머릿속에는 생각 하나가 있었다. 드디어 이 나라 최고 고수에 오를 수 있는 순간이 왔다, 그 생각이었다. 더구나 왕이 인정하면 평생이 보장되지 않은가. 제자가 이내 대답했다.

"제가 이길 것 같습니다."

"왜 그렇게 생각하느냐?"

"스승은 늙었고 저는 젊기 때문입니다."

"좋다. 그럼 두 사람이 한번 겨뤄보라!"

뜻하지 않게 스승과 제자의 대결이 이뤄졌다. 왕의 명령이라 어쩔 수 없었다. 하지만 결과는 스승의 승리였다. 왕이 물었다.

"아니, 어떻게 이길 수 있는가? 그대는 늙어가는 몸이 아닌가? 제자에게 다 전수했다고 하지 않았는가?"

"다 전수했습니다. 다만 마지막 비기^{秘技}만 빼고 다 전수했지요. 혹시 이런 날이 있지 않을까 해서요."

"……"

이런 걸 꼭 해야 할까? 모두 줘야 할까, 말아야 할까? 사람을 믿어야 할까, 믿지 말아야 할까? 그들은 오늘도 고민한다. 그리고 고민하는 자신이 부끄럽다.

나도 직원이나 할까

ㄱ사장은 며칠 밤을 뜬 눈으로 새웠다. 한동안 입에 대지도 않던 술을 마셔보기도 하고 다리가 굳도록 달리기를 해보기도 했다. 하지만 자리에 눕기만 하면 피곤함은 어느새 사라지고 마음 밑바닥에서 올라오는 열기를 참을 수가 없었다. 오른쪽으로 눕고 왼쪽으로 눕기를 몇십 번, 그러다가 결국 끙 하면서 일어나고야 만다. 담배를 피우면 좀 괜찮을까, 아내 몰래 저녁 무렵 사온 담배를 피워봤다. 벌써 25년이나 끊은 담배였다. 목이 컥 했다. 호흡을 가다듬어 몇 모금을 빨아봤다. 휴…… 멍한 눈길에 어둠 속으로 사라지는 담배연기가 들어왔다. 나도 저렇게 사라질까?

대기업 사장을 지낸 그는 아직도 몇 년 전의 일을 또렷하게 기억하고 있었다. 새벽에 나가 자정에 들어오는 생활로 청춘을 바쳤던 회사의 수장을 맡아 여기저기 도장을 찍었다는 이유 하나만으로 그는 수사를 받게 돼 있었다. 검찰 조사가 시작되리라는 몇 군데 전화는 그를 더 초조하게 만들었다. 아내에게 말을 해야 했다.

말없이 그의 말을 듣던 아내는 "열심히 산 죄밖에 더 있겠느냐"면서 그를 위로했다. 하지만 저녁을 먹고 산책을 다녀온 그는 안방에서 흐느껴 우는 소리를 들어야 했다. 뭐라 할 말이 없었다. 젊었을 때는 회사일 한다고 집을 비웠는데, 이제는 회사일 했다는 죄로 집을 비워야 하는 상황이었다.

아무리 생각해도 잘못한 일이 없었다. 그 흔한 비자금 한 번 조성해본 적이 없었다. 하지만 모르는 일이었다. 자신도 모르게 저질러진 일이 없으리라는 보장이 없었다. 몇 년 전 항상 잘나간다는 평을 들었던 고등학교 친구도 몇 개월 살다 나온 것을 본 터라 감을 잡을 수가 없었다. 햇볕이 있는 낮은 그래도 나았다. 밤이 되고 잠이 오지 않는 시간이 되면 마음이 울렁울렁하는 통에 누워 있을 수가 없었다. 아내에게 부담을 주지 않기 위해 서재에서 책을 보는 양하고 있었지만 그걸 모르겠는가. 옴짝달싹 할 수 없는 손이 목줄기를 누르기 시작하는데도 어쩌지 못하는 무능한 인간이었고 절망적인 순간이었다. 생각해 보니 60 평생 절망을 이기는 법을 배웠던 적도 없었다. 지금이 아니라 차라리 예전에 무능한 인간이었다면 얼마나 좋았을까, 그렇게 생각했던 것이 수백 번 수천 번이었다.

그는 결국 혐의 없음으로 끝났다.

중소기업에는 자수성가한 사장들이 꽤 있다. 적수공권. 맨손으로 일궈 이제는 번듯한 기업을 운영하는 그들에게서는 자신만만함이 풍긴다. 그들에게는 일반 경영자에게서 보기 힘든 특징이 몇 가지 있다.

우선, 하나같이 다큐멘터리 대상감이라고 해도 좋을 눈물 젖은 과거가 있다. 말을 안 해서 그렇지, 그들의 속마음은 구절양장九折羊腸이다. 굽이굽이 인생 실타래에 얽힌 과거는 한恨이요, 서러움이다. 눈물은 밖으로 표현되는 물리적 현상일 뿐이다. 속절없이 흐느껴 우는 눈물이 아니다. 뜨거운 눈물은 그들의 힘이다. 그들은 이를 악물고 현재를 만들었다. 주위 사람들은 잊었을 수 있지만, 아니 어쩌면 그들 자신도 잊었는지 모르지만 그들의 몸 속에는 여전히 그 한이 녹아 있다.

그래서일까. 자신만만한 겉모습과는 달리 그들은 공포심이 많다. 그들은 안다. 가난의 고통이 얼마나 큰지. 세상의 험한 눈초리를 회초리처럼 맞아본 그들은 그 아픔이 얼마나 지독한지도 안다. 그래서 실패하지 않으려 발버둥을 치고 처절할 만큼 노력한다. 발버둥을 치지 않을 때는 납덩이 같은 압박감에 눌려 산다. 날이면 날마다 바윗돌을 산 정상에 올려놓아야 하는 시시포스처럼, 그들도 날이면 날마다 성공해야 한다는 압박감에 눌려 산다. 그것은 그들이 져야 하는 굴레이고 멍에다. 자금 문제는 그 다음이다.

1960년대 서독에 광부로 간 이들에게는 알려지지 않은 슬픔이 있었다. 뭔가를 잘못해 예배당 종치듯 뺨을 맞아도 그들은 실실 웃었다. 아프지 않아서가 아니었다. 눈물을 흘릴 줄 몰라서도 아니었다. 모든 걸

팽개치고 비행장으로 달려가봤던 선배들이 알려준 말 한마디가 그들을 그렇게 만들었다. 한국으로 돌아갈 비행기표가 그들 월급의 몇 배나 되었던 것이다.

그렇게 해서 그들은 웃지 않아서 얻는 고통보다 웃으면서 느끼는 고통이 훨씬 낫다는 것을 알았다. 그들은 적어도 자신을, 자신의 성격을 드러내지 않았다. 드러내지 않는 게 더 효과적이었다. 아마 요즘 한국에 와 있는 동남아 산업연수생들이 같은 처지일 것이다.

술집에 가면 술버릇이 안 좋다고 알려진 몇몇 직업이 있다. 모두들 사회적으로 내로라하는 직업들이다. 그런데 왜 못된 버릇을 보일까? 술집에서 좋지 않은 음주 행태를 보인다는 이들의 공통점은 대체로 자신을 드러내면 안 되는 직업을 가지고 있다는 것이다. 자신을 드러내지 않는다는 것은 고통 이상의 그 무엇이다.

누구에게든 인정받고 싶은 마음이 있다. 하지만 사장은 아무도 모르게 의사결정을 해야 한다. 합리적으로 결정하는 게 아니다. 손에 든 정보만으로 사업의 성패를 좌우하는 판단을 내려야 할 때, 하룻밤에 만리장성보다 더 긴 번복을 한다. '하루에도 열두 번씩' 정도가 아니다. 1분 전에 한 결정을 다시 뒤집고, 그걸 또 뒤집는다. 이런 긴긴 밤의 고통을 누가 알아줄까?

여기 한 중소기업 사장이 있다. 길라씨엔아이라는 중소기업을 경영하는 김동환 사장이다. 그는 누구보다 다양한 삶을 살았다. 학교를 제대로 다니지 못한 것은 기본(?)이고 중학교 시절부터 해보지 않은 장사가 없으며 한때는 난지도 쓰레기장에서 생활하기도 했던 그는 자수성가의 대표적인 사례다. 그가 가진 것은 스스로의 말대로 '몸뚱아리 하나뿐'이었다. 위기상황 때 사용하는 전기봉 4개를 사무실 방문으로 팔면서 시작한 사업은 이제 수백억 원의 매출을 기록할 만큼 덩치가 커졌다. 그런 그의 사업가 인생은 맨땅에서 출발한 사업가가 어떤 과정을 거쳐야 하는지를 알려주는 화석이다. 그가 어느 날 긴 얘기를 시작했다.

밑 빠진 독에 물을 채우는 방법은 무엇일까?

정답은 빠진 밑을 빨리 막는 것일 게다. 회사에서 빠진 밑을 막는 길은 절약이다. 사장이 되면 달리 느껴지는 단어가 많은데, 절약이라는 단어도 그렇다. 모든 것이 다 돈이다. 10원짜리 하나라도 아껴야 하지만 직원들은 그걸 모른다. 펑펑 쓰고, 생각 없이 쓰고, 아낌없이 쓴다. 새는 구멍이고, 새는 물이다.

그런 직원들을 바라보는 사장의 마음은 멍이 든다. 내버려두자니 물이 고이지 않을 게 뻔하고, 일일이 말하자니 '별것도 아닌 걸 가지고 짜게 군다'고 할 터이기 때문이다.

김 사장은 오후 5시 30분이 되면 주섬주섬 가방을 챙겨 퇴근한다. 매일, 그리고 무조건 그렇게 한다. 사장 신경 쓰지 말고 퇴근할 사람은 퇴근하라는, 직원들에 대한 일종의 배려다. 지금이야 회사가 그런 대로 굴러가고 있어 괜찮지만 자금이 바닥나 입술이 바짝바짝 타 들어가던 때도 그는 어김없이 5시 30분 퇴근을 했다. 속 모르는 직원들은 그런 사장을 따라 사무실을 나섰다. 어쩌다 숨통을 조이는 자금을 해결하느라 퇴근 시간을 넘겼는데도 직원들은 정시 퇴근을 했다. 서운하다 못해 배신감이 들 지경이었다.

그 정도는 그래도 괜찮은 편이었다. 어느 날, 한 과장이 결재서류를 가지고 사장실로 들어왔다. 그는 기안한 결재판을 내밀면서 이렇게 말했다.

"사장님, 야유회는 어디로 갈까요?"

김 사장은 말문이 탁 막혔다. 자금이 제때 돌지 않아 하루하루 심장이 까맣게 그을어가고 있는데, 야유회를 가자고? 그래, 정기 야유회니 가긴 가야겠지. 그는 과장의 얼굴을 멍하니 쳐다보았다. 가자고 할 수도 없고, 가지 말자고 할 수도 없었다. 이미 정해진 일이니 가긴 가야 했다.

"그래……. 가기는 가야지."

긴 한숨을 내쉬며 그가 한마디 하자, 과장은 한 술 더 떴다.

"저, 사장님도 아시겠지만 지난 봄에는 약소하게 했으니 이번에는 돈 좀 써서 재미있게 다녀오는 게 어떨까요?"

평상시 같으면 호통이라도 쳤으련만 그날 따라 김 사장은 아무 말도 못했다. 그저 어정쩡하게 사인만 해주고 말았다. 결재판을 들고 의기양양하게 나가는 과장의 뒷모습이 사라지자, 그의 입에서는 한숨과 함께 푸념 같은 한마디가 새어나왔다.

"에이, 나도 직원이나 할까."

회사가 어렵던 시절, 그가 가장 부러워한 사람은 전화 받아주고 경리 허드렛일을 하는 수하 여직원이었다. 자기는 돈 10만 원을 집에 못 가지고 가는데, 월급날이면 어김없이 그것도 밝은 얼굴로 봉급을 받아 가는 여직원이 그는 정말이지 눈물나도록 부러웠다.

사장과
직원의 차이

어느 날, 일이 있어 사무실에 들어서던 그의 눈에 한 직원의 엉거주춤한 모습이 들어왔다. 저 녀석이 왜 저럴까? 순간적이긴 했지만 그는 못 볼 것을 보고 말았다. 직원이 회사 복사지를 가방에 구겨넣고 있었던 것이다.

몇 분 안 되는 짧은 시간. 호통을 쳐야 하나 말아야 하나……. 그는 망설였다. 그러는 사이, 직원은 당혹스런 얼굴로 인사를 하는 둥 마는 둥 하더니 바람처럼 꽁무니를 뺐다. 씁쓸하게 사장실로 들어온 김 사장, 괜한 속이 터졌다. 말하자니 그렇고, 안 하자니 속이 곪는 이 생활. 이러다간 내 명만 짧아지지……. 어쩌면 저럴 수 있을까? 차라리 보지나 말걸. 그는 결국 스스로의 눈을 탓하기로 했다. 그게 훨씬 마음 편했다.

눈물이 날 만큼 고마운 직원들도 있다. 되는 일이 없어 맥이 쫙 풀려 있는데, '사장님 힘드시죠'라는 말 한마디 해주는 직원이 그렇다. 평생 잊을 수 없을 것 같은 그 한마디. 이런 직원들은 이런 말도 할 줄 안다.

"여기는 제가 책임지겠습니다. 다른 건 힘드시겠지만 사장님께서 좀 해결해주시죠."

공장 바닥에 나사 1개가 떨어져 있다. 떨어져 뒹구는 이 나사 1개를 보는 시각이 바로 사장과 직원의 차이다.

사장은 어떻게 생각할까? '나사 1개가 빠진 채로 제품이 회사 밖으로 나갔으니 8,000원(제품 가격)이 손해'라고 생각한다. 반면, 직원의 생각은 다르다. 직원은 대개 나사의 원가를 생각한다. 나사 1개에 20원이니 20원짜리 부품으로만 본다. 바닥에 떨어져 있는 20원짜리 나사 1개를 사장은 8,000원으로 보고, 직원은 20원짜리로 보는 것이다. 20원짜리 나사를 20원으로만 보면 그는 평생 직원으로 산다.

앞에서 언급했던 김동완 사장이 지금의 회사를 만드는 기초가 되었던 첫 상품인 발광봉을 제작하기로 결정했을 때도 그랬다. 시장 조사도 없었다. 오로지 감感이었다. 실패하면 국물도 없는 결정이었다. 직원들은 일만 하면 그만이지만, 사장인 그는 모든 책임을 져야 했다. 책임만 져야 하는 사람의 고통이란 겪어보지 않으면 모른다.

그는 말했다. 아마 사장들이 갖고 있는 콤플렉스는 100% '나는 강해야 한다'는 것일 거라고. 모든 경영학 관련 책들이 다 그렇게 요구하고 있다고. 그런데 오랫동안 하다 보니 드는 생각이, 사실은 강한 게 아니라 부드러워야 하는 자리가 사장이라고. 전통적인 우리네 아버지처럼 사장은 강하면서도 한없이 부드러워야 하는 거라고.

그는 또 말했다. 많은 사장들이 다른 회사를 흘깃거린다고. 다른 사장들은 어떻게 하고 있는지 궁금하기 짝이 없다고. 나는 항상 '갑옷'을 입고 있느라 이렇게 힘든데 다른 사장들도 그럴까, 아니면 나만 힘든 걸까 비교해보고 싶은 것이라고.

직원 머릿수가 손가락 숫자를 넘어가는 회사의 사장이 되고 나서 그가 느낀 점이 몇 가지 있다. 금전적으로 쪼들리지 않아 자유롭다고 할 수 있지만, 극단적으로 말해 길에서 따귀를 맞아도 같이 싸울 수 없는 게 바로 사장 자리라는 점도 개중 하나다. 말하고 싶지 않지만 말해야 할 때가 많다는 사실도 사장이 되고 나서야 알았다. 한 가지 더 있다. 성공하기 전에는 하고 싶은 일을 제대로 하지 못했다. 그런데 성공이라고 말하기는 좀 뭣하지만 어느 정도 돈을 모으니 이제는 하기 싫은 일도 해야 한다.

하지만 그는 안다. 구름 아래는 흐렸다 맑았다 하지만, 구름 너머는 항상 맑다는 것을.

"가만히 보면 스트레스 잘 받고 잘 푸는 사람이 사업도 잘해요. 스트레스 안 받으면 사업가가 아니지요. 이웃집 아저씨지. 생긴 게 다 다르듯 스트레스 푸는 법도 달라요. 일로 생긴 스트레스니 일로 푸는 사람이 있는가 하면 술로 푸는 사람, 여자로 푸는 사람 등 다양합니다. 하지만 사실 가장 좋은 방법은 스트레스 안 받는 거지요. 이걸 깨달으면 취미를 갖게 되지요. 많은 CEO들이 고상한 취미와 취향을 자랑하지만, 거기에는 남모를 한숨과 말 못 할 고통이 배어 있습니다. 그들도 인간이거든요."

유도도 낙법부터 배우고 태권도도 맞는 법부터 가르친다. 그러면 사업가는 무엇부터 배워야 할까? 사업가는 실패부터 배워야 한다.

몇십억 투자에는 눈 하나 깜짝 하지 않으면서 복사지 한 장을 아까워하는 심정을 아는 마음. 그게 바로 사업의 시작이다. 그는 심지어 복사지 한 장에 6원이라는 계산까지 해봤다.

"얼마나 할 일이 없었으면 그런 계산까지 했을까, 혹 이렇게 생각하는 사람이 있을까 봐 이 한마디는 분명히 하고 넘어가야겠습니다. 그렇게 생각한다면 한 가지는 확실한 겁니다. CEO가 아니거나, 그 자리에 오르지 못할 사람이란 거지요."

만약 조찬 모임에서 개근상을 준다면 모르긴 몰라도 그는 분명 리스트에 있을 것이다. 지금도 그는 경리회계학원에 다니며 공부를 하고, 아침마다 조찬 모임에 나가 자신이 겪지 못한 남의 인생을 아침밥 대신 소화시킨다.

그는 말했다. 규칙을 몰라도 축구를 보면 재미있다. 하지만 룰을 알고 보면 더 재미있다. 인생도 그렇고 경영도 그렇다. 알고 하면 재미가 더하다. 하지만 경영학자는 몰라도 될 것을 너무 많이 알고, 사장들은 알아야 할 것을 너무 모른다. 그만큼 사장들은 알아야 할 게 많다.

돈도 알고 나면 흥미롭게 보는 시각이 생긴다. 남을 불편하게 해서 버는 돈이 있고 즐겁게 해서 버는 돈이 있다. 남을 즐겁게 해서 버는 돈은 가치를 측정할 수 없다. 술장사로 성공한 이들이 많은 것은 다른 사람을 즐겁게 해서 돈을 벌기 때문이다.

강도가 억지로 남의 지갑을 열게 한다면, 재능 있는 사업가는 남을 기분 좋게 해서 스스로 주머니를 열게 만든다. 강도는 한두 사람, 많아야 몇몇 사람의 지갑을 열지만, 재능 있는 사업가는 무수한 이들의 지갑을 연다. 덕분에 순식간에 돈을 번다.

이들은 안 되는 이유를 찾지 않는다. 되는 방법을 찾는다. 쥐를 쥐로 보면 쥐다. 하지만 놀이 대상으로 보면 미키마우스가 아닌가. 실을 묶은 돌멩이를 돌리다 보면 처음에는 내 힘으로 돌리지만 나중에는 실에 묶인 돌멩이가 내 손을 돌린다. 돈도 마찬가지다. 처음에는 내 힘으로 벌지만 나중에는 돈이 돈을 벌어준다. 진짜 부자들은 이렇게 산다. 성공한 사람들도 이렇게 산다.

당해보지 않으면 모른다

 오랜만에 평소 얼굴을 알고 지내는 중소기업 사장을 만났다. 열 명 정도의 직원을 데리고 서비스 관련 사업을 하는 이였다. 의례적으로 '잘되시죠?'라는 인사를 건넸는데 돌아온 반응은 '의례'가 아니라 '실제'였다. 갑자기 우울한 얼굴로 '이제 한 명 남았다'는 게 아닌가.

 무슨 말인가 싶었다. 사업이 안 된다는 건가, 다른 일이 있는 건가? 사연을 말해달랬더니 일단 자세를 고쳐 앉은 후 말문을 열었다.

 "날마다 스트레스였어요. 내가 내 돈 가지고 사업하는 건데, 그렇다고 악한 짓을 하는 것도 아닌데 날마다 화가 나서 참을 수가 없었습니다. 아무래도 이렇게 해서는 안 되겠다고 수십 번 수백 번 고민을 했지만, 역시 결과는 마찬가지였어요. 얼마 전에 있는 돈 탈탈 털어 퇴직금으로 다 주고 전화 받는 직원 하나 데리고 사업합니다."

"하시던 사업은 어떻게 하고요?"

"그대로 해요. 여기저기 수소문하느라 애 좀 먹었지만 다 아웃소싱 줬어요. 찾아보니 혼자서 이런저런 일감 받아 일하는 사람들이 있더라고요. 직원들 월급보다 돈을 좀더 주지만 2년 동안 한다고 계산해보니 훨씬 적게 들더군요. 일삯만 주지 식사비 같은 잡비가 들어가지 않잖아요. 얼마나 속이 편한지 몰라요. 요즘엔 정말 살맛 납니다. 체중이 2킬로그램이나 불었다니까요."

그는 정말 속이 후련한 듯 가슴과 배를 여러 번 쓰다듬었다. 채 가시지 않은 분이 좀 남아 있긴 했지만 목소리도 밝아졌다. 마치 새로운 사업을 발견한 사람처럼 그는 '왜 좀더 일찍 방법을 찾아보지 않았는지 후회스럽다'고 말했다.

"아니, 직원들이 뭘 그렇게 속을 썩혔는데요? 다른 분들도 다 그렇게 사업하시잖아요?"

"아이고, 말도 마세요. 지금 생각해보니 어떻게 참았나 싶습니다. 요즘 젊은 사람들 어떤 줄이나 아세요? 하루에 무조건 2시간은 블로그에 채팅, 메신저를 해요. 기본이에요. '그런 것 좀 하지 말라'고 하면 입이 당장 석 자나 나옵니다. 그렇다고 안 하나요? 모니터에 숨겨놓고 다 해요. (제가) 못 본 척하는 거죠. 신입사원 뽑아놓으면 며칠 나와서 일 해보고는 힘들다고 안 나옵니다. 말도 안 해요. (휴대)전화 꺼놓고 그냥 안 나와요. 그래놓고서는 2~3주 지나면 메일로 '며칠 동안 일한 값

내놓으라'고 합니다. 전화도 아니고 메일로 말입니다. 인터넷에서 찾아봤는지 노동법이 어쩌고 하는 내용을 같이 보내는 녀석들도 있어요. 그런 메일 한번 받아보세요. 분통이 터져요. 마음 같아서는 눈앞에 있으면 뭐라도 하나 분질러놓고 싶을 정돕니다. 2~3년차 되는 직원들도 그래요. 수틀리면 '내일부터 안 나오겠다'고 일방 통고합니다. '배 째라', '어쩌겠느냐' 이거죠. 그러면서도 연말이 다가오면 농담 반 진담 반 이런저런 얘기를 하다가 말머리를 쓱 연봉 올려달라는 쪽으로 돌립니다. 일 시켜놓으면 하는 둥 마는 둥 하면서 말입니다. 의외로 괜찮은 직원들은 그런 말도 별로 안 해요. 열심히 하는 직원들은 티가 나잖아요. 그러니까 소문이 나서 규모가 큰 업체로 스카우트돼 가기도 하고. 그런데 그런 사람들은 몇 안 돼요. 아깝기는 하지만 워낙 일 잘하는 사람이라 보내주고 나서 가끔 만나기도 하고 그러죠. 아시다시피 저희 회사가 그렇게 월급이 박한 회사가 아니잖아요. 요즘 같으면 손님들이 찾아와 직원들 없는 것 보고 '이렇게 작은 규모냐'고 물어보거나 의아해하는 것만 빼면 세상 편해요."

그 정도였을까 싶었다. 그것도 10년 넘게 사업을 해온 '베테랑'이 정말 그 정도로 힘이 들었을까? 물론 비슷한 이야기는 무수하게 들었다. 그때마다 나는 속으로 '부모가 잘하면 자녀들이 가출할까' 하는 생각을 했었다.

그로부터 얼마 후 공장 직원까지 합쳐 전 조직원 수가 70, 80명쯤 되는 식품업체 사장을 인터뷰한 일이 있었다. 인터뷰를 대략 마치고 이런저런 이야기를 나누던 중 앞에 언급한 사장 말을 했더니 기다렸다는 듯이 장탄식이 터져나왔다. 그는 맨땅에서 자란 사업가가 아니었다. 서울대를 나와 행정고시에 합격한 뒤 잘나가는 정부 부처의 잘나가는 엘리트로 있다가, 단지 가업을 이을 사람이 없어 자신의 길을 접고 부친의 사업을 물려받은 괜찮은 환경이었다.

"(공무원으로) 정책을 다룰 때는 정말 몰랐어요. 근데 이 코딱지만 한 사업을 하다 보니 내가 얼마나 무기력한가를 뼈저리게 느낄 때가 한두 번이 아닙니다. 이런 구멍가게 하나 하는데 절절 매면서 어떻게 국가 일을 잘하고 있다고 생각했는지 되돌아볼 때가 많아요. (……) 바로 얼마 전 일이에요. 해외 시장을 개척해보려고 여기저기에 채용 공고를 냈어요. 다른 건 필요 없고 이력서와 영문 자기소개서만 받겠다고 했습니다. 실업률이 높아 너무 많이 몰려오면 어쩌나 하는 즐거운 고민까지 했더랬죠. 근데 열흘 동안 딱 다섯 명이 지원했어요. 우리 회사가 중소기업이긴 하지만 브랜드 인지도는 좀 있는 편 아닙니까. 그런데도 다섯 명밖에 오지 않더라고요. 공고를 잘 못 냈나 싶어 다시 내봤습니다. 추가 모집기간 열흘 동안 서너 명 더 왔어요. 그렇게 지원한 이들 중에 영문 자기소개서를 낸 사람은 단 한 명도 없었습니다."

'바빠서 한 시간밖에 짬이 없다'던 사장은 약속한 시간이 지났음에도 이야기를 끝낼 기미가 없었다. 누구에겐가 하소연이라도 해야 체증이 풀릴 것 같은 모양이었다.

"그래서 어떻게 하셨는데요?"

"어떻게 하긴요. 별 수 있습니까. 면접을 봤죠. 근데 면접 보러 온 친구들이 또 가관이었어요. 지각은 물론이고 오자마자 발을 딱 꼬고 앉는 게 보통이에요. 게다가 약속이나 한 듯 첫 질문이 뭔 줄 아십니까? 면접에 들어가자마자 묻는다는 말이 '여기 주5일제 해요?'였어요. 그 다음이 뭔 줄 아세요? '연봉은 얼마 주실 거예요?' 이렇게 묻더라고요. 그리곤 마음에 안 들면 내 얘기도 안 듣고 '저, 급한 일이 있어서요' 하면서 나가버리는 거예요. 면접관은 난데, 이건 완전히 주객이 전도돼도 한참 전도된 꼴이에요. 당황해선지 황당해선지 말이 안 나오더군요."

"그래서요?"

"별 수 있나요. 급하니까 우선 한 명을 뽑았죠. (외국) 연수도 갔다 왔다고 해서 뽑았는데, 웬걸, 마침 해외 나갈 일이 있어 같이 나갔습니다. 비행기 수속부터 시작해서 시종일관 제가 '모시고' 다녀야 했어요. 누가 사장이고 누가 사원인지 모르겠더군요. 그러더니 출장 갔다 온 다음 날부터 안 나와요. 전화기도 꺼놓고. 이걸 도대체 어떻게 해야 합니까?"

어쩌면 이렇게 똑같을까? 누군가 일부러 교육이라도 시킨 것일까? 예의 식품업체 사장은 '회사 규모가 크면 좋을 텐데'라는 말을 여러 번 했다. 정부 부처에 있을 때 '똑똑함'에 둘러싸여 있었던 게 생각나는 모양이었다. 중소기업 사장들만이 겪는 애환이고 어려움이었다.

그렇다면 대기업 사장은 어떨까? 화려한 사무실에 윤이 나는 책상,

보기만 해도 품위가 묻어나는 안락의자……. 좋아 보이는가? 맞다. 그저 좋아 보일 뿐이다. 그곳에는 더 치열한 경쟁이 있고, 더 교묘하게 속을 썩히는 더 많은 사람들이 있다. 한 대기업 계열사 사장의 이야기를 들어보자.

"사장 승진 발령을 받았을 땐 정말이지 세상 모든 걸 다 가진 기분이었어요. 가슴이 다 부들부들 떨리더군요. 발령 받은 계열사에 부임한 첫날 '잘 해보자'고 취임사도 하고, 사내 통신망을 통해 전 직원에게 메일도 보냈습니다. 자리에 앉으니 가슴이 뿌듯하더군요. '드디어 내 식대로 경영을 해볼 기회가 왔구나', 이렇게 생각했어요. 다음 날부터 현장 순시부터 시작해 업무 파악을 하면서 나름대로 개혁을 진행했습니다. 눈에 보이는 허술하고 불합리한 점이 한두 가지가 아니었어요. 다 뜯어고치라고 했습니다. 당장 하라고 했습니다. 아침에 눈을 뜨면 어서 빨리 회사에 가고 싶었습니다. 자신 있었습니다. 그런데 어느 날부터 책상에 결재가 쌓이더군요. 중간관리자였을 때 제가 모시던 분들이 뭉그적뭉그적하는 걸 보고 답답해한 적이 많았죠. 그래서 바로바로 결재를 하려고 했어요. 근데 이상한 건 굳이 내 결재를 받지 않아도 되는 사안들이 내 책상 위로 올라오는 겁니다. 안 되겠다 싶어 '회사 방향 설정이나 억 단위 이상의 자금 결재만 제외하고 다른 건 해당 부서 임원들이 하라'고 했어요. 모두들 반대하더군요. '걱정하지 말라'고 했어요. '다 내가 책임질 테니 알아서 자율적으로 하라'고 했어요. 전에 모든 사인을 사장이 다 하는 바람에 고생한 기억이 있었거든요. 직장생활이라는 게 뭡니까? 사인하는 재미도 있잖아요. 그래야 아랫사람들에게 권위도 서고 폼도 좀 잡고 말이죠. 근데 그게 아니었어요. 회사에 소문이 나고 그룹에도 소문이 알려졌던 모양입니다. 아는 후배가 은근하게 술 한잔 사달라 하고는 '왜 책임을 회피하느냐'고 묻더군요. '무슨 소리냐'고 했더니 '그쪽(자금, 영업 등) 전문가가 아니어서 책임을 지지 않으려고 사장이 사인을 안 한다'는 소문이 돈다는 겁니다. 기가 차더군요. 알고 보니 모든 임원들이 책임 회피 차원에서 내게 결재를 올리고 '새로운 사장이 하는 개혁은 우리 모두를 구조조정 하자는 것'이라며 저항을 부추기고 있었습니다. 옆에 몽둥이가 있으면 누구라도 마구 패주고 싶은 생각 해본 적 있어요? 딱 그 생각이 들더군요. 맥이 탁 풀리면서 다리가 후들거립디다. 이런 사람들을 믿고 회사를 이끌어가야 하는 건지, 나도 옛날에 저랬는지, 가능하면 한 사람도 희생시키지 않고 빨리 새로운 성장동력을 찾아내 보너스도 주고 연봉도 올려주고 싶어 그렇게 했는데……. 배신당한 기분 있잖아요? 정말 그 기분이었어요."

CEO의 속마음 다섯 가지

> 적은 밖에 있는 것이 아니라 내 안에 있다.
> 나를 극복하는 순간, 나는 칸이 됐다.
> - 칭기즈칸

일사불란한 '나만의 군대'를 갖고 싶다

CEO라는 자리는 쉬운 곳이 아니다. 오르기도 쉽지 않지만 지키기도 쉽지 않은 자리다. 그곳에 도달한 사람에게는 남모르게 겪어야 하는 어려움과 고민이 있고 혼자서만 앓아야 하는 피할 수 없는 병도 있다. CEO 자리에 오르면 누구나 알게 되는 사실이 있다. 최고의 자리에 앉기까지 무수히 치러야 했던 그간의 경쟁은 한마디로 아마추어 수준이었다는 것이다. 원래 산꼭대기에는 더 센 바람이 부는 법 아닌가.

달은 차면 기울고, 산봉우리가 있으면 골짜기가 있다. 조직 내 최고인 CEO에게 남은 일은 딱 두 가지뿐이다. 밀리지 않고 정상을 유지하는 것과 미끄러지는 것. 아무리 발버둥쳐도 미끄러지는 이들이 있는가 하면, 여유롭게 정상의 고독을 즐기는 이들도 있다. 한 가지 더 있기는 하다. 알아서 내려오는 것! 하지만 이마저도 쉽지 않다.

2005년 초 세계 최초로 산악그랜드슬램을 달성한 산악인 박영석은 히말라야에서 생기는 사고 중 70%가 하강 과정에서 발생한다고 했다. 그는 '정상에 오르면 어떤 생각이 드는가'라는 기자의 질문에 '사실, 정상을 정복했다는 느낌을 가질 수 있는 시간은 꼭대기에 닿기 불과 몇 초 전'이라며 '그냥 더 이상 안 가도 되는구나, 하는 덤덤한 생각만 든다'고 덤덤하게 말했다. 그러다가 생각이 난 듯 이런 말도 덧붙였다.

"그 밖에는 온통 내려갈 때 루트로 머릿속이 가득 차 있다. 어떤 루트로 갈까, 그 생각뿐이다."[64]

사람이 천차만별이듯 CEO도 천차만별이다. 하지만 미끄러지는 CEO든 여유를 즐기는 CEO든 이들의 마음속에 든 것들은 비슷하다. 같은 위액이라도 소화를 시키는 위액이 있는가 하면, 위벽을 후벼파 위장병을 만들어내는 위액이 있듯 CEO의 속내에 흐르는 것들도 매한가지다. 그렇지 않아도 신경 예민한 이들의 마음을 후벼파는 '앓이'가 있는가 하면, 전쟁 같은 나날을 버티게 하는 '위안'과 '희망'도 있다.

CEO가 되면 '달라졌다'는 말을 많이 듣는다. 왜일까? 왜 최고의 자리에 앉으면 사람이 변할까? 그의 마음속 무엇이 변한 걸까?

많은 CEO들의 얘기를 종합해보면 회사 규모가 크든 작든 CEO라는 명함을 가진 이들의 마음에는 몇 가지 공통 분모가 온통 지배하고 있다. 그중 첫째는 역시 '수족手足'이다. 나쁜 의미의 수족이 아니다. 내

팔과 다리처럼, 내 생각을 행동으로 옮겨줄 그런 사람, 그런 조직이 갈수록 간절해진다.

이른바 '나만의 조직'이다. 새로 부임한 CEO가 예외 없이 조직 개편을 시도하는 이유다. 개편을 통해 기존 질서를 해체하고 자신의 스타일대로 움직이는 조직을 만들고 싶은 것이다.

물론 가장 효과적인 조직 구조가 무엇인가에 대해서는 아직까지 답이 없다. 내게 맞는 옷이 다른 사람에게는 맞지 않듯 누구에게 좋다고 다른 누구에게도 좋은 건 아니다.

조직을 바꾸는 목적은 군대로 치면 '장군의 목표'를 가장 효과적으로 달성하기 위해서다. 알렉산더 대왕은 기병을 핵심으로 군대를 편제했고, 칭기즈칸은 모든 군대를 아예 기병으로만 짰다. 나폴레옹은 포병을 중심으로 자신의 군대를 조직했다. 이들이 기병 혹은 포병을 군 편제의 중심에 둔 까닭은 그것이 자신의 강점이라는 사실을 분명히 알고, 그 강점을 활용해 승리하려고 했기 때문이다.

최근 소니를 능가하는 최고 기업으로 각광받고 있는 캐논의 미타라이 후지오 사장은 입사 5년 만에 미국으로 건너가 미국 지사에서만 23년을 근무한 전형적인 미국통으로, 예전 같으면 '변방'에서 '최후'를 마쳤을 운명이었다. 하지만 그는 시대를 잘 만났다.

1995년 CEO 자리에 오른 그는 기존 질서를 해체하고 자신이 원하는 스타일로 조직을 바꿔버렸다. 하루 종일 결론도 없이 진행되는 책임 회피에 급급한 회의를 서서 하는 회의로 바꾸는 등, 그는 기존의

술에 술 탄 듯 물에 물 탄 듯한 분위기를 일신했다. 그가 단행했던 조직 혁신은 조직의 하드웨어 바꾸기부터 회의 내용 바꾸기에 이르기까지 일관성이 있었고 조직이 지향해야 할 초점을 분명히 했다.

하지만 후지오 사장과는 반대의 예로 설명되는 소니의 이데이 노부유키 전 사장은 시도는 좋았지만 알맹이가 없는 조직 개편으로 추락을 자초했다. 그가 부임 후 추진했던 하드웨어와 콘텐츠 융합 전략을 담당한 넷NET 사업 부문은 1998년 이후 5년여 동안 다섯 번의 '혁명'을 겪어야 했다. 이 사람이 총책임자로 부임하면 이렇게 바뀌고, 저 사람이 책임자로 오면 저렇게 바뀌었다. 그러다 보니 조직이 지향하는 기본 방향을 수정하는 일까지 생겼다. 몇 번 오락가락하자 조직원들은 피곤해졌고 조직이 뭘 지향하고 있는지를 잊어버렸다. 구심점이 없어진 셈이라고나 할까.

이럴 때 나타나는 현상은 어디나 같다. 자신에게 떨어진 일만 수행하는 '안정적인' 모습들이 일반화되는 것이다. 그리고 이런 경향은 갈수록 심해져 부서와 부서 사이의 연결고리를 끊어버린다. 조직과 조직이 유기적으로 움직이지 않게 되는 것이다.

이 같은 과정에서 나타나는 가장 큰 문제는 고객과 내부 조직 간의 연결고리가 실종된다는 점이다. 다시 말해 개별 기능을 관리하는 '기능 관리자 Function manager'는 존재하지만, 경영 프로세스 전반을 고객 관점에서 연계시켜주는 '프로젝트 관리자 project manager'가 없는 분절형 조직 silo organization 으로 변질되는 것이다.[65] 각각은 열심히 일하는

데 전체적인 구도는 없는 꼴이다. 이쯤 되면 수장이 아무리 지시를 내려도 조직은 의도대로 움직여지지 않는다. 팔다리가 제대로 움직여지지 않는 상황에서 무엇을 할 수 있겠는가.

인사권을 가졌다고 해서 조직을 쥐락펴락할 수 있는 건 아니다. 재벌그룹의 오너조차 마음대로 안 되는 게 조직이다. 최고의 권력을 가진 오너지만 전임 오너(보통 부친)를 중심으로 공고하게 짜여진 조직을 단칼에 벨 수는 없다. 조직 전체가 무너지기 때문이다. 그렇다고 이미 뿌리를 깊숙하게 내린 '전임 멤버'들이 알아서 떠나주지도 않는다. 알게 모르게 빼내야 한다. 알게 모르게 무게중심을 옮기다가 어느 순간 확 옮겨야 한다. 무게중심의 확실한 이동과 함께 분위기도 일신해야 한다.

1988년 그룹 오너에 취임한 이건희 삼성그룹 회장이 1993년에야 신경영 방침을 발표한 이유다. 현재 삼성전자와 그룹 핵심 계열사의 수장들은 모두 이 회장이 '키운' 인재들이다. 하물며 중소기업이야 더 말할 나위도 없다. 몇 년 전, 매출 2,000억 원대인 한 중소기업의 '창업공신'을 만날 기회가 있었다.

"사장 아들이 있긴 한데, 좀 (잘)하긴 합디다. 하지만 난 산전수전 다 겪은 몸이오. 우리 사장이 직원 5명 데리고 일할 때부터 같이 있었다 이겁니다. 그렇게 지내온 세월이 30년이오. 보아 하니 2, 3년쯤 있으면 사장이 자리를 (부사장인 아들에게) 물려줄 듯싶은데, 뭐 (회사가) 사장 것이니 뭐라 할 말은 없지만 안심이 안 돼요. 아직 대학 다니는 아들

놈도 있는데……. 하지만 뭐, 아무리 사장 아들이라고 해도 날 쫓아내겠소?"

CEO 자리에 앉아보면 이런 사람이 부지기수다. 그들은 사사건건 이렇게 말한다. "그건 해봤는데 안 되더라.""그건 내가 잘 아는데…….'' 아니, 말하지 않고 가만히 있어도 알 수 있다. 어떻게 좀 해보려고 해도 꿈쩍도 않는 나무 그루터기처럼 그들은 열매를 맺지도 않으면서 길을 방해하고 발목을 잡는다. 이럴 때 CEO들의 머리는 지끈거리기 시작한다. 눈엣가시 정도가 아니다. 대들보가 꽂힌 것 같다. 발목을 잡히지 않았다면 벌써 100리라도 갔을 시간에 애를 끓여야 하고 시간을 버려야 하는 심정. 그때의 속터짐이란 겪어보지 않으면 모른다.

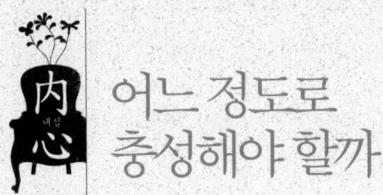
어느 정도로
충성해야 할까

리더들은 어느 정도의 충성을 원할까? 부하들로서는 짐작이 안 가는 대목이다. 강을 건너야 하는데 깊이를 알 수 없어 애를 태우는 꼴이다. 아래 내용은 극단의 충성심을 보여준다. 설마, 리더들이 부하들에게 바라는 충성도가 이 정도까지일까? 글쎄다, 사람 마음 알 수 없으니.

일본 전국시대 영웅 오다 노부나가(1534~1582년)의 사랑을 한 몸에 받은 모리란마루라는 어린 장수가 있었다. 오다가 신하들과 있는데, 지방에서 귤이 올라왔다는 전갈이 왔다. 모리가 소반에 수북이 귤을 담아오는 걸 보고 오다가 한마디 했다.

"조심해라. 떨어뜨릴라."

그 말이 끝나기 무섭게 소반에서 귤이 굴러 떨어졌다. 좌중은 눈치채지 못했지만 그것은 모리의 실수가 아니었다. 신하들 앞에서 주군의 염려가 얼마나 옳았나를 보여주기 위해 일부러 떨어뜨린 것이었다.

어느 날, 오다가 신하들이 모인 방에 들다가 '아, 내가 바깥문을 안 닫고 들어온 모양이다'라고 했다. 모리가 나가보니 문은 잘 닫혀 있었다. 모리는 그냥 들어오지 않았다. 문을 살그머니 열었다가 쿵 소리가 나도록 닫았다. 당시 모리는 10대 소년이었지만 오다는 이런 모리를 봉록 5만 석의 어엿한 영주로 대접했다.

오다 노부나가가 사무라이들이 할거하던 전국시대를 평정할 수 있었던 것은 그의 카리스마적 리더십과 그 리더십을 떠받들어준 모리 같은 측근들의 덕이 컸다. 그는 어떤 위기가 찾아와도 주눅들거나 약해지지 않았다. '나의 운運을 믿자', '포기하지 말고 성공할 때까지 계속하자', '지키고 싶으면 공격할 수밖에 없다'가 그의 인생 철학이었다. 그는 부하들에게 흔들리지 않는 충성심을 요구했다. 부하들에게 반항이나 배신은 죽음을 의미했다.

그러나 한 번의 대성공이 언제 독이 되어 돌아올지 모른다. 오다는 일본 통일을 눈앞에 둔 1582년, 부하가 반란을 일으키자 자결했다. 그때 함께 죽은 것이 열일곱 살의 모리였다.[66]

속도에 대한 초조함

《삼국지》에 흔히 나오는 장면 중 하나는 어울려 싸우다 짐짓 힘에 부쳐 달아나는 척 쫓기는 것이다. 책으로 읽을 때는 계략과 그렇지 않음이 쉽게 드러나지만, 죽고 죽이는 사투를 벌이는 전쟁터에서 그것을 정확하게 판별해내기란 여간 어려운 일이 아니다. 상황 속에서는 전체 상황을 가늠하기가 힘들기 때문이다.

 좀더 확실한 승리를 위해 뒤를 보인 적의 꽁무니를 죽을힘 다해 쫓아가는 건 당연지사. 하지만 잡았다 생각하는 순간 상황은 뒤바뀌고 만다. '와' 하는 함성과 함께 승리를 향해 질주하던 군대는 속도를 잃어버리고 순식간에 적에 포위되면서 우왕좌왕한다. 와중에 간신히 퇴로를 뚫어 정신없이 도망가는 장수는 자신의 뒤를 따르는 군사가 수십 기에 불과한 것을 알고 가슴을 친다. 숨 좀 돌리고 나면 때늦은 후회가 달궈진 쇠꼬챙이처럼 생살을 지져댄다. 누가 그 마음을 알겠는가. 방금 전까지 골짜기를 진동시키는 함성으로 적의 뒤를 쫓던 그 질주는 어딜 갔단 말인가. 바로 거기서 멈춰야 했다! 하지만 그러지 못했다. 승리 예감에 도취한 나머지 멈춰야 할 때 멈추지 못한 어리석음. 그 때문에 몰골 초라한 패잔병이 되어 쫓기는 몸이 된 그의 마음을 누가 알겠는가. 딱 한순간의 판단 착오로 말이다.

전쟁에서 속도는 생존이고 승리다. 칭기즈칸의 기마대는 속도를 높이기 위해 기병 한 사람이 서너 필의 말을 여분으로 끌고 다녔다. 타고 있는 말이 지칠 경우 다른 말로 갈아타기 위함이었다. 허허벌판에서 추격(또는 공격) 속도는 승리의 속도였다. 얼마나 빨리, 얼마나 지치지 않고 달리느냐가 승패를 판가름했다.

어디 칭기즈칸의 군대만 그럴까? 삼국지에 나오는 장수들만 그럴까? 값 비싸고 푹신한 의자에 앉아 있어도 CEO의 마음은 속도계 그 자체가 되어 있다.

'혹시 경쟁사는 토끼처럼 뛰어가는데 우리는 거북이처럼 엉금엉금 기어가는 게 아닐까?'

'이렇게 느려터지듯 기다가 어느 순간 시장에서 내팽개쳐지는 건 아닐까?'

답답하리만치 느려터진 조직의 속도만 이들의 애간장을 끓이는 건 아니다. 너무 앞서 가지는 않나 싶은 초조함도 애를 태우기는 마찬가지다. 잘 알려져 있다시피 소니는 20~30년 전 '베타' 방식이라는 세계 최고 품질의 VTR을 개발해놓고도 마쓰시타 연합군에 패배했다. 소니가 세계 최고의 무기(베타)를 만들고 있는 동안 마쓰시타가 전쟁터(시장)를 장악해버렸던 것이다. 소니는 최고의 무기를 개발하면 언제 어느 곳에서라도 승리할 수 있다고 생각했다. 거북이와 경주하는 토끼처럼 세상 누구보다 빨리 뛰어 승리를 낚아챌 수 있다고 여겼다. 그런데 너무 빨리 뛸 수 있었던 것이 허점이었다.

이 '토끼 망령'이 최근 다시 나타나 소니를 참담한 상황에 몰아넣고 있다. 브라운관 TV 시대를 휘어잡았던 소니는 이 시장을 대체하고 있던 LCD TV 와 PDP TV를 놓치는 우를 범했다. 전략적인 실수였다. 소니는 과감한 결정을 내렸다. 그들에게 2등은 없었다. 괜찮은 회사에 투자해 실수를 만회하는 방법도 있었지만 자존심이 용납하지 않았다. 그들은 LCD와 PDP를 건너뛰자고 결정했다. 이 두 징검다리를 건너뛰어 곧바로 OLED(유기 발광 다이오드) 시대를 열기로 한 것이다. OLED는 LCD와 PDP보다 뛰어난 차세대 개념의 디스플레이. 그것이 차세대 디스플레이라는 건 누구나 인정하는 사실이었다.

하지만 시장은 엉뚱한 방향으로 흘렀다. 소니를 제외한 다른 모든 업체들은 기술이 어렵고 돈이 많이 드는 OLED보다 훨씬 쉽게 접근할 수 있는 LCD와 PDP를 보듬어 안고 좀처럼 버릴 생각을 하지 않았다. 대다수 업체가 이쪽저쪽으로 분주하게 왔다 갔다 하는 사이, 시장 전체 구도가 바뀌어버렸다. 전쟁터를 장악한 이들은 여기저기 참호를 파놓고 그 안에 들어가 도무지 앞으로 나가려들지를 않았다.

2차 대전의 예가 보여주듯 참호전에서는 웬만한 고성능 무기도 통하지 않는 법. OLED라는 전쟁터에서 대회전을 예상했던 소니는 누구보다 먼저 전장에 가서 기다렸지만 아무도 오지 않았다. 소니가 당황해하는 사이, TV 시장은 '독보적인 소니'를 저만치 밀어내버렸다. 너무 앞서 나간 나머지 삼국지에 나오는 장수처럼 하늘을 보며 장탄식을 토해야 하는 상황에 몰리고 만 것이다.

소니만이 아니다. 이 같은 상황은 도처에서 벌어진다. 그러니 어느 CEO가 속도에 민감하지 않을 수 있겠는가. 답답한 건 '빨리'와 '늦게'를 가늠하는 기준이 없다는 사실이다. 일반도로에는 제한 속도가 있다. 하지만 CEO에게 시속 100킬로미터는 경우에 따라 너무 빠른 속도일 수도, 너무 늦은 속도일 수도 있다. 모든 것은 '상황'에 달렸고, 판단은 CEO의 몫이다. 이렇게 보면 늦은 듯하지만, 저렇게 보면 너무 빠른 성싶다. CEO의 애간장이 타 들어가는 시점이다.

시선 처리는 또 어떤가? 발 밑을 보며 가야 하는가, 먼 산을 보면서 가야 하는가? 초보 운전자들에게 가장 어려운 일 중 하나는 시선 처리다. 바로 앞만 보고 가자니 속도가 나지 않고, 먼 곳을 보고 가자니 바로 앞이 안 보인다. 이럴 때 그들은 숨소리 한번 내지 못하고 운전대에 매달린다. 그들이 차에서 내릴 때 내는 소리는 딱 하나다. '휴······.'

이 깊은 한숨 소리가 더 짙게 배어 있는 곳이 사장실이고 임원실이다. 운전 몇 년이면 능숙해지기라도 하는데 조직을 이끌고 가는 일은 어째 능숙해지지도 않는다. 한숨만 깊어질 뿐이다.

저 '성'에 '내 깃발'을 꽂고 싶다

전략적으로 아주 중요하기는 한데 공략하기 어려운 성이 있었다. 그곳을 공략하러 온 장수가 명령을 내렸다.

"어떻게 해서든 저 성을 함락시켜라!"

모든 부하들이 반대했다.

"무리한 공격입니다. 우리 측 손실이 너무 클 것입니다."

"상관없다. 무슨 일이 있어도 함락시켜야 한다."

"……."

다음 날, 찌뿌드드한 공격이 시작됐다. 그런데 이게 웬일인가. 이런저런 상황이 유리하게 전개되더니 결국 성을 빼앗는 데 성공했다. 아군의 희생도 만만치 않았지만 대단한 성과였다. 이럴 때 군사들은 이렇게 말한다.

"역시! 성공할 줄 알았다니까."

하지만 반대의 상황이 될 수도 있다. 만약 공략에 실패했다면 이런 말이 나왔을 것이다.

"내 이럴 줄 알았다니까. 안 되는 건 안 되는 거지. 왜 저렇게 상황 파악을 못 하는 거야. 진짜 장군이긴 한 거야?"

아마 이 두 마디는 리더들이 가장 듣기 좋아하는 말과 가장 듣기 싫어하는 말일 것이다. 그런데 왜 장군은 부하들의 반대를 무릅쓰고 무모하게 공격을 강행했을까?

전장에 나간 장수는 전투에서 승리해야 하고, 최소한 영토를 지키거나 더 빼앗아야 한다. 마찬가지로 조직을 맡은 리더는 최소한 현상 유지에서 최대한 압도적인 시장 점유율을 기록해야 한다. 장군이라는 자리는 승리와 영토 확보 여부로 능력이 평가되고, 사장이라는 자리는 수익과 시장점유율로 자질을 평가받는다. '결과적으로 뭘 했느냐'는 '증거'가 필요한 셈이다. '내가 지휘해서 뺏은 성', '내가 지시해서 포로로 잡은 적국의 왕자'는 '내가 내놓은 히트상품', '내가 이룩한 시장점유율 두 배 확장'과 같다. 빼앗은 성에 나의 깃발이 올라야 '내가 획득한 성'이고, 그때서야 나의 공이 인정된다.

하지만 조직은 현상 유지를 원한다. 전진하면 희생이 따르기 때문이다. 누군가는 죽고 다친다. '새로 임명된 자리'에 걸맞는 뭔가를 보여주어야 하는 리더와 '문제'를 원치 않는 부하들의 신경전이 시작되는 시점이다. 이런 눈치가 횡행할 때 리더들은 손을 번쩍 들어 '내가 해보겠다'고 말하는 부하가 있기를 바란다.

  이때가 중요하다. 능력 있는 리더는 손을 든 부하에게 큰 성공을 바라지 않고 '작은 성공'에 힘쓴다. 능력 있는 부하는 뭔가 하는 것처럼 보이거나 헛된 꿈을 꾸지 않고 '작은 성공'을 착실하게 이뤄낸다. '되는 조직'의 시작은 바로 이렇게 마음과 마음이 맞닿는 것에서 시작한다. 물론 쉽지 않은 일이긴 하다.

위기를 입에 담고 사는 까닭은

언제부턴가 CEO들에게서 비슷한 말을 많이 듣는다. 대기업 CEO들은 입만 열면 '지금이 위기'라고 하고, 중소기업 CEO들은 말끝마다 '죽겠다'고 한다. 물론 CEO들의 이런 말은 전혀 낯선 것이 아니다. 악덕 경영주들도 '죽겠다'는 말을 입에 담고 다녔다. 하지만 무게가 달라 보인다.

지금은 알 만한 사람은 다 아는 세계화의 시대. 기업하는 사람들에게 세계화는 우선 속도의 의미로 다가온다. 세계 최대의 할인점 월마트는 몇 년 전부터 물류 창고를 없애고 있다. 비용이 든다는 이유에서다. 대신에 그들은 날아다니는 비행기나 항해 중인 선박, 길 위를 달리는 트럭을 물류 창고로 이용하고 있다. 이건 또 무슨 얘긴가?

월마트는 소매업체로서는 처음으로 물류에 인공위성을 이용하고 있다. 어느 곳에 어떤 상품이 필요하다는 주문이 발생하면 인공위성을 통해 가장 신속하게 공급할 수 있는 곳을 고르고, 여기에 맞춰 모든 준비를 완료한다. 구태여 창고에 넣었다가 다시 꺼내 가는 수고를 없애고 육상의 바통 이어받기처럼 그 자리에서 상품을 인도 받는 것이다.

이 같은 시스템은 납품업체들을 초긴장 상태로 몰아넣고 있다. 주문 납기와 시간을 어기는 날에는 모든 물류 체인이 올 스톱하는 '대형 사고'가 발생하기 때문이다. 원래 체인은 한 곳이 끊어지면 전체가 망가지지 않는가. 주문을 일정 기간 모아 한꺼번에 하던 건 옛날 일이다. 요즘에는 수시로 한다. 바짝 일하고 한동안 쉬었다가 주문이 오면 다시 일하던 시대는 옛날이 됐다. 항상 긴장된 상태에서 주문을 받을 채비를 하고 있어야 한다.

불과 10년 전까지만 해도 국내 대기업들은 국내에 있는 하청업체들로부터 부품을 납품 받아 완성품을 만들었다. 가깝기도 하고 아는 얼굴이기도 했지만 해외 어느 곳에서 같은 부품이 생산되는지 몰랐기 때문이다. 하지만 지금은 다르다.

세계 각지에 거미줄처럼 쳐진 네트워크는 실시간으로 부품의 공급 여하를 알려주고 있다. 국내 하청업체의 파업으로 부품 공급에 차질이 빚어지면 인도에 있는 기업으로부터 부품을 공급 받을 수 있다. 상황이 이런데 당연히 가격 비교가 이루어지지 않을 리 없다. 그래서 결국은 조금이라도 싼 곳에 주문이 나간다. 부품 제조를 주로 하는 중소기업 사장들이 한시도 마음을 놓을 수 없는 이유가 여기에 있다. 세계 어느 곳에서 더 싸고 좋은 부품이 나올지 모르기 때문이다.

더구나 한국은 중국이라는 거대한 태풍의 소용돌이 옆에 있다. 알다시피 중국은 세계 유일의 초강대국인 미국이 두려워하는 미래의 가상 적국이다. 국내 시장이라는 테두리 안에서 그럭저럭 물건을 만들어왔던 중소기업들에게 '중국이라는 공장'은 경쟁이 안 되는 상대다. 우선 인건비 하나로도 적수가 못 된다.

무차별적으로 쏟아져 들어오는 중국산의 위력은 인해전술 이상이다. 사업을 계속하려면 중국으로 나가거나 업종을 바꿔야 한다. 하지만 중국에 간다고 해서 살 길이 보장되는 것도 아니다. 내 한 몸 추스르기도 힘든 것이 타향살이라는데, 이국 땅에서 경영을 하기란 더구나 쉬운 일이 아니다. 태반이 3~5년 안에 문을 닫고 빈털터리 신세로 귀국하는 게 요즘의 현실이다.

대기업이라고 마냥 여유를 부릴 상황도 아니다. 덩치가 크면 먹는 것도 많을 뿐 아니라 에너지 소모도 많다. 더구나 지금은 혁신적인 기술의 시대다. 기술 하나가 기업을 죽이고 살린다. 휴대폰 원천기술 하나로 벼락부자가 된 퀄컴의 예에서 보듯 '잘 키운 아들 하나가 열 아들 부럽지 않은 세상'이다. 문제는 이 탁월한 기술 하나를 개발하는 데 들이는 수고와 노력과 비용이 엄청나다는 점이다. 게다가 우리 회사만 열심히 뛰고 있는 것도 아니다. 세계 유수의 대기업들이 죽을 힘을 다해 달리고 있다. 그만큼 경쟁이 치열한 세계 무대에서 살아남으려면 단번에 시장을 뒤엎을 '혁신적인 첨단 기술'이 필요하다.

설사 기술 개발에 성공해 시장에 내놓아도 치열한 경쟁은 끝나지 않는다. 경쟁자들이 비슷한 제품을 금방 만들어내기도 하고, 언제 어느 순간 더 혁신적인 기술이 개발돼 시장에 나올지 모르기 때문에 단기간에 최대한의 이익을 뽑아내야 한다. 요즘 국내에서 시판되는 휴대폰의 기능을 생각하면 이해가 쉬울 것이다. 천문학적인 액수의 개발 비용이 들어가고 개발해도 이익을 뽑아내는 기간이 하루가 다르게 짧아지므로 이 게임에는 대자본이 아니면 참여할 수도 없다. 갈수록 중견 기업이 사라져가는 이유가 여기에 있다. 엄청나게 들어가는 연구 및 개발 비용과 마케팅 비용을 감당하기 어려운 것이다.

최고의 기술을 개발했다고 마음 놓을 상황도 못 된다. 요즘은 편을 잘 서야 한다. 세계는 지금 보이지 않는 '표준 전쟁'을 치열하게 전개하고 있다. 쉽게 말하면 편을 갈라 싸우는 것이다. 일본의 휴대폰 기술은 독자 기술로 우수한 기능을 자랑하지만, 자신들의 표준을 고집하는 바람에 제 빛을 발하지 못하고 있다. 아무리 싸움을 잘해도 1당 100으로 싸울 수는 없다. 더구나 경쟁자들이 비슷비슷한 덩치와 실력을 가진 상황이라면 결국은 편가르기에서 대세가 판가름나기 쉽다.

이제는 이 편가르기도 첨예해져서 기술 개발 단계에서부터 시작하는 일이 많아지고 있다. 비용이 많이드니 처음부터 분야를 나눠 개발한 후, 완구처럼 조립하는 식이다. 친구들이 무리에 끼워주지 않으면 왕따가 되는 것처럼 기술 혁신의 세계에서 왕따가 되면 회사의 문을 닫아야 한다. 한마디로 기업들은 이래저래 삐끗하면 천길 낭떠러지로 떨어지는 상황에 처해 있다. CEO들이 위기를 입에 담고 사는 데는 이런 배경이 있다.

위기를 극복하는 힘은 내부에서 나온다. 굴러 들어오는 호박처럼 외부에서 주어지는 행운도 있지만, 원천적인 힘은 기업 내부에서 길러진다.《100년 기업의 조건》이라는 책을 지은 케빈 케네디와 메리 무어는 '기업은 성장하면서 필수적으로 위기를 맞게 되는데, 진짜 위기는 환율이나 유가와 같은 외부 요인이 아니라 지속적인 혁신의 실패나 학습역량의 상실 같은 내부 요인에서 비롯된다'고 지적했다. 그들은 또한 위대한 기업과 그렇지 않은 기업의 차이는 이런 '필수적인' 위기에 어떻게 대처하느냐에 달려 있다고 덧붙였다(역사적으로도 내부단속과 치국治口을 잘하는 국가가 망한 적은 거의 없다).

위기는 온다. 필수적으로 온다. 방심하면 더 빠르게 오고, 조심해도 오기는 온다. 문제는 위기가 선전포고를 하고 물밀 듯한 대군으로 쳐들어오지 않는다는 점이다. 위기는 어둠처럼 조용하게, 모래에 물이 스며들 듯 슬그머니 온다. 언젠가 인터넷 검색을 하다 발견한 글에 이런 내용이 있었다.

"1미터가 넘는 높이의 관상식물이나 니스칠을 한 그루터기, 박제, 고급 술, 유명 화가의 그림, 골프채, 우승 트로피, 저명 인사와 찍은 스냅사진. 이 가운데 2개 이상이 사장실에 있을 때는 주의 깊게 볼 것이며, 4개 이상 있을 때는 볼장 다 본 회사라고 생각해도 괜찮다."

위기는 방심한 리더에게만 오는 게 아니다. 직원들에게 스며드는 위기도 있다. 고 이병철 전 삼성그룹 회장은 사업장을 방문할 때면 사무실에 발을 들여놓기 앞서 늘 공장을 한 바퀴 돌았다. 그러면서 세 가지를 점검했다. 그가 가장 먼저 살핀 것은 공장 입구의 나무 상태였다. 나무에까지 관심을 쏟을 정도로 여유가 있는가, 혹 태만하지는 않은가를 보는 것이었다. 둘째는 기숙사 내부였다. 정리정돈과 청소 상태를 보면서 그는 근무 기강을 헤아렸다. 셋째는 노동자들의 헤어스타일이었다. 그는 '머리 상태를 보면 열의를 알 수 있다'고 말했다.

"나더러 작은 일을 너무 챙기고 따진다고 한다. 그러나 작은 일을 할 줄 모르면 큰 일도 할 줄 모르는 법이다. 큰 일은 오히려 실수가 없는 법이다. 처음부터 충분히 준비하고 시작하기 때문이다. 작은 일을 소홀히 취급하는 동안 큰 일을 그르치게 되는 것이 인간의 일이다."[67]

언젠가 '올해의 히트상품을 낸 CEO' 네 사람과 함께 대화를 나눈 적이 있다. 당시 현직으로 하면 MP3플레이어 '아이리버'로 유명한 레인콤의 양덕준 사장, 캐주얼 스포츠라는 의미의 '캐포츠'를 내걸어 일약 스타덤에 오른 패션의류 EXR의 민복기 사장, 저가 화장품으로 시장을 뒤흔들어놓은 미샤의 서영필 사장, 적립식펀드를 개발해 간접투자 붐을 일으킨 랜드마크투자운용의 최홍 사장이 그들이었다. 그들은 이 자리에서 '왜 대기업 CEO들은 위기를 강조하는가'라는 질문에 이렇게 말했다.

― 시장은 언제든지 바뀔 수 있습니다. 제가 임직원들에게 '우리는 '차이'가 있는 회사가 아닌 '차원'이 다른 회사를 만들었으면 좋겠다'고 말하는 것도 그런 이유에서입니다. 차원이 다르면 3등이 아무리 노력해도 2등밖에 못 하는 거죠.

― 비슷하군요. 저도 경쟁 구도에서 우위를 점하려면 압도적인 힘이 필요하다고 얘기했거든요.

― 저는 본질에 대한 얘기를 많이 했는데요. 옛날 '어깨들'처럼 내실보다 외형을 추구하면 안 되잖습니까. 운용하는 자금 규모가 4조 원이라고 해도 내용에 따라 회사 가치는 20배까지 차이가 나거든요.

― 저는 규모의 게임에서 승리해야 된다고 생각하기 때문에 '빨리 (매출) 1조 원을 넘어서야 된다'고 강조하는 편입니다. 1,000억 원의 매출에 50억 원의 이익을 내는 것과 250억 원의 매출에 50억 원의 이익을 내는 회사 중 어느 곳이 좋은 회사인가 물어봅니다. 대부분은 후자라고 답하지만 저는 다릅니다. 전자에 미래가 있다고 봅니다. 외형을 키운다고 방만 경영을 하는 건 아닙니다. 분기점을 넘어서자는 거죠.

― 갑자기 시장이 커지고 매일 20~50억 원에 달하는 돈이 들어오면서 이를 감당할 만한 펀드매니저가 없어 아주 힘들던 때가 있었습니다. 성장에 대한 준비가 안 되었던 거지요. 단기적으로 수익률이 떨어지기까지 했으니까요. 갑자기 커진 게 의외로 상당한 위기였어요.

― 저도 비슷합니다. 개인적으로 1,000억까지는 임원 없이 일해왔는데 '1,000억만 먹고 말 것인가. 1조도 해야 하는데' 하는 생각을 했죠.

결국은 사람인데, 저는 동일 업종이 아닌 다른 업종에 있는 분들을 모시고 왔어요. 그래야 제가 보지 못하는 것을 볼 수 있으니까요. 초기에는 커뮤니케이션이 힘들었지만 지금은 이식이 잘되고 있습니다. 한 사람이 꿈을 꾸면 꿈으로 끝나지만, 전체 임직원이 같은 꿈을 꾸면 현실이 되겠지요.

위기는 모두에게 각각 다른 형태로, 다른 방법으로 온다. 극복하면 위기의 공통점과 실체를 어렴풋하게 찾을 수 있지만 막상 닥쳐올 때는 뭐가 뭔지 구별하기 힘들다는 것도 위기가 지닌 묘한 공통점이다.
몇 년 전 당시 부동의 소주 1위인 진로까지 인수해 주류시장을 '천하통일'한 하이트의 박문덕 회장을 만난 일이 있다. 서울 정담동에 자리한 그의 집무실에는 그림이 가지런하게 배치돼 있었다. 평소 미술을 좋아하는 그의 취향이 엿보이는 대목이었다. 시간이 너무 흐른 것일까. 그 10년 전 드라마틱하게 맥주업계의 지각 변동을 일으켰던 주인공은 의외로 깔끔한 인상의 귀족적인 풍모를 지니고 있었다. 그는 그러나 '외양과 다르게' 위기를 강조했다.
"1991년에 갑자기 사장이 됐는데, 재무상태를 조사해보니 부채 비율이 1,600%나 되더군요. 이런 회사가 망하지 않고 어떻게 버텨왔는지 존경스러울 정도였습니다. 아니 사실 절박했죠. 그런데 벌써 몇 년이 흘렀습니까. (하이트를 정상에 올려놓은 후 10년 동안) 상이란 상은 다 받아봤습니다. 생각해보면 소비자들에게 고맙고, 고생해준 우리 식구(회사 임직원)들에게도 고맙죠. 한두 상자 더 팔려고 갖은 천대와 괄시를 받아가며 고생한 영업사원들 덕에 이만큼 왔으니까요. 어느 누가 뒤집을 거라고 생각했겠습니까? 그래서 모두들 신화라고 했습니다. 하지만 항상 염려스러웠어요. 1등에 올라서기보다 역전당하기가 훨씬 쉽거든요. 시간만 나면 '건방지게 목에 힘주지 말고 겸손해야 한다'고 강조하는 것도 이런 이유에서죠. 고개 한 번 더 숙이면 하루 더 가는 겁니다. 이젠 자신감도 있지요. 자만심으로 바뀌지 않게끔 경계하지만. 어쨌든 1등에 있을 때가 가장 고달픈 겁니다."

그는 '고달픈 1등'을 말했다. 만년 2등일 때는 서러웠는데, 1등이 되고 나니 고달프더란 것이다. 그렇다면 그는 무엇을 위기로 보고 있을까? 궁금했다. 내로라하는 기업, 부동의 1위 기업을 경영하는 회장이 보는 위기는 어떤 것인지 말이다.

"항상 위기죠. 만년 2위였을 때는 위기가 없었어요. 경쟁사가 (우리를) 죽지 않을 만큼만 살려두는 걸 전략으로 실행했으니까요. 사실 너무 편했죠. 태반의 중역들이 그렇게 생각했습니다. 하지만 외국 기업들은 그때나 지금이나 엄청난 자금력으로 밀어붙이지 않습니까. 저는 지금도 출근할 때부터 끝날 때까지 위기감을 주려고 노력합니다."

술 회사 CEO답게 그는 출근하자마자 하는 일이 있다. 갓 생산된 맥주를 마셔보는 일이다. "아침부터 마셔도 괜찮냐"는 말에 전문성이 배인 웃음으로 답했다. "맥주도 음식이니까요." 그러면서 '끓이지 않는 100% 비살균 생맥주여서 조금이라도 잘못되면 엄청난 일이 벌어지기 때문'이라고 덧붙였다. '조금이라도 잘못되면'이라는 말은 2등으로 내려앉는 걸 의미하는 것이리라. 그게 그렇게 차이가 날까? 바보스러운 질문을 했다. 1등과 2등의 차이가 뭐냐고.

"하늘과 땅 차이죠. 2등과 3등은 사실 별 차이가 없어요. 하지만 1등과 2등은 엄청난 차이가 있습니다. 2등이 1등을 따라잡기 위해서는 보통 노력으로는 힘듭니다. 운도 따라야 하고요. 노력도 필요하지만 운도 중요한 것 같습니다."

그런데 최근 들어 이 순위기 다시 엎치락뒤치락 하는 현상이 나타나고 있다. '고달픈 1등'에서 고통스러운 전전반측의 시대가 된 것이다. 그의 하루하루가 어떨지 보지 않아도 보이는 듯하다.

LG전자의 혁신을 대대적으로 이끈 적이 있는 김쌍수 전 부회장도 비슷한 얘기를 한 적이 있다.

"나는 GE와 도요타를 존경한다. 왜냐, 그들은 세계 최고이면서 여전히 헝그리 정신으로 무장돼 있기 때문이다. 영원한 1등이란 없다. 잭 웰치를 존경하는 것은 그의 헝그리 정신, 끊임없는 위기의식 때문이다. 물론 창의력도 중요하지만 벼랑 끝에 섰을 때 기발한 생존법이 떠오르고, 악착같이 할 때 창의력이 나온다. 조직은 '붕' 뜰 때 망한다. 나라도 마찬가지다. 강한 리더십과 성과에 대한 압박감은 언제나 중요하다."[68]

역사적으로 위기의식을 승리의 원동력을 삼았던 사례는 많다. 배수진도 그중 하나다. 《사기史記》〈회음후열전 淮陰侯列傳〉에 나오는 배수진은 한신이 정식으로 사용하기 전까지 상식에 어긋난 진법이었다. 전국시대까지 장수들은 이 어리석은 진법을 사용하지 않았다. 그것을 몰랐을 리 없는 한신이었다. 그가 배수진을 들고 나오자 비웃음이 일었다. 하지만 그는 이겼다. 그는 사람의 심리를 이용할 줄 알았다. 물에 빠져 죽느니 적을 무찌르고 살려고 들 확률이 높다는 사실을 본능적으로 알았던 것이다.

한漢나라 유방劉邦이 제위에 오르기 2년 전인 204년, 한신은 유방의 명령에 따라 장이張耳와 함께 위魏나라를 격파한 후 여세를 몰아 수만의 병사를 이끌고 조趙나라로 진격해 들어갔다. 조나라라고 가만히 있을 리가 없었다. 군사 20만 명을 동원, 한신이 오리라고 생각하는 길목에 방어선을 구축했다.

다행히 조나라에는 이좌거李左車라는 전략가가 있었다. 그는 재상 진여陳餘에게 길목에서 기다리고 있다가 지나가는 한나라 군사를 공격하자고 건의했다. 하지만 이좌거의 제안은 받아들여지지 않았다. 진여가 기습을 좋아하지 않았기 때문이다.

이를 안 한신의 얼굴에는 희색이 만면했다. 당시 한나라 병사들은 오랜 원정에 지칠 대로 지친데다 병력 수도 몇 배나 적었다. 기습은 물론이고 정면싸움으로 해도 승리 가능성은 희박했다. 그런데 희소식이 들려온 것이다. 그는 즉시 기병 2,000명을 보내 조나라가 쌓은 성채 바로 뒤편에 매복시키면서 다음과 같은 지시를 내렸다.

"우리가 후퇴하는 것을 보면 조나라 군사들이 우리를 쫓아올 것이다. 바로 그때 성채에 들어가 한나라 깃발을 꽂아라."

한신은 이와 함께 1만 명의 병사를 자신보다 먼저 보내 강을 등지고 진을 치게 하였다. 조나라 진영에서 비웃음이 일었다. 죽으려고 작정하지 않으면 쓸 수 없는 진법이었다.

한신을 얕보던 조나라 군사들은 급기야 성 밖으로 나와 공격을 시작했다. 막상 접전이 시작되자 한나라 군은 후퇴를 거듭했다. 사기가 오른 조나라 군사들은 앞서거니 뒤서거니 달아나는 한신을 쫓아 한신이 배수진을 친 곳에 이르렀다. 그러는 사이 조나라 성채에는 난데없는 한나라 깃발이 올랐고, 뒤통수를 맞은 조나라 군사들이 멈칫 하는 사이 배수진을 친 한나라 군사들은 몇 배의 적을 맞아 죽을 힘을 다해 싸워 승리를 거뒀다.(69)

앞에는 구름처럼 몰려오는 적이요, 뒤에는 깊이를 알 수 없는 강. 어차피 더 이상 물러설 곳도 없는 처지에 놓인 한신의 군대는 그야말로 사생결단하고 싸울 수밖에 없었고, 그 결과 몇 배의 적을 물리친 것이다. 정신력의 중요성을 보여주는 본보기로 자주 회자되는 이야기다.

하지만 아쉽게도 '위기의식 심어주기'는 보통 일이 아니다. 발 밑을 보고 걸어가는 '대중'은 저 앞에 수렁이 있는지, 함정이 있는지 모른다. 아니 알려고 하지 않는다. 심하게 말하면 그때 가서 리더 노릇 제대로 못 했다고 탓하면 그만이다. 기업체에서 교육을 담당하는 전문 강사들은 '위기의식을 불어넣어주는 강의를 해달라는 요청이 점점 많아지고 있다'면서 '대기업 사장일수록 잠이 안 온다며 위기 얘기를 강조하라는 주문을 한다'고 한다.

솔선수범 해야 하는 CEO는 스스로 절벽 끝에 선다. '전투에 진 군인은 용서할 수 있지만 경계에 실패한 군인은 용서할 수 없다'는 말이 있다. 당당하게 싸워 패할 수는 있다. 정당하게 맞붙어서 졌다면 어쩔 수 없는 일이다. 하지만 경계에 실패해 졌다는 것은 해이한 정신 탓에 제대로 싸워보지도 못하고 당했다는 의미다. 용서할 수 없는 일이다.

지금 우리가 살고 있는 이곳은 전쟁터다. 총알만 없다 뿐이지 죽고 사는 문제가 한순간에 달린 전장이다. 독일과 소련의 저격수들에 관한 이야기를 담은 영화 〈Enemy at the gate〉에는 언제 어디서 총알이 날아올지 모르는 상황이 그려진다. 그걸 아는 저격수들은 하루 24시간 긴장한다. 한시도 방심하지 않는다. CEO들의 마음이 바로 저격수의 마음이라면 과장일까? CEO들은 자신들의 위기 강조가 양치기의 외침이 되지 않을까 조바심을 낸다.

어디 '또 다른 나' 없소?

"왜 찰스 왕세자는 아름다운 다이애나를 버리고 커밀라 파커볼스를 선택했을까?"

영국의 찰스 왕세자와 커밀라의 결혼을 지켜본 많은 사람들이 의아해한 대목이다. BBC는 2005년 4월 27일, 역사적인 실증을 통해 그 의문을 푸는 보도를 했다. BBC의 내용은 이렇다.

역사적으로도 왕의 애인 선택 기준은 미모가 아니라 대화 상대였다. 커밀라의 선배 격인 유럽 왕들의 정부(情婦)를 보면 확연해진다. 왕실 간의 정략으로 사랑 없는 결혼을 하던 시절, 왕과 왕비는 초상화만 보고 결혼을 결정했다가 실망하는 일이 다반사였고, 친정을 배경으로 들들 볶기만 하는 왕비에 싫증이 난 왕들은 애인을 두는 것으로 위안을 받곤 했다.

대부분 아름다웠지만 모두가 그랬던 것은 아니다. 영국 조지 1세의 정부들은 한 명은 비쩍 말랐고, 다른 한 명은 작고 뚱뚱해 백성들이 왕의 독특한 취향에 실망했을 정도였다. 왕의 '애인 찾기' 기준은 반드시 외모가 아니었던 것이다. '왕의 정부'의 저자 엘리노어 허먼은 "왕들은 자신의 치세에 관해 절친한 누군가에게 묻고 싶어했고, 고민을 털어놓을 수 있는 마음 편한 대화 상대를 원했다"고 분석했다.

프랑스 루이 15세의 정부였던 퐁파두르 부인이 대표적이다. 그는 세월이 가면서 시들어가는 외모를 정신적 아름다움으로 대신했다. 왕의 친구이자 조언자로서 프로이센을 견제하기 위해 숙적 오스트리아와 손을 잡도록 뛰어난 외교 자문을 하기도 했다. 프랑스 앙리 2세의 정부였던 디안 드 푸아티에는 왕보다 20세 연상임에도 불구하고 그의 마음을 사로잡았다. 또 개신교에 마음이 기울었던 앙리 4세와 독실한 가톨릭 신자였던 가브리엘 데스트레의 결합은 종교전쟁을 끝내고 '낭트 칙령'을 반포하는 계기가 됐다.

물론 좋은 조언자만 있었던 것은 아니다. 왕의 사랑을 독차지하기 위한 암투도 심했고, 사치가 심해 국민의 분노를 사 쫓겨난 정부도 있었다. 허먼은 커밀라가 '성공한 정부'의 케이스에 속한다고 분석했다. 찰스 왕세자는 아름답지만 잔소리 많고 들들 볶는 다이애나 비보다 소탈하고 유머감각이 있으며 포용력 있는 커밀라에게서 마음의 위안을 찾았으리라는 것이다. 이런 점에서 소심한 찰스 왕세자와 인정 넘치는 커밀

라가 잘 살 것이라고 예견했다.[70]

스캔들을 들추려는 게 아니다. 리더에게는 '또 다른 나'가 필요하다. 왕에게 또 다른 나는 신하일 수도, 정부일 수도, 왕비일 수도 있으며, 미래 측면에서는 후계자다. 왕은 그냥 왕비가 아니라 자신을 알아주는 왕비, 같이 살아갈 수 있는 왕비가 필요하다. 내가 보지 못하는 것을 보고, 내가 느끼지 못하는 것을 느끼며, 내가 생각하지 못하는 것을 생각해서 알려주는 '내'가 필요한 것이다. 모든 일을 혼자 할 수는 없다.

전쟁을 하는 장수에게 병사들이 잘 싸워주는 것은 필수적이다. 하지만 전부는 아니다. 잘 싸우는 일보다 더 중요한 것은 이기는 일이다. 모든 장교가 리더지만 모든 장교가 참모를 거느리고 있지는 않다. 대대장부터 참모가 있다. 참모가 필요하다는 것은 대대급 규모가 작지 않은 전력이며 패하면 아군에게 손실이 크다는 점을 의미한다. 대대장 혼자 쉽게 결정하지 말라는 의미이기도 하다. 효과적인 전쟁을 수행하려면 대대장에게는 본인 이외의 또 다른 눈과 귀와 머리가 필요하다. 총칼 들고 싸우는 부하들만 필요한 게 아니다.

지속적으로 회사를 발전시키는 CEO는 자신을 항상 객관적으로 보도록 하는 장치를 두고 있다. 시장과 경쟁자와 고객을 바라보는 눈도 좋지만, CEO는 자신을 바라보면서 표나지 않게 자신을 일깨워주는 그런 '사람'과 같이 일하고 싶어 한다. '나' 같은 사람이다.

그래서 리더들은 끊임없이 사람을 찾는다. 필요한 사람을 찾아 적재적소에 배치하는 것은 리더의 기본적인 의무다. 하지만 사람이 없다. 키우지 않을 뿐만 아니라 발견하려는 노력도 하지 않고 염불처럼 '사람이 없다'는 말을 되풀이하는 이도 많지만, 대낮에도 등불을 들고 (정직한) 사람을 찾아다녔다는 그리스의 거지 철학자 디오게네스처럼 CEO들도 사람을 찾고 있다.

희한한 사실은 막상 CEO라는 자리에 앉으면 임원이었을 때는 그렇게 잘 보이던 것들이 보이지 않게 된다는 점이다. 모두들 자신을 드러내지 않기 때문이다. 원래 높은 산꼭대기는 구름이 감싸고 있게 마련. 구름은 아래를 보이지 않게 한다. 아래에서 적당하게 '패'를 보여야 하는 이유가 여기에 있다. 능력 있는 사람은 (양심이 있어서) 자신을 드러내거나 말하지 않고 능력 없는 이들은 자신을 치장한다. 간신과 아부쟁이는 바로 이 틈을 즐겨 이용한다. 많은 CEO들이 이 대목에서 깜빡 속아 넘어간다.

모든 것은 결국 사람으로 시작되고 사람으로 끝난다. 그런데도 사람이 없다.

사장으로 산다는 것

10

CEO의 시계는 초^秒로 흐른다

오늘 나의 불행은 언젠가 내가 잘못 보낸 시간의 보복이다.
- 나폴레옹

사장의 하루

리더가 되면 예상치 못한 일들이 일어난다. 특히 조직표 상 거느리는 부하가 많은 큰 회사의 CEO는 더 그렇다.

아이러니하게도 '루가 당신에게 ~을 하라고 말했다' 또는 '루가 당신이 ~을 하기를 원한다'는 식으로 내 이름을 앞세워 명령하는 사람들도 있었다. 그러면 대부분 일이 일사천리로 수행되었다. 유감스럽게도 내가 전혀 모르는 일이 많았고 원하지 않는 일도 있었다. 급기야 …… '루가 말했다'는 식의 지시를 내리지 못하게 해야 할 지경에까지 이르렀다.[71]

IBM의 CEO였던 루이스 거스너가 여기서 말하고 있는 시기는 그의 취임 초기 시절이다. 실제로 리더가 되면 생각지도 못했던 장애물들이 나타난다. 인사 전권을 쥐고 구조조정을 하러 들어온 점령군 같은 CEO가 이런 토로를 할 정도라면 알 만하지 않은가.

누구에게나 똑같이 주어지는 게 하루 24시간이다. 하루 24시간은 공기처럼 누구에게나 공평하다. 시간의 신은 부자라고 권력가라고 25시간을 주지 않고, 못생겼다고 가난하다고 23시간을 주지 않는다. 하루도 아니고 날마다 준다. 똑같이 부여받은 이 24시간을 어떻게 쓰느냐에 따라 부자가 되기도 가난뱅이가 되기도 할 뿐이다.

사장에게도 하루는 24시간이다. 역시 공평하게 주어진 시간이지만 들여다보면 그리 녹록하게 흐르는 시간은 아니다. 한 대기업 사장을 역임한 이의 말이다.

"사장이 되니 어떻게 하루가 가는지 모르는 날이 부지기수였어요. 출근하자마자 회의로 하루를 시작하고 나서 결재 몇 건 하고 전화 몇 통화 받다 보면 점심 시간이 됩니다. 대부분 약속이 있으니 얼른 나가야 합니다. 오후도 그래요. 거래처 한두 군데 들르거나 사업장 한두 군데 들르면 후딱 갑니다. 어디 바깥에만 있을 수 있나요. 내부 사람들도 틈틈이 만나야죠. 게다가 찾아오는 사람 안 만나줄 수 있나요. 걸려 오는 전화는 또 어떻습니까. 모두들 저만 찾습니다. 처음에는 반갑기도 하지만 나중에는 그런 마음이 싹 사라져요. 정작 해야겠다고 생각한 일은 시작도 못했는데 비서가 저녁 약속에 나가야 할 시간이라고 말해주면 또 허겁지겁 뛰어나가야 합니다. 저녁 약속이라고 해도 친한 친구들과 하는 건 거의 없어요. 일로 만나는 사람들이죠. 접대성 저녁이면 어디 한두 시간 안에 끝나기나 합니까? 흥이 돋궈지면 노래라도 한두 곡 불러야 끝나지. 그렇게 집에 들어오면 몸은 천근만근 노곤해지고, '내가 오늘 뭘 했나' 하는 생각이 속절없이 들지요. 사장에 취임했으니 새로운 비전을 만들고 조직을 바꾸자고 생각하지만 처음에는 손도 못 댔어요. 그런 날이 하루도 아니고 일주일, 10일, 한 달, 두 달이 되면 허탈함을 넘어 뭔가에 쫓기는 기분이 됩니다. 내가 뭔가를 제대로 하고 있는 건지, 엇나가고 있는 건지 내가 서 있는 곳을 모를 때가 많지요."

역시 CEO 출신으로 10년 넘게 '사장' 자리에 있었다는 이에게 들은 얘기도 비슷하다.

"처음에는 정신이 하나도 없어요. 부임하고 상견례 비슷한 게 끝나자 기다리고 있었다는 듯 줄줄이 내 앞으로 뭔가를 들고 오더군요. 결재판에서부터 거래처와의 약속, 출장, 내방객 등등……. '좀 쉬자고' 해도 '이미 회사 차원에서 정해진 일'이라고 하는 통에 어쩔 수 없이 이리저리 따라다닐 수밖에요. 그런데 어느 날 가만히 생각해보니 내가 사장인데 내가 하라는 대로 조직이 움직이는 게 아니고 내가 그들에 의해 움직이고 있더란 말입니다. 그렇게 하다 '이제 좀 적응이 됐구나' 하고 나서 내가 생각한 일을 해보려고 했더니 벌써 연말입디다."

어디 취임 초만 그런가. 손바닥만 한 지하 셋방에서 전선가공업으로 시작해 삼성, LG 등과 어깨를 겨루는 디지털TV를 생산하는 중견 기업으로 성장한 이레전자의 정문식 사장은 '사장이 되려면 하룻밤에 저녁 식사를 세 번쯤 먹어야 한다'고 말한 적이 있다. 일반 사원들한테야 최고급 호텔이나 음식점에서 최고급 요리를 우아하게 맛보는 것처럼 보이겠지만 막상 그 자리에 앉아 있는 당사자는 죽을 맛이다. 퇴임한 한 외국 기업 CEO 출신은 맨바닥을 헤매던 초창기에 '억지로 구토까지 해가면서 저녁 세 끼를 해치워야 했던 적이 한두 번이 아니었다'고 털어놓기도 했다. 배고픈 것도 괴롭지만 배가 부르는데도 꾸역꾸역 음식을 목구멍 안으로 밀어 넣는 일 역시 그 못지않게 괴롭다.

언젠가 만난 한 건설회사 부사장 출신은 '접대 받을 때는 거나하게 취하고 기분 좋게 취해도, 접대하는 쪽이 되면 똑같이 마셔도 취하지도 않는다'면서 '낮에는 현장에서 일하고 저녁에는 술집에서 일하다 보면 어질어질할 때가 한두 번이 아니었는데, 술값 영수증 보고 경리부에서 '좋은 곳만 골라 다닌다'고 하면 피가 거꾸로 솟곤 했다'고 털어놓은 적이 있다. 경영자 노릇 하기 쉽지 않은 것이다.

어쨌거나 이렇게 정신없이 흘러가버리는 하루하루다 보니 결국 리더들은 시간을 다시 생각하게 된다. 시간을 잘 다뤄야 한다는 사실을 깨닫는 것이다. 실제로 성공하는 사람은 대개 시간 관리를 잘한다.

삼성 비서실 출신으로 전경련 부회장을 거쳐 서강대 총장을 역임한 손병두 씨는 '이병철 전 회장은 메모도 잘했지만 시간 관리에 아주 엄격했다'면서 '메모지에 '손 군 20분'이라고 적혀 있으면 딱 20분만 만났다'고 말한 적이 있다. 하루 4시간만 자고 말 등에서 졸았다는 나폴레옹은 '오늘 나의 불행은 언젠가 내가 잘못 보낸 시간이 보복하는 것'이라는 말을 남겼다. 무서운 말이다. 오늘 내가 대충 보낸 시간이 먼 훗날 비수가 되어 나에게 꽂힐 수가 있다는 뜻이니……. 나폴레옹은 또 '가장 중요한 일은 가장 바쁜 사람에게 시키라'는 말도 했다. 가장 바쁜 사람이 가장 긴장을 잘 유지하고 있기 때문이다.

성공은 시간을 어떻게 쓰느냐에 달렸다. 부자가 돈을 잘 벌기보다 잘 쓰는 사람이라면, 성공하는 사람은 시간을 잘 쓰는 사람들이다. 시간을 잘 쓰는 사람들은 시간을 리드한다. 유능한 양치기는 양을 뒤에서 몰지 않고 앞에서 끌고 가듯 이들은 시간을 종종거리며 따라가지 않는다. 망하는 회사, 적자가 나는 회사, 불협화음이 요란한 조직에는 이런 리더가 없다.

리더가 여유를 잃으면 부하들은 사기를 잃는다. 안 되는 조직은 자신의 힘을 쓸데없는 곳에 낭비한다. 이런 조직은 이런저런 낭비를 많이 하지만, 그중에서도 특히 사람 낭비를 많이 한다. 잘나가는 회사의 CEO들이 사람 관리를 잘한다는 특징을 갖는 것은 특별한 일이 아니다.

여유는 누가 만들까

리더에게 가장 피해를 주는 사람은 누굴까? 험담하는 사람? 돈을 축내는 사람? 이도저도 아니면 누굴까? 시간 관리가 곧 성공이라는 맥락에서 보면 리더에게 가장 피해를 주는 사람은 리더의 시간을 빼앗는 사람이다.

아부를 잘하는 이들에게는 천부적인 소질이 몇 있다. 윗사람 모르게 아랫사람 혹독하게 다루기와 윗사람의 여유를 그냥 보고 있지 못하는 것이 그것이다. 틈만 나면 뭔가 결정을 해달라고 가져온다. 물론 그냥 가져오지 않는다. '중차대한 문제'이니 '능력자의 결단'이 필요하고 '친히 강림하는 손길'이 있어야 한다고 한다. 유능함을 극찬하는 나름의 비결이다. 그들은 이렇게 말한다. (어째 시간이 변하고 세월이 변해도 똑같다. 묘한 일이다.)

"혹시 잘못이 있을까 봐 그러는데요."

"저는 능력이 부족해서 그런지 잘 안 됩니다. 사장님은 이 분야의 전문가시니 사장님이 나서면 금방 해결될 것 같습니다."

그러면 윗사람은 자기 능력이 우수한 것으로 착각해서 우쭐해지거나, 아랫사람이 일을 '철저하게, 완벽하게, 신중하게' 하려는구나 생각하게 마련이다. 이런 자기 능력에 대한 '자부심'은 얼마 있지 않아 자연스럽게 눈코 뜰 새 없는 하루가 되고 일에 파묻히는지도 모르게 파묻히게 된다.[72]

일의 핵심을 꿰뚫어 아랫사람이 필요한 행동을 적시에 하게 하는 것이 윗사람의 일이고, 윗사람이 생각할 시간을 만들어 주는게 현명한 아랫사람의 일인데, 윗사람을 눈앞의 일에만 정신없이 매달리게 한다면 이는 그를 자신과 똑같이 청맹과니로 만드는 꼴이나 마찬가지다. 현명한 아랫사람일수록 윗사람에게 생각할 시간을 만들어주어야 하는데 말이다(물론 만들어준 시간을 팽개쳐버리는 리더도 수두룩하다).

성공한 경영자는 늘 자기 시간을 뺏기지 않으려고 노력한다. 자기 능력을 벗어나 사업을 무작정 확장하려는 과욕도 위험하지만, 발등에 떨어진 불에 급급해하는 태도도 위험한 이유가 여기에 있다. 잘나가는 CEO들은 왜 하나같이 회의 시간을 줄이라고 강조할까? 쓸데없이, 그것도 다 같이 모여서 귀한 시간을 한꺼번에 낭비하는 경우가 많기 때문이다. 별의별 명목을 붙여 회의한다고 노닥거리고 저녁 식사 한다고 노닥거리는 아랫사람들을 보는 리더의 가슴은 아리다. 지적하려고 해도 심증뿐이지 '증거'가 없다. 알아서 잘 해주면 좋을 텐데.

리더의 가슴을 태우는 건 '알 만한' 임원들도 마찬가지다. 이름만 대면 고개를 끄덕일 만한 한 인터넷업체의 창업멤버인 이사는 지금도 창업 초기에 자신이 하던 일을 계속하고 있다. 초기에 비하면 회사 규모가 수백 배 커졌음에도 자신에게 익숙한 일을 하고 있는 것이다. 정작 이사인 그가 해야 할 중요한 일은 부하들이 한다. 이 회사는 창업 초기에 우후죽순처럼 성장하다가 M&A가 되어 흔적도 없이 사라지고 말았다. 그가 '창업 멤버'라는 이름으로 얼마나 많은, 영양가 높은 인재를 쫓아버렸는지는 당사자는 모르지만 업계 사람들은 모두 다 안다.

조직을 거느리는 사람의 하루는 여유롭지 않다. 여유는 누가 만들까? 사장이 만들기도 하지만 아랫사람이 만들기도 한다. 하루가 끝나고 자신을 되돌아보는 건 사장만 하는 일이 아니다. 부모의 마음을 헤아려 정성스럽게 대하는 효자 효녀는 주위에서 보듯 대개 좋은 부모가 될 가능성이 높다.

정이 가는 직원

'윗사람의 여유', 이 여유를 어떻게 만들 수 있을까? 그것도 지엄한 더구나 상사의 여유를 말이다. 박용선 (주)웅진코웨이 사장은 '상사 다루기는 의외로 간단하다'며 '부하 다루기보다 훨씬 단순하다'고 말한 적이 있다. 의외인 점은 '상사에게 자꾸 물으라'는 것이다. 그는 이렇게 말했다.

"평사원 시절 나는 윗사람을 귀찮게 하지 않는 게 좋은 부하인 줄 알았다. 상사의 잔소리가 싫었음도 물론이다. 그래서 문제가 있어도 어떻게든 혼자 해결하려 애썼다. 선배에게 뭔가 자꾸 물음으로써 선배가 자기 경험이나 무용담을 자랑스레 펼쳐놓을 기회를 주는 후배가 매사 말 붙일 데 없이 똑부러진 후배보다 낫다는 걸 안 건 한참 후였다."[73]

자존심 있는 사람치고 이런 생각, 이런 경험 한번 해보지 않은 이는 없으리라. 당나귀 앞에 당근을 매달아놓고 앞으로 가게 하는 게 리더의 눈을 가리는 아부자의 도움 요청이라면, 박 사장의 경험은 커뮤니케이션 차원에서 이루어진다는 점에서 그와는 다르다. 그는 '학창 시절 공부 잘하는 학생이 질문도 많이 하듯 상사에게 끊임없이 의문을 던지고 피드백을 해주는 직원이 조직 내에서도 인정받는다'며 아랫사람의 덕목까지 챙겼다.

피터 드러커에 따르면 아랫사람의 덕목은 이렇다. 첫 번째는 상사를 유능하게 하고 공을 세우도록 돕는 것이 자신의 임무이자 자신에게 이롭다는 것을 깨닫는 것이다. 그러자면 수시로 윗사람과 경험 및 정보를 공유해야 한다. 두 번째 덕목은 상사의 장점과 단점, 한계 등을 알아서 대비하는 것이다. 세 번째는 조직의 방향에 대해 상사가 기대하는 것과 어떤 목표에 집중해야 하는지를 확실히 설정하는 일이다. [74]

상사가 앞으로 나아가게 등뒤를 밀어야 하는데, 등의 어디를 밀어야 하는지를 잘 알아서 너무 세게도 너무 약하게도 밀지 말라는 것이다. 또 상사가 가고 싶어하는 방향으로 밀어야 한다는 말이기도 하다. 피터 드러커의 이름을 빌렸을 뿐 현직 CEO이고 2005년 현재 10년 가까이 CEO를 하고 있으니 그 자신 절실하게 느껴오는 대목일 것이다. 너불어 그는 어떤 사람이 CEO의 마음과 머리에 흔적을 남기는지도 짚었다.

조직에선 항상 완벽하게 일을 처리하는 사람도 중요하지만 가끔은 실수를 하고 그 실수를 통해 시행착오를 줄여가는 사람이 오히려 빨리 성장하는 경우를 종종 볼 수 있다. 즉 독단적으로 업무를 수행하는 사람보다 윗사람의 조언과 노하우를 필요로 하는 사람, 상호 의견 교류를 통해 최적의 결정을 내릴 수 있는 사람에게 더 정이 간다는데 어쩔 것인가.

오늘날 상사의 업무는 복잡하고 과중해서 혼자 힘으로 처리할 수 없는 일들이 많다. 이럴 때 아랫사람이 적절한 지원을 할 수 있다면 그 가치는 높게 평가받을 수 있을 것이다. 다시 말하면 상사를 큰사람으로 성장하기 위한 재료로 삼으라는 얘기다. 또한 경험 있는 선배의 가치와 새로운 일에 대한 도전이 가능한 후배의 가치가 적절히 조화된다면 또 다른 시너지 효과를 창출할 수 있다. [75]

CEO 노릇 하기도 어렵지만 부하 노릇 하기도 어려운 시대다.

가난한 사람에게는 많고 부자와 성공한 사람에게는 많지 않은 것은?

가난한 사람에게는 많고 부자와 성공한 사람에게는 많지 않은 게 뭘까? 아니 정확하게는 가난한 사람들은 많이 있다고 생각하지만, 부자와 성공한 이들은 항상 없다고 투덜거리는 것은 뭘까?

'시간'이다. 2003년 12월 24일, 〈월스트리트 저널〉 인터넷판에 재미있는 기사가 실렸다. 텍사스 주립대 경제학과의 대니얼 헤이머메시와 한국인인 이정민 교수의 연구 결과인데, 내용은 '부자들일수록 시간에 대해 불평을 더 많이 한다'는 것이다.[76]

두 경제학자는 4개 대륙의 커플들이 느끼는 직장일 및 일상 잡무와 스트레스의 상관관계를 수학적인 방법으로 조사해 전미경제연구소(NBER) 보고서에 발표했는데, 대상 국가는 미국, 호주, 캐나다, 독일, 그리고 한국이었다.

조사 내용 중 눈길을 끄는 대목은 시간에 쫓기며 살고 있다고 불평하는 사람들 가운데 특히 고소득 가정이 많다는 것이다. 똑같은 시간을 직장과 가정에서 쓰면서도 고소득층은 더 여유 없이 쫓기면서 살고 있다는 얘기다.

사장으로 산다는 것

그라운드의 CEO, 감독이라는 자리

> 야구는 마인드 게임이다.
> 90% 이상이 마인드이고 나머지 10%만이 실력과 체력이다.
> – 요기 베라77)

코끼리 목숨과
파리 목숨

언젠가 한 야구감독의 일대기를 다룬 프로그램이 있었다. 주인공은 평생 야구와 함께해온 김응용 당시 삼성라이온즈 야구단 사장이었고, 그는 이 프로그램에서 아주 '쇼킹'한 얘기를 했다.

"새로운 인생의 기회가 주어진다고 해도 야구감독은 두 번 다시 하지 않을 겁니다."

이게 대체 무슨 말인가. 그는 진지한 얼굴로 무겁게 입을 열었다. 비스듬하게 누워 리모컨을 만지작거리며 TV 채널을 이리저리 돌리던 나도 몸을 벌떡 일으켰다. 그가 털어놓은 속내는 예상 밖이었다.

"야구감독으로서의 삶은 피 말리는 긴장과 스트레스의 연속입니다. 하루살이나 파리 목숨과도 같은 삶이었어요. 바쁘다고 가족과 친구들을 멀리할 수밖에 없었고, 경기 성적에 대한 책임을 지기 위해 늘 양복 안주머니에 사표를 넣고 다녔습니다."

 야구는 몰라도 '김응용'이라는 이름 석 자를 모르는 사람은 별로 없다. 그는 야구로 인생을 살았고 이름을 날렸다. 50여 년 동안 야구에 몸을 담았고 그중 33년을 감독으로 있었다(1973년 그는 서른두 살에 한일은행 야구팀 감독에 올랐다). 한국시리즈 통산 10회 우승이라는 전무후무한 기록을 달성한 데 이어 감독 출신으로서는 이례적으로 구단 사장에 오르기까지, 그는 '코끼리'라는 별명을 달고 다니며 한국 야구 역사를 새로 써왔다. 그런 그가 감독이라는 자리가 너무나 고통스러웠다고 털어놓고 있었다. 하루살이이고, 파리 목숨이라니……. 둘 다 '코끼리'와는 비교도 안 되는 곤충들 아닌가. 하지만 코끼리의 진지한 고백은 코끼리의 몸무게만큼이나 무거웠다. 여반장如反掌할 말이 아니었다. 도대체 감독이라는 자리가 뭐길래 저리도 긴 한숨을 토해내는 것일까?

 우리는 야구를 재미로 보고 스트레스를 풀기 위해 본다. 하지만 그라운드를 '밥상'으로 여기며 살고 그곳에 인생을 건 이들은 그라운드에서 스트레스가 쌓인다. 이 그라운드를 두고 날마다 전쟁을 벌이는 야구감독에 대해 이야기한 《김응용의 힘》이라는 책이 있다. 오랫동안 스포츠 기자로 현장에 '종군'한 저자는 해박하고 '묵은' 지혜와 식견으로 '야구감독 김응용'을 지켜본 경험을 책장마다 흥미진진하게 펼쳐놓고 있다. 사람을 다루고 이기고 지는 싸움을 하는 곳이면 어느 곳이나 통용되는 것들도 같은 모양이다. 예를 들어, 저자는 감독에 대해 이렇게 말한다.

"감독은 허허벌판의 야전사령관이다. (……) (전쟁터의) 장군들은 야구장의 감독들보다는 행복하다. 웬만하면 자신은 해임되지 않고, 병사들은 죽지 않은 이상 사라지지도 않는다. 제한적이지만 전쟁 중에 결원 보충도 있고 후방 부대의 혹은 타 부대의 지원을 기대할 수 있다. 그러나 감독은 아니다. 혼자서 결정하고 혼자서 책임져야 한다. 전쟁 중이라고 할 수 있는 시리즈 중에는 웬만해서는 결원 보충도 없다. 스토브 리그에서 뽑은 병사들과 전투에 나서야 하고 (……) 선수들에게 군인들처럼 명령 불복종 죄를 적용할 수도 없다. 전투 중 다치면 다치는 대로, 더러 선수가 입원하면 그대로 시리즈를 치러야 한다. 낙도에 외롭게 떨어진 분대급 부대 같다. 물도 없고 식량도 없다. 총알도 없는데 적은 수도 없이 밀려드는 경우도 있다. 전쟁터에서 병사들의 보고를 받고 지휘부가 장군을 해임하지는 않는다. 하지만 한국 야구에서는 선수들과의 마찰로 경기 중에 감독이 해임당한 적도 있었다. 목숨을 걸었느냐의 문제를 제외하면 전쟁터 장군보다는 야구 전쟁터의 감독들이 힘든 면이 많다."[78]

저자는 책 한 권 내내 제목과 같은 김응용의 힘과 감독이라는 자리와 역할에 대해 풍부한 사례와 오랜 시간을 두고 지켜본 경험으로 말한다. 저자는 '승부의 세계에서 감독의 목숨은 파리 목숨보다 못하다'며 '오늘 멀쩡히 운동장에 나갔다가도 돌아올 땐 실업자가 될 수도 있다'고 감독의 어려움에 대해 말한다. '심한 경우 경기 중에도 경질되는 것이 감독이라는 직업이다. 그래서 감독은 모두 사이코라는 말이 있다'고 애환을 설명한다. 또 '애간장이 없다는 감독도 있다는 소리도 있다. 신경을 너무 쓰는 바람에 애간장이 녹아버렸거나 타버렸기 때문이다'. 그렇다면 이 '파리 목숨'의 '코끼리 감독'은 어떻게 30년이나 꿋꿋하게 버텼을까?

"첫 번째 방법은 선수들과의 관계이다. 바로 불가근불가원不可近不可遠이다. 다른 사람하고는 이야기를 잘하면서도 자기 선수들에 이르면 그만 입을 꼭 다물고 만다. 사복 차림으로는 웃어야 할 때 웃지만, 유니폼일 땐 웃음을 거두고 만다. 또 웃다가도 선수들을 보면 삽시간에 안면을 바꾼다. 그 때문에 '이중인격자'나 '변태'라는 말까지 들었다. 그럼에도 그가 선수들과 사적인 이야기를 하지 않는 이유는 말이 또 다른 말을 부르고 결국 그것으로 인해 오해의 소지가 발생할 수 있기 때문이다."[79]

실제로 김응용 전 감독은 사람 관리, 말 관리에 철저했던 모양이다. 해태타이거즈의 감독을 처음 맡았을 때 그는 전 세계 주니어미들급 챔피언이었던 김기수 씨와 나누는 술잔에서 유일한 즐거움을 찾곤 했다. 그런데 어느 날 알고 보니 그는 당시 에이스급 투수였던 이상윤의 장인이었다. 이상윤은 국가대표 출신이었지만 그런 그에게도 말이 돌았다. '장인 잘 둔 덕분에……' 김 전 감독은 그 순간부터 김기수 씨를 멀리했다고 저자는 적고 있다. 이후 선수들과 관련된 사람들과의 사적인 모든 접촉을 끊었다는 것이다.

　시즌이 끝나고 선수들이 일상적인 인사를 와도 문 앞에서 돌려보냈다. 저자는 이에 대해 '권력은 독대에서 발생한다'는 교훈을 추출해낸다. 독대한 사람들끼리는 아무 말 없었더라도 독대하지 않는 자는 그 자리를 보면서 수만 가지 생각을 한다는 것이다. 독대한 자의 웃음은 그 자리에 끼이지 못하는 사람에게 비수가 되는 까닭이다. 감독이라는 자리가 섬뜩해질 정도다.

　그는 진짜 강심장을 가진 사나이일까? 어느 누가 대들어도 눈 하나 깜짝 않을 강심장. 하지만 경기에 이르면 그는 새가슴이 되고 만다. '새가슴'이라는 표현은 김 감독이 가장 싫어하는 말 중 하나지만 그것 또한 살아가는 방법 중 하나이기도 하다. 어쩔 수 없는 것이다. (……) 경기 중 승부처에 이르면 김 감독은 말 그대로 좌불안석이다. 손이나 발을 가만두지 못하고 얼굴 표정도 수시로 바뀐다. 아주 결정적인 순간엔 고개를 돌리기도 한다. 그러면서도 지시를 내리고 작전을 거는 등 할 건 다 한다. TV 카메라가 오면 못 본 척하고 딴청을 피운다. 절대 자신의 속내를 드러내는 표정을 짓지 않는다. 무표정. 그러나 평소 바로 곁에서 지켜보면 좌불안석이다.
　패한 경우보다 이긴 경우가 더 많은 감독. 지는 일에 대범할 것 같지만 절대 그렇지 않다. 왜 졌는지 그 이유를 밤새 따진다. 덩치가 크고 호탕해 보여서 속이 태평양처럼 넓은 것 같지만 승부에 대해서는 동네 앞을 흐르는 도랑물도 되지 않는다.

"경기에 지면 밥을 안 먹는 경우도 있다. 특히 작전이 제대로 시행되지 않았을 땐 앞뒤 보지 않고 곧장 숙소로 향한다. 엄청난 대식가인데 그럴 땐 어떻게 배고픈 걸 참는지 모르겠다. 그때 빵이라도 사 가면 어린 애처럼 좋아한다."

최윤범 전 해태 단장의 말이다. [80]

승부사의
보이지 않는 세계

야구계에서 용장勇將으로 소문난 김응용 전 감독이 이러했다면 덕장으로 알아주는 김인식 감독은 어떨까?

2004년 한화의 성적은 8개 구단 중 7위. 괜찮은 전력인데 실수로 나온 성적이 아니었다. 있는 그대로의 실력이었다. 내세울 선수도, 믿을 만한 기둥도 없었다. 허술한 내야진에 팀 방어율 꼴찌(8개 구단 중 유일한 5점대 방어율)의 나약한 마운드. 한화이글즈에는 다른 구단에서 버린 선수, 아픈 선수, 슬럼프에 빠진 선수들로 가득했다. 스타는 물론 없었다. 그는 오기 전 젊은 투수들이 많아 괜찮겠다는 생각을 했지만, 막상 와서 보니 모두 아프다고 드러누워 있었다. 이 전력으로 그는 2005년 초 안팎으로 공히 '꼴찌 1순위'였던 한화를 페넌트 레이스 4

위, 그것도 5위와 한참 거리가 먼 4위로 올려놓았다. 그리고 한국시리즈에서는 SK를 이기는 이변을 연출하며 3위에 올랐다.

프로야구는 하루하루가 전쟁터. 전쟁터에서는 이겨야만 생존이 가능하다. 이런 곳에서 덕으로 생존한다는 것은 흔치 않기도 하지만 어려운 일이다. 힘으로 누르는 것은 쉽다. 하지만 오래가지 못한다. 덕은 뿌리를 내리면 오래가지만 뿌리를 내리는 데 걸리는 시간이 만만치 않다. 그 사이에 게임이 끝나버릴 수도 있다.

조직을 이끌어본 이들은 알겠지만 덕은 웬만큼 기반이 갖춰져야 빛이 난다. 한화는 그런 상황이 아니었다. 그가 더 주목을 받는 건 타 구단에서 버린 선수를 데려다 '굵은 재목'으로 쓴다는 사실이다. '재활용품 공장장'이라는 별명도 그래서 얻었다. '공포의 외인구단'을 연상시키는 2005년 한화의 부활은 재활용품 공장장의 진가를 다시 한 번 보여주는 증거라고 할 수 있다.

그는 한국 야구계가 인정하는 덕장이다. 야구를 아는 사람이라면 덕장 리스트에 그를 첫째로 올리지 않을 수 없을 정도로 그의 이미지는 확고하다. 덕장 리스트에는 아무나 오르는 게 아니다.

덕장은 덕으로 다스려야 한다. 그렇다면 덕은 뭘까? 요즘엔 누구나 쓰는 네이버 사전에는 '윤리적·도덕적 선善에 대한 의지의 항상적 지향성恒常的志向性 및 선을 실현하는 항상적 능력'이라고 나와 있다. 무슨 말인지 모를 것이다. 나도 그렇다. 우리가 아는 덕은 인격의 동의어이다. 인격으로 이끈다는 말이다. 날마다 지고 이기는, 군대로 치면 죽이지 않으면 내가 죽어야 하는 곳에서 과연 이런 말이 통용이 될까? 된다. 그에게는 몇 가지 특징이 있었다.

그는 흐름을 본다. 사시사철을 겪어본 이들은 봄이 가면 여름이 올 줄 안다. 그도 그렇다. 승부를 걸어야 할 시점과 포기해야 할 시점을 안다. 포기를 해도 그냥 하지 않는다. 의미 있는 포기를 한다.

한화가 9연승을 달리고 있던 2005년 6월 15일 기아와의 광주전 때 일이다. 1승만 더하면 한화는 두 자릿수 연승을 달릴 수 있었다. 그런데 2회 타석에 들어섰던 4번 타자 김태균이 허리 통증을 호소했다. 그리 큰 부상이 아니라 경기 출전에는 문제가 없었다. 김태균도 '뛸 수는 있다'고 말했다. 하지만 김 감독은 김태균을 4회 교체시켰고, 한화는 이날 기아에 패해 9연승을 마감했다. 후에 김태균은 '그날 경기를 뛰었다면 허리가 악화돼 3, 4경기는 뛰지 못했을 것'이라면서 '다른 감독님 같았으면 10연승을 앞에 둔 상황에서 주전 선수를 교체한다는 게 쉽지 않았을 것'이라고 말했다. 경기는 졌지만 그는 쉽게 잊지 못할 마음을 얻었다. 버리긴 하지만 더 큰 것을 건져내는 김인식. 그에게 그렇게 할 수 있는 방법을 물었다.

"보는 눈이 있어야 합니다. 아, 저 선수는 이것만 챙겨주면 될 것 같다, 이런 거 말입니다."

그렇다고 돋보기를 들이대지는 않는다. 선수들을 훈련시킬 때도 이래라 저래라 하지 않는다. 선수들이 죽을 고통을 참고 있을 때(선수들은 시즌보다 겨울 훈련 때가 훨씬 힘들다) 어슬렁어슬렁 뒷짐지고 운동장한 바퀴 도는 게 전부다. 하지만 그와 지내본 선수들은 안다. 그의 뒤통수에도 눈이 달려 있다는 것을. 누가 어떤 컨디션이고, 무슨 생각을 하고 있는지까지 그는 다 살핀다.

2005년 4월 말 청주 구장에서의 일이다. 당시 이도형 선수는 시즌 초기 슬럼프에 빠져 2할대의 부진에서 좀처럼 헤어나지 못하고 있었다. 그날도 못 나갈 게 뻔했다. '에라 모르겠다', 그는 덕아웃 뒤쪽에서 늘어졌다.

"야, 이도형! 장인, 장모님이 오셨다면서? 너, 오늘 4번이다."

귀를 의심했다. 감독이었다. 그날 이도형은 4타수 3안타 6타점을 올려 승리의 일등공신 역할을 했다. 그날 이후 슬럼프는 어디론가 가고 없었다. 그날 선수들은 아무 말도 하지 않았다. 감독도 말이 없었다. 하지만 선수들은 잊지 않고 있었다. 아니 마음에 새기고 있었다. 감독의 마음씀씀이가 언젠가 자신들에게도 향하리라는 것을 알기 때문이다. 믿음은 감동과 눈물을 먹고 자란다. 누가 뛰지 않을 수 있겠는가.

그는 이런 '보는 눈'을 활용해 두산 시절부터 지금까지 '남들이 내다버린' 선수들을 데려다가 훌륭하게 활용하고 있다. 2000년 조계현(삼성에서 FA로 풀림), 2002년 최경환(LG에서 방출), 2003년 정성훈(삼성에서 방출)과 손시헌(연습생으로 입단), 2005년 김인철(기아에서 방출) 등을 받아들여 쓰러져가는 집의 기둥으로 세운 그는 같은 해 5월 5일 전직 빵집 사장이자 방송해설가로 야구계 주변을 돌던 풍운아 조성민까지 끌어들였다. 야구를 접고 대전고에서 지도자 생활을 하던 지연규도 불러들여 마무리로 앉혔다. 이뿐인가. 자기 입으로 '투수도 아니었다'고 고백한 2004년 0승 투수 정민철을 재기시켰고, 김해님(6승)·최영필(7승)도 이미 자신의 시즌 최다승 기록을 갈아치웠다. 2004년 15패(4승) 투수 문동환도 2005년에는 정민철과 더불어 팀 내 최다승(8승) 투수로 거듭났다. 송진우가 부상으로 이탈한 적이 있었지만 한화의 상승무드는 꺾이지 않았다. '이적생들을 너무 편애한다'는 말이 있기는 하지만 '믿음과 신뢰'에 묻힌다. 바로 여기에 그의 진면목이 있다.

그렇다고 아무에게나 무조건 베풀지는 않는다. 그는 선수들에게 충분한 기회를 준다. 마음 편하게 해주고 하고 싶은 대로 하게 한다. 웬만한 잘못은 못 본 척 넘어간다. 하지만 팀의 인화를 깨트리거나 노력하지 않은 선수에게는 '칼을 숨긴 덕장'이 된다. 표정 하나 변하지 않고 단칼에 승부를 낸다. 실수가 쌓이는데도 반성하지 않으면 냉혹하게 판단한다. 김 감독의 또 다른 모습, 승부사적 기질이다. 실제로 김 감독은 프로야구계의 소문난 '타짜'다. 포커나 고스톱 실력을 당해낼 사람이 많지 않다. 그래서 얻은 별명이 '포커 페이스'. 하일성 KBS 야구해설위원은 '겉으로 보기엔 조용하지만 승부사 기질이 있는 사람'이라고 김인식 감독을 말한다.

바로 여기서 우리는 리더로서의 그의 세 번째 모습을 볼 수 있다. 믿을 줄 알고 기다릴 줄 안다는 것이다. 흐름을 읽는 눈이 있는 그만이 할 수 있는 노하우다. 마치 계절과 바람의 속성을 안 제갈공명이 기다림을 이용한 끝에 적벽대전을 승리로 이끌었던 것처럼 그 또한 그렇다. 간혹 채찍이 필요할 때 나서는 것은 코치들이지 감독이 아니다. 그는 그저 곁에서 묵묵히 지켜볼 뿐이다.

"일단 선수들에게 맡깁니다. 편안하게 칠 수 있게 해줘야죠. 정확히는 모르지만 쓰리볼에서도 홈런이 몇 개 났어요. 그러면 선수들은 신이 납니다. 이게 보이지 않는 작전입니다."

그는 작전다운 작전을 쓰지 않는 감독으로 유명하다. 대신 그는 '마음껏 치라'고 한다. 물론 조건은 있다. '나쁜 볼은 절대 치지 마라.' 내야수 이범호는 '무사 1루에서도 더블 당하면 안 되니 멀리 쳐서 혼자 죽든지 삼진당하라고 말씀하신다'며 '그렇게 말씀해주시니 자신 있게 방망이가 나간다'고 말했다. 김 감독도 몇 번이나 자랑했다.

"지금 우리가 팀 홈런 1위예요. 희생번트는 아마 가장 적을걸요."

감독의 과감한 믿음은 선수들에게 자신감이 된다. '풍운아' 조성민은 아마 김 감독의 이런 스타일을 가장 훌륭하게 대변하는 예다.

"아직 서른둘밖에 안 됐는데 하고자 하는 열망이 강하잖아요. 자꾸 부정적으로 보려 하지 말고 장점을 봐야 해요."

지연규에 대해 우려를 했을 때도 그는 '얘가 우리 팀에서 공이 제일 빨라'라는 말로 되받아쳤다. 지연규는 올 2005년 시즌 19세이브를 성공시키면서 서른여섯 나이에 올스타로까지 선정됐다.

야구 기자들에게 그의 말은 '촌스럽다'로 통용된다. 실제로 그를 만나 들어보니 '이해'가 갔다. 하지만 촌스럽게 말하는 것을 촌스럽게 들었다가는 큰코 다친다. 그는 말을 아끼고 웬만하면 침묵한다. 하지만 입만 열지 않았지 그는 항상 말한다.

침묵은 교묘한 또 하나의 언어다. 길목에서 사냥감을 기다리는 사냥꾼에게 말은 군더더기일 뿐이다. 그를 아버지처럼 따르는 선수들이지만 그의 말없음을 무서워하는 이들이 많다. 미식축구 슈퍼볼 우승 트로피 '롬바르디 컵'의 주인공이기도 한 빈스 롬바르디가 '리더는 부하들과 간격을 결코 좁힐 수 없다. 좁힐 수 있다면 그는 더 이상 리더로서의 역할을 해내지 못한다. 리더는 동료의식과 지도력 사이에 놓인 외줄 위를 걷지 않으면 안 된다'고 했던 말을 연상시키게 하는 '원칙'이다. 하지만 의도적으로 하지는 않는다.

대신 그는 가슴으로 이끈다. 조직을 이끌어본 이들이라면 이 말이 얼마나 어려운 의미인지 안다. 힘과 지시는 쉽다. 하지만 선수들을 스스로 따라오게 하는 건 힘과 지시가 아니다. 대신, 기다려야 한다. 선수들이 마음으로 이해해야 한다. 어렵고 지난한 과정이지만 일단 움직여놓기만 하면 그 다음부터는 자동이다. 가만히 둬도 움직인다. 하지만 이 과정에서 리더는 애간장이 다 녹는다. 지난해 2004년 12월에 뇌졸중으로 쓰러진 건 애간장과 무관하지 않을 것이다. 두산에서 김 감독과 7년을 지낸 후 은퇴해 사업을 하고 있는 박철순 씨는 기자와의 전화통화에서 '짧게 한마디씩 조용하게 말하는 게 때리는 것보다 더 무서웠다'며 '가식이 아니라 인간적인 성품에서 우러나오기 때문에 꼼짝할 수 없다'고 말했다.

"한 선수 때문에 졌다고 해도 잊어야죠. 뭐라고 한들 게임이 다시

옵니까. 누구나 실수는 있는 겁니다. 빨리 잊고 내일 또 나서야죠. 저도 과거에는 '너, 말이야' 하곤 했지만, 그게 아니더군요. 다독여주는 게 더 효과가 커요. 머리로 하면 안 됩니다. 끝까지 인간적이어야 해요. 못하는 선수는 감독 책임입니다. 선수 책망하지 말고 (자신이) 부끄러운 줄 알아야 해요."

믿어야 하고 기다려야 하는 덕장 김인식. 하지만 이렇게 하기 위해서는 모르긴 몰라도 속이 썩을 만큼 모든 것을 삭혀야 할 것이다. 머리가 아플 정도로 고민해야 하고 가슴으로 껴안아야 한다. 그럼에도 머리 회전은 숨겨야 한다.

2004년 12월 청주에서 있었던 마정길 선수의 결혼식에 갔다가 몸에 이상을 느낀 그는 다음 날 병원에서 '당장 입원하라'는 의사의 말을 들어야 했다. 뇌경색이었다. 입원한 후 몸의 반쪽이 굳었다. 그 전에는 병을 모르는 사람이었던 그에게는 충격이었다. 그는 인터뷰에서 '피로 누적'이라고 했다. 하지만 언급했던 것처럼 훈련장에서 그가 하는 일이라고는 뒷짐을 진 채 어슬렁거리며 운동장을 한 바퀴 도는 것이었다(적어도 선수들 눈에는 그랬다). 오죽했으면 선수들 사이에서 '저러고도 월급 받을까?' 하는 말이 나왔을까.

그러나 뇌경색, 쉬운 말로 중풍은 스트레스에 의한 것이었다. 무슨 말일까? 선수들에게는 '어슬렁 뒷짐'으로 보여도 그의 마음과 머릿속은 하루 내내 몸살을 앓는 것처럼 끙끙거렸다는 의미다. 스타일 상 용장보다는 덕장 쪽에 가까운 그였기에 감내해야 할 무게는 더 컸을 것이다. 아무도 모르는 자신과의 싸움이었기 때문이다. 그 싸움에서 그는 이겼다. 3, 4년씩 병원에 입원한 '선배 환자'들이 물리치료 코치로 나섰지만, 한 달 뒤 병원을 나선 사람은 그뿐이었다. 혼자 결정하고 혼자 책임져야 하는 감독 그 이상의 무서운 집념이고 독한 기질이다. 하지만 그는 어제도 오늘도 여전히 덕장이다. 이 시대의 모든 리더들이 배워야 할 외유내강이다. 그런 그에게 감독이라는 자리에 대해 물었다. 말이 없거나 대답이 짧은 그가 이런 말을 했다.

"안 될 때는 이 세상에서 가장 외롭고 고독한 사람이지만 잘될 때는 세계 최고의 성취감을 맛볼 수 있는 자리죠."

뭐가 그렇게 외롭고 힘들었을까?

"쌍방울 창단 감독을 했는데 워낙 약하게 출발한 팀이라 많이 졌어요. 어느 날인가 7회부터 비가 오더니 이기고 있던 경기가 슬슬 뒤집히는 겁니다. 결국 역전패를 했죠. 유니폼을 입은 채로 방에 들어가 불도 켜지 않은 채 소파에 앉았는데 '왜 졌을까' 하는 생각이 들더군요. 잠시 생각하고 비에 젖은 옷을 갈아입을 생각이었어요. 아, 이렇게 했더라면 좋았을 텐데, 하면서 '조금' 있다가 불을 켜보니 글쎄 새벽 4시가 됐더군요. 초저녁부터 그렇게 앉아 있었던 겁니다."

그는 "젊었을 때는 술이라도 한잔 하면서 잊으려고 했는데 요즘은 (뇌졸증 후유증으로) 그럴 수도 없다"면서 "감독 초기 시절에는 잊으려고 술을 마시면 더 (진 경기) 생각이 나 힘들었다"고 기억을 더듬었다.

"모든 게 한 순간이죠. 날마다 이길 수는 없잖습니까. 그래도 잠깐잠

간 누리는 기쁨이 야구하는 맛입니다. 그래도 외롭고 고독한 날이 더 많지."

하지만 승부의 칼날 위에 선 감독으로서 억울하게 진 경기 생각이 나지 않을 수 있을까? 그러자 그는 "속으로는 분통이 터지지만 삭이지 않고 잊지 않으면 서로 손해"라는 말을 했다. 과거보다는 미래가 중요하다는 것이다. 그는 프로야구 사상 다섯 번째로 700승을 달성했던 6월 주위 사람들에게 이런 말을 했다고 한다.

"야구감독으로 제대로 된 역할을 하려면 300승 300패는 해봐야 할 것 같다. 이제서야 야구가 뭔지 조금 알 것 같다."

정말이지 300승 300패 정도를 해야 저 정도가 될 수 있을까. 그의 목소리는 여전히 위압적이지 않고 '촌스러움'에 가까웠지만 그에겐 범접 못할 뭔가가 있었다. 정상의 고독을 이겨낸 덕분이리라.

남자로 태어나서 해볼 만한 직업이라고?

　　　　　　　　　　　　　　　　　미국 메이저리그에서 감독은 매니저 Manager 로 불린다. '경영자'와 같은 의미다. 실제로 감독이 신경 써야 할 일은 한두 가지가 아니다. 리더십, 구성원들의 장단점 파악, 비전 제시, 외부 환경 변화에 대한 올바른 대처를 통해 가장 효율적으로 목표 달성을 이루어내야 하는 것들이 주어진 업무이다. 또한 정치력도 갖고 있어야 하므로 인간의 능력을 넘어서는 고난도 업무이기도 하다.[81]

　　김응용과 김인식. 한평생 '야구 전쟁'을 치른 두 전직 감독을 보며 드는 생각은 어디에서나 리더의 어려움은 비슷하다는 것이다. 그것은 리더가 일과 사람이라는 두 명제에 항상 부딪치기 때문일 것이다. 일은 실력으로 풀어야 하고 사람은 잘 이끄는 것으로 해결해야 한다. 덕장이

든 용장이든 목표는 승리하는 데 있다. 승리하지 않은 덕장과 용장은 필요가 없다. 리더라는 자리는 그래서 냉혹한 세계다. 이겨야 인간적인 생활을 할 수 있는 곳, 그 옛날 로마의 검투사들이 싸웠던 콜로세움과 뭐가 다를까?

소설가 고원정 씨는 소설도 잘 쓰지만 스포츠에도 일가견이 있는 전문가다. 언론에 쓰는 칼럼을 보면 웬만한 전문가는 저리 가라 할 정도다. 그가 어느 날 신문에 게재하는 자신의 칼럼에 '감독이라는 자리'라는 제목의 글을 썼다. 그는 '남자로 태어나 해볼 만한 직업'에 대해 자신의 경험을 털어놓았다. 오랜만에 보는 명 칼럼이었다. 소개해볼까 한다.

30년도 더 지난 얘기다. 가당찮게도 나는 고등학생의 신분으로 제주도 어느 초등학교 여자농구팀의 코치를 맡고 있었다. 우리 팀은 제1회 스포츠소년대회(소년체전을 처음에는 이렇게 불렀다) 제주도 예선의 결승전에 진출했다. 라이벌 팀과의 결승전은 한두 점 차의 리드를 주고받는 치열한 접전이었다.

그런데 아뿔싸, 경기 종료 3분 정도를 남겨놓고 동점인 상황에서 우리 팀의 주전 가드인 A가 5파울 아웃을 당하고 말았다. 가슴이 미어지는 느낌으로 나는 벤치를 돌아보았다. 그 자리에 들어갈 수 있는 선수는 B와 C. 그런데 둘의 반응은 딴판이었다. 보다 기량이 나은 B는 슬며시 시선을 피해버렸고, 실력이 떨어지는 편인 C는 두 눈을 빛내며

나를 바라보고 있었다. 순간 나는 C의 온 가족이 응원을 나와 있다는 사실까지 떠올리지 않을 수 없었다.

당시로서는 드문 일이었다. C는 그러니까 이렇게 말하고 있는 셈이었다. '가족이 저렇게 보고 있는데 후보로 벤치만 지키면 무슨 창피인가, 내보내주십시오, 잘할 자신이 있습니다⋯⋯.' 나는 결단을 내리고 C를 내보냈다. 감독이라는 이름만으로 옆에 앉아 있던 담당교사가 깜짝 놀라는 눈치였지만, 나는 나의 직감을 믿었다.

그러나 직감은 무슨 직감? C는 실책을 연발하며 경기를 망치고 말았다. 패스미스에, 백보드를 넘어가는 어처구니없는 슛에, 잇단 파울에⋯⋯. 순식간에 점수차는 6점으로 벌어졌고, 부랴부랴 B로 교체했을 때는 이미 승부가 난 다음이었다. 더욱 안타까운 것은 남은 시간 동안 B가 C는 물론, A까지도 능가하는 좋은 플레이를 보여줬다는 점이다. 결국 경기를 망친 사람은 C가 아니라 C를 선택한 나였다.

어느 종목, 어느 수준의 경기에서나 감독은 이렇게 어려운 자리다. 또 아직 휴대전화가 대중화되기 전이었으니, 1980년대의 어느 날엔가 들은 얘기인 듯싶다. 감독이라는 직책에 회의를 가질 때가 없느냐는 질문에 어느 프로야구팀의 감독이 이렇게 대답했다.

"경기에서 크게 졌을 때는 차라리 괜찮다. 꼭 잡아야 할 경기를 한두 점 차로 아깝게 놓치는 날은 정말로 속이 많이 상한다. 그래서 술을 마시고는 숙소인 호텔로 들어가는데 로비 한쪽에 있는 공중전화에서 선수들의 목소리가 들려온다. 오늘 경기에서 내가 홈런을 두 개 쳤다, 혹은 안타를 몇 개 쳤다……. 팀은 패했는데 선수들은 자기 아내나 애인들에게 개인 성적을 자랑하고 희희낙락하고 있는 것이다. 바로 이럴 때 감독이란 직업에 회의를 느낀다."

감독이란 이렇게 외로운 자리다. 단칼에 베어내듯 해고라도 당할 때면 다시는 운동장을 돌아보기가 싫어질 정도로 만정이 떨어질 만도 하다.

그럼에도 감독이란 매력 있는 자리임에 틀림없다. 물러날 사람이 물러난 그 자리만큼 들어올 사람들이 끊임없이 들어온다. 물러나는 소감이 착잡하면 할수록 들어오는 사람들의 변은 장밋빛이다.

또 지금도 수많은 이들이 언젠가 찾아올 기회를 노리며 내공을 쌓고 있는 중이다. 내로라하는 스타플레이어들이 우글거리는 팀을 말 한 마디, 손짓 한 번으로 지휘하는 자리. 승리하면 돈과 명예가 보장되고, 패배할 때는 무한책임을 져야 하는 자리. 그래서 누군가 이랬다지 않은가.

"남자로 태어나서 영화감독과 스포츠팀의 감독은 한번 해볼 만하다."[82]

 누가 더 어리석을까

혜안을 갖춘 리더가 얼마나 시달림을 당해야 하는지, 그리고 그 시달림이 어떻게 달디단 과실로 변하는지에 대한 좋은 본보기가 있다. 알래스카다.

알래스카는 광활하다. 미국 본토의 5분의 1, 한반도의 7배, 남한의 15배에 이르는 땅이다. 미 합중국에서 가장 면적이 넓은 주州다. 빙하 등 거대한 대자연의 위용을 접할 수 있는 몇 안 되는 곳이다. 주민은 65만 명에 불과하지만, 금·석유 등 천연자원이 풍부할 뿐더러 미국의 전략적 요충지다.

미국은 1867년 알래스카를 720만 달러에 사들였다. 1에이커(약 1224평)에 2센트 꼴이었다. 그 무렵 미국 여론은 알래스카 매입에 부정적이었다. 하지만 당시 미 국무장관 윌리엄 시워드는 '눈 덮인 알래스카가 아니라 그 안에 감춰진 무한한 보고를 보자. 우리 세대를 위해서가 아니라 다음 세대를 위해 그 땅을 사자'고 외치며 의원들에게 열심히 로비를 한 끝에 상원에서 겨우 한 표 차이로 알래스카 매입안을 통과시킬 수 있었다. 반면 러시아는 쓸모 없는 땅을 비싼 값에 잘 팔았다며 협상단에 보너스까지 지급했다.

시워드 장관은 생전에 줄곧 알래스카 때문에 시달렸다. 알래스카는 시워드의 아이스 박스라는 비아냥이 뒤따랐고, 실패한 거래를 뜻하는 말로 '시워드의 어리석은 짓Seward's folly'이라는 용어가 만들어질 정도였다. 그러나 30년 뒤 알래스카에서 금광이 발견되고 20세기 들어 석유 매장 사실까지 밝혀지면서 알래스카는 미국의 보물로 탈바꿈했다.
여론과 미래에 대한 비전이 충돌할 때 사례로 제시되는 게 시워드의 알래스카 매입이다. 시워드가 여론을 의식하거나 미래에 대한 비전이 약했다면 알래스카는 지금 미국 지도에 존재하지 않을 것이다.[83]

뭇사람들은 당장 눈앞을 보고 걱정하지만 리더는 먼 곳을 보아야 한다. 리더의 고민은 앞을 먼저 본 대가다. 괜찮은 결정은 고민의 소산이라면, 현명한 결정은 심사숙고의 결과다. 미래를 위한 결정은 대개 무시당하고 팽개쳐지기 일쑤며 알아주지 않는다.

사장으로 산다는 것

12

리더, 그들도 사람이다

다쳐보지 않은 사람은 남의 흉터를 보고 웃는다.
- 셰익스피어

서운하고 **섭섭하다**

언젠가 LG전자에서 부장급 이상 부서 책임자인 그룹장 100명에게 '리더로서 회사 생활이 가장 힘들 때는 언제인가'를 물었다. 결과는?

1위는 '부서원이 고충을 몰라줄 때'(29%)였고, 2위는 '회사가 비전을 제시하지 못할 때'(24%), 3위는 '부서 내 갈등을 해결하지 못할 때'(13%), 4위는 '부서원의 고민을 해결해주지 못할 때'(11%)였다.

내가 보기에 2위만 제외하고는 사장들의 고민과 하나도 다른 게 없다. 상사들이 알아주지 않는다고 직원들은 푸념하지만 리더들도 같은 푸념을 한다. 리더이기에 먼저 알아주고 먼저 챙겨주고 더 많이 고생해야겠지만, 그런 리더의 고충도 만만치 않음을 직원들이 알아주길 바라는 마음은 마찬가지다. 또 다른 형태의 인정받고 싶은 마음이다.

사실 리더도 직원들에게 서운하고 섭섭한 일이 한두 가지가 아니다. '아이리버'라는 MP3 플레이어로 그야말로 혜성처럼 떠올랐다가 사라진 레인콤의 양덕준 사장이 사업을 처음 시작하던 때 겪은 일이다(양 사장은 1999년에 창업했지만 창업 아이템은 반도체 회로 설계였다).

어느 날 한 소비자가 제품을 바꿔달라고 찾아왔다. 직원이 제품을 살펴보니 별 이상이 없었다. 하지만 소비자는 막무가내였다. 양 사장은 조용히 직원을 불러 '바꿔주라'고 했다. 그런 일이 몇 번 되풀이되자 직원들의 입이 퉁퉁 불었다.

"왜 사장님은 그 사람들이 하는 말을 다 들어주십니까? 이게 얼마 짜린데 바꿔달라고 할 때마다 바꿔주면 어떻게 합니까?"

그때마다 양 사장은 서비스 마인드를 강조했다. 하지만 그때뿐이었다. 물론 그리고 직원들의 불만 섞인 목소리가 애사심에서 나온 것이라는 걸 모르지 않았다. 하지만 '사장이 애써서 설명하면 들어주는 척이라도 하면 좋으련만' 싶어지는 마음을 어쩔 수 없었다.

"경영을 하다 보면 사실 아랫사람들에게 서운한 게 꽤 있어요. 다른 건 뭐 그럴 수 있다고 생각되는데, 가장 힘든 게 서비스 마인드를 갖추게 하는 것이었어요. 고객이 제품을 바꿔달라고 하면 대부분 그 고객과 옥신각신합니다. 교환 이유가 고객의 과실인지 아닌지 분간이 안 되잖아요. 근데 직원들이 놓치는 게 있어요. 20만 원짜리 제품 하나만 보면 그렇게 해야 하지만 전체 판매를 생각하면 그거 하나쯤 바꿔준다고 무슨 큰 차이가 있습니까. 삼성전자에 있을 때, '무조건 보상제'

를 실시한 적이 있었어요. 고객이 클레임을 걸어오면 조건 달지 말고 무조건 보상을 한 후에 거기에 대한 분석은 나중에 따로 하자는 거였죠. 직원들이 반발하길래 데이터를 뽑아보게 했습니다. 그 결과 고객이 클레임을 제기한 것 가운데 90%는 회사 잘못이었어요. 나머지 10%는 고객 잘못인지 회사 잘못인지 애매한 경우였고요. 그 10%(의 잘못)를 찾아내기 위해 90%를 의심하는 게 말이 됩니까. 어차피 해줄 건데 귀찮고 짜증나게 하면 결국 해주고 욕 먹는 겁니다. 어쨌든 바꿔주라고 하면 그때마다 설전이 벌어졌는데, 그럴 땐 무척 속이 상했죠. '하라면 하지……'라는 말이 입 안에 맴맴 도는데 내지를 수는 없고 말입니다. 다 생각해서 하는 건데요. (불만이) 애사심의 다른 표현인 건 알지만 그럴 땐 '좀 들어주면 얼마나 좋을까' 하는 생각 많이 했죠. 사장 노릇 하기 보통 아니라는 걸 그때 알았습니다."

패밀리 레스토랑 1위로 승승장구한 아웃백스테이크하우스를 오랫동안 이끌다가 지금은 '불고기 브라더스'를 경영하고 있는 정인태 사장도 비슷한 이야기를 한 적이 있다.

"사랑도 제대로 해야 사랑이잖아요. 우리 같은 소비자 대상 업체들은 소비자와 접촉하는 현장 직원이 회사의 이미지를 결정해요. 현장의 CEO인 셈입니다. 그 직원들이 어떻게 하느냐에 따라 회사 이미지가 결정되거든요. 예를 들어 콜라 한 잔에 1,000원인데 서너 명이 와서 콜라 한 잔을 시켜놓고 서너 번씩 리필해달라고 하면 어떻습니까. 담당 직원의 표정이 당장 일그러집니다. 얼른 생각해도 양심 없어 보이는 거죠. 어디 그뿐입니까. 한 번 할 일 두세 번 시키는 것도 짜증나는데 맡겨놓은 걸 달라는 듯 당당하게 말하는 것도 꼴 보기 싫고, 하대하는 듯한 말을 들으니 자존심도 상하거든요. 리필을 해주긴 하지만 던지듯 하고 나서 입을 삐죽거립니다. 그러면 고객들이 '아, 내가 잘못했구나' 합니까? 절대 안 합니다. 나가서 동네방네 소문을 내고 돌아다니죠. 물론 자기들이 어떻게 했다는 건 쏙 뺍니다. 결과는 뻔하죠. 우리 쪽의 완패 아닙니까. 그런 일이 있은 후 대개 해당 직원에게 물어보면 '장사 망치는 사람들'이라고 하지만 사실은 자기 기분이 나쁜 겁니다. 회사 사랑이 아닌 거예요. 이런 직원들에게 뭐라고 하면 대번에 비웃듯이 눈을 돌려버립니다. '현장에 있어보지 않아서 너는 모른다', 이거죠. 그런 눈길 한번 받아보세요. 얼마나 서운하고 억울한지……."

두 사람만의 일은 아닐 것이다. 대부분의 사장들은 '어렵고 난처한 상황을 설명할 때 흔쾌하게 마음을 알아주는 이들이 거의 없었다'고 토로하는 경우가 많다. 불만과 마음의 상처는 들어주고 이해해주면 모래 속으로 스며드는 물처럼 흔적도 없이 사라진다. 하지만 그렇지 않으면 더 커지고 세지고 날카로워져 서로를 해하는 흉기가 된다.

리더라고 자존심이 없을까? 아닐 것이다. 리더십 분야의 대가인 워렌 베니스는 스타벅스의 하워드 슐츠 회장이 대단히 존경하는 인물 가운데 한 사람으로, 슐츠 회장은 워렌 베니스가 한 말을 토씨 하나까지 가슴에 담고 있다. '좋은 리더가 되는 가장 좋은 방법은 아침에 출근하면서 당신의 자존심을 집에 두고 나오는 것이다'라는 말이다. 우리 말로 하면 간, 쓸개 다 빼놓고 집을 나서라는 얘기다. 한 중견 기업 CEO는 술자리에서 'CEO가 가져야 할 중요한 덕목이 뭔지 아느냐'고 묻더니 스스로 이렇게 답했다.

"조직과 구성원을 위해 주변 사람(이해관계자)들에게 구걸하는 겁니다. 온갖 모욕을 당하더라도, 경우에 따라서는 무릎을 꿇고서라도 구걸해야 할 때는 구걸해야 합니다."

힘이 있고 미래를 보는 사람은 필요할 때 고개를 숙일 줄 안다. 불우한 젊은 시절, 시정 무뢰배의 가랑이 밑을 기었던 한신처럼 숙여야 할 때 숙일 줄 안다. 절제란 무조건 참는 게 아니다. 철저한 절제란 숙일 줄도 아는 것이다. 아부는 가볍다. 가볍고 향기가 없다. 하지만 굽힐 줄 아는 용기는 무겁다. 굽는다는 것은 부러지지 않는다는 뜻이다. 용기 있고 앞을 보는 리더는 아래로도 굽고 위로도 굽는다. 굽어야 할 때 굽는다. 그럴 때 속으로 흘리는 눈물은 리더의 마음을 담금질하는 냉각수가 된다. 리더라는 자리는 이런 눈물과 고통 속에서 다져지고 유지된다.

사장도, 리더도 사람이다. 표현하지 않아서 그렇지 누구보다 더 여리고 섬세하고 예민한 심성의 소유자일지도 모른다. 리더가 된 이들은 긍정적이든 부정적이든 감성이 풍부하다. 그래서 뭇 사람을 이끄는 리더가 되는 것이다. 자신의 뜻이 아랫사람들에게 이해되지 못하고 거부당할 때, 애쓴 노력이 이상한 수군거림으로 되돌아올 때 서운해진 마음은 상처로 남는다. 시간이 지나면 상처도 낫기는 낫는다. 하지만 흉터가 남는다. 그들도 사람이다.

리더 증후군

"그 양반, 사장 되고 나더니 목에 힘이 너무 들어갔어. 부장 때만 해도 부하에게 먼저 인사할 정도로 부드러운 사람이었는데……. 요즘 너무 심해."

우리 주변에서 흔히 들을 수 있는 말이다. 아, 그리고 리더나 CEO들이 죽기보다 듣기 싫어하는 말이다. 어쩌면 그렇게 말하는 이들도 막상 리더나 CEO자리에 오르면 왕년에 자신들이 내뱉었던 이 말을 가장 듣기 싫어할지도 모른다. 아니 십중팔구 그럴 것이다.

그런데 이상하게도 '초보 리더', '초보 사장'이 되면 거의가 이 말에서 자유롭지 못하다. 왜일까? 사실 본인들도 괴롭다. 어느 순간 너무나 변해 있는 자신을 발견하게 되기 때문이다. 다들 너무 굼뜨는데 나만 열심히 일하는 것 같고, 나 혼자만 장래 걱정을 하는 것 같고, 직원들이 무슨 생각을 하는지 진짜 일을 하고 있기는 한 건지 갈수록 궁금해진다. 아니 솔직히 말하면 의심스럽다. 언제 어떤 직원이 어정쩡한 태도로 다가와 '죄송한데……'라며 '사직서'라고 쓰여진 사직서를 낼지 몰라 괜히 혼자 노심초사해한다. 그러면서도 시키지 않으면 손가락 하나 꼼짝하지 않는 것 같고, 책임져야 하는 건 뭐든지 사장 결재로 올리는 것 같고, 틈만 나면 회사 비용을 축내려고 드는 것 같다. 내일은 그러지 말아야지 하지만 다음 날이 되면 자신도 모르게 또 그런 생각에 빠져 있는 스스로를 발견한다.

시간이 흐르면 증상이 심해진다. 어제까지 방글방글 웃고 이런저런 얘기를 나눴는데 갑자기 눈치를 슬슬 보며 피하는 직원들. 여름 휴가철에는 연례적으로 매출이 떨어진다는 사실을 알면서도 매출 실적을 보기만 하면 하루에도 열두 번씩 철렁 하는 가슴. 사장이 됐으니 뭔가 그럴듯한 성과를 올려야 한다는 압박감. 휴가철과 추석에는 두둑한 보너스를, 연말만 되면 일을 잘했건 못했건 큰 폭의 연봉 상승을 기대하는 조직원들. 그런 그들에게 뭔가 주어야 할 것 같은 부담감. 하지만 솔직하게 얘기하고 조언을 들으려고 하면 묵묵부답인 임원과 중간관리자들……. 도대체 그들은 왜 그럴까? 새롭게 방향을 제시하고 '한번 해보자'고 하면 영 마뜩찮아하는 표정으로 '불만 바이러스'를 퍼뜨린다. 대체 왜들 그러는 것일까?

리더에 오른 이들이 부딪치는 이런 여러 가지 문제들은 그들을 쩔쩔매게 한다. 리더 자리에 오르자마자 구성원들은 조용하게, 말없이 그에게 '초인'이 될 것을 요구한다. 당연히 그래야 되리라고 여긴다. 그들은 절대 기다려주는 법이 없다. 참아주지도 않는다. 동원할 수 있는 모든 것을 총동원해서 청사진을 내놓으면 이건 이래서 안 되고 저건 저래서 안 된다고 한다. '그럼 어찌 해야 하느냐'고 물으면 '우리가 그걸 어떻게 압니까? 사장님이 아시지', 이렇게 말한다. 이해할 수 없는 행동이 한둘이 아니다. 왜 그럴까?

홀아비 심정은 과부가 안다고 했던가. 바로 이 같은 상황을 경험했던 한 사장이 쓴 책에 비슷한 해답이 나와 있다.《리더십 바이러스》라는 제목의 이 책은 초보 사장이 겪는 '상식적인' 고통과 '대중'이 왜 이상한 행동을 하는지, 리더는 또 왜 '괴물'이 되는지 등을 나름대로 조목조목 정리하고 있다. 다음은 책에서 말하는 조직 구성원들이 리더의 새로운 비전에 대해 비난하는 여섯 가지 이유다. (비전 선포를 생각하고 있다면 반드시 유념할 필요가 있다.)

첫 번째는 조직원들이 변화를 불편하게 여기기 때문이다. 변화가 이익을 침해하고 자신의 현 위치를 위협한다고 생각한다.

두 번째 비전은 미래를 기준으로 한 것이어서 지금 상황에서는 이해할 수 없는 일이 대부분이기 때문이다. 이해하지 못하면 대개 비난부터 먼저 하기 마련이다.

세 번째 이유는 비전은 대부분 불안한 미래에 대한 준비이기 때문이다. 리더는 미래에 대해 매우 민감하고 급박하게 반응한다. 반면 조직원들은 리더가 아니기에 리더가 되면서 갖게 되는 미래의 불안을 느끼지 못한다. 그 간극은 비전에 대한 비난을 유발한다.

네 번째로 비전 자체가 대개 어려운 일이라 그 일을 이루어가는 과정에는 리더도 예상치 못한 문제점들이 자꾸 도출된다. 이때 비난의 화살과 함께 비난에 대한 합리화도 쏟아진다.

다섯 번째, 일을 진행하다 보면 마찰은 피할 수 없다. 그리고 비전을 이루는 과정에는 핵심부서나 사람이 있는데 이들은 그렇지 않은 사람들의 반대자로 변할 확률이 크다.

여섯 번째, 일반적으로 사람들은 대안을 말하기보다는 문제를 찾는 데 더 익숙하고 그것을 보다 구체적으로, 그리고 당혹스러울 정도로 악하게 만드는 능력을 갖추고 있기 때문이다. 84)

야심차게 생각하고 추진하려던 일이 뜻하지 않은 벽에 부딪치거나 또 그런 장애물에 발이 걸려 넘어지면 리더의 잠 못 이루는 밤이 시작된다. 그렇게 밤새 엎치락뒤치락하는 날들을 거듭하면서 리더는 네 가지 유형 중 하나가 된다.

- 악해지면서 강해지거나 惡-强,
- 악해지면서 약해지거나 惡-弱,
- 부드러워지면서 강해지거나 純-强,
- 부드러워지면서 약해지는 純-弱 것이다.

이 중 살아남는 유형은 첫 번째 유형인 '악-강'과 세 번째 유형인 '순-강'뿐이다. '악-강'은 독재를 낳고, '순-강'은 통치로 이어진다.

그렇다면 순전히 리더 한 사람에 의해서만 네 가지 유형이 결정될까? 맞다. 하지만 전부는 아니다. 리더가 사라지고 조직에도 치명적인 상처를 남기는 두 번째 유형 '악-약'과 네 번째 유형 '순-약'은 물론 리더의 행동에 기인한다. 그러나 리더가 살아남는 첫 번째 유형 '악-강'과 세 번째 유형 '순-강'은 오로지 리더 혼자만의 행동으로 이루어지는 게 아니다. 같이 가는 사람들의 의지와 열정에 의해 리더가 움직일 수도 있다. 닭이 먼저냐 계란이 먼저냐의 차이고 리더가 스위치를 켜야 한다는 전제 조건이 붙지만 마냥 리더의 책임은 아니라는 얘기다. 실패는 리더의 책임이지만, 성공은 리더 혼자만의 것이 아니다.

성공과 실패의 갈림길에 서게 되는 리더들은 대개 비슷한 경향을 보인다. 간이 좁아들면서 콩알만 해지고 심장이 벌렁거리는 일이 잦아지면서 그때마다 피가 역류하는 일이 자주 생긴다. 여러 가지로 불안해지기 시작하면 지시를 내린 뒤에 전전긍긍하는 일이 많아진다. 《리더십 바이러스》에 나오는 인간이 아닌 '괴물'의 면모다.

모든 것이 불안하다 보니 자꾸 다른 지시를 내리면서 말이 많아진다. 만사가 생각처럼 움직여주지 않기 때문이다. 듣기 좋은 말만 골라 듣고 상황에 따라 말을 쉽게 뒤집는다. 고집이 세지고 반대 의견이 나오면 상대방이 항복할 때까지 입씨름을 벌여야 속이 시원하다. 말도 안 되는 얘기를 하면서 발목을 거는 사람들은 모두 적이 된다. 매일 누가 무엇을 잘못했는지 알아내 추궁해야 회사가 돌아가는 것 같다. 자기는 열심히 창의적으로 일하는데 부하들은 감시하지 않으면 게으름을 피운다고 생각한다. 시간이 좀더 지나면 귀가 얇아지면서 음파탐지기처럼 직원들의 술안주 대화를 들으려 하는 경향까지 생긴다. 새로 리더가 된 이들에게는 다음과 같은 공통점이 생겨나기 시작한다.

- 내가 이렇게 속이 좁은 사람이었던가?
- 내가 이렇게 쉽게 분노하는 사람이었던가?
- 내가 이렇게 다른 사람들에 대해 기대하는 것이 많은 사람이었던가?
- 내가 이렇게 다른 사람을 의심하는 사람이었던가?
- 혹시 내가 너무 성급하게 리더가 되었는가?
- 내가 이렇게 사람들의 말에 쉽게 기분이 좌우되는 인간이었던가? [85]

사람들의 불평도 늘 비슷하다. '말이 많다, 일관성이 없다, 의심이 많다, 자기가 다 하려고 한다, 귀가 얇다, 즉흥적이다…….' [86]

얼마 전 대인관계연구소에서 우리 사회의 최고경영자와 임원을 비롯 각계의 리더들에게 설문조사를 실시했다. 그들이 느끼는 심리적 감정적 문제에는 어떤 것들이 있는지 알아본 것이다. 그 결과 응답자의 70% 가까이가 분노감과 경쟁심을 가장 많이 느끼고 있는 것으로 나타났다. 불안감과 우울감이 그 뒤를 잇고 있었다. 그와 같은 조사 결과는 그들의 스트레스 강도가 얼마나 큰지를 단적으로 보여준다.

"분노감과 경쟁심을 가장 크게 느끼는 것은 최고경영자라는 위치와 무관하지 않아요. 자신은 최고의 능력을 발휘해 최고의 성과를 올리기 위해 고군분투하는데, 주변에서 제대로 따라와주지 못한다고 느낄 때 그들이 느끼는 분노감은 클 수밖에 없죠. 그런데 만에 하나 다른 경쟁자들이 성공적으로 조직을 이끄는 것을 보면 경쟁심으로 괴롭지 않겠습니까? 그것이 불안감과 우울감 등의 형태로 나타나 정신건강을 위협하는 겁니다."

조사를 실시한 양창순 소장은 '생각 이상으로 정도가 심각한 경우도 많다'고 말했다. CEO이기 때문에 겪어야 하는 어쩔 수 없는 스트레스라는 것이다.

"CEO들 중 대부분은 자신의 문제를 아무에게도 이야기할 수 없다고 느끼는 사람이 많습니다. 자신이 겪는 고민을 이해받지도 못할뿐더러 자신의 문제를 스스로 해결해야 한다고 믿고 있어요. 그래서 외롭죠. 문제란 문제는 모두 혼자 떠안고 그 누구의 도움도 받지 못한 채 이 세상에 홀로 떠 있는 것 같다고 털어놓는 사람들도 적지 않아요. 일에 파묻혀 지내다 보니 가족들과 소원해지는 것도 고민거리예요. '밖에서 아무리 큰 성과를 올리고 성공한다 한들 가족과 함께 성취감을 나누지 못하면 무슨 소용인가' 하고 물어요. 그런 생각을 되풀이하다 보면 좌절감이나 열패감에 사로잡혀 무력해진다는 겁니다. 그러면 그런 자신이 싫고, 그 싫은 자신을 들여다보는 일은 더욱 싫어서 차라리 일에 몰두하게 된다고 합니다."

일에 중독이 되기 시작하면 휴식을 모르게 되고, 그렇게 되면 어느 순간 몸은 스스로 감당할 수 있는 선을 넘어버린다. 어느 날 갑자기 병상에 눕는 것이다.

여기가 갈림길이다. 인내가 필요한 시점이다. 인내는 항상 새로운 것을 가져다주기 때문이다. 이럴 때 필요한 것이 '멈춰서 자신을 들여다보는' 것이다. 나는 누구를 위해, 무엇을 위해 정상에 서려고 하는지 혹시 그동안 고군분투하느라 놓치고 미처 보지 못한 것들은 없는지, 꼭 함께 했어야 함에도 뒤에 두고 온 사람은 없는지도 살펴보는 것이다.

세상에 인내 없이 이룰 수 있는 일은 아무것도 없다.
재능으로는 안 된다.
위대한 재능을 가지고도 성공하지 못한 사람은 많다.
천재성으로도 안 된다.
성공하지 못한 천재는 웃음거리만 될 뿐이다.
교육으로도 안 된다.
세상은 교육받은 낙오자로 넘치고 있다.
오직 인내와 결단력만이 무엇이든 이룰 수 있다.

쉰 살이 넘어 맥도날드를 창업한 레이 크록은 캘빈 쿨리지가 쓴 이 글을 임원 사무실에 걸어놓도록 했다. 참으면서 때를 보라는 의미일 것이다. 인터넷에서 '인내'를 검색해보면 엄청난 양의 관련 글이 쏟아진다. 인내의 수요가 많다는 뜻이다.

만약 어떤 사람이 내게 12시에 온다고 하고 12시 15분이 지나도 오지 않았다면 나는 인내한다. 이것이 모두가 이해하는 바의 인내다. 그러나 이것은 우리가 말하는 인내가 아니다. 우리가 말하는 인내는 당신이 어떠한 어려움을 만날지라도 당신이 다른 사람에 대해 여전히 소망을 갖는 것이다. 당신이 얼마나 일을 했든지, 계속하고 계속해도 효과가 없고 결과가 형편없다 할지라도 여전히 낙심하지 않고 소망을 갖는 것이다. (……) 무엇을 인내라고 하는가? 인내는 일을 느리게 하는 것이 아니고, 인내는 시간을 기다리는 것도 아니다. 인내는 당신이 당신의 일 안에서 좌절을 견딜 수 있는 것이다. 당신이 계속 고통을 받아도 손을 놓지 않는 이것을 인내라 한다.[87]

성경에도 인내가 등장한다. '보라. 인내하는 자를 우리가 복되다 하나니 너희가 욥의 인내를 들었고……' (야 5:11)가 그것이다. 어떠한 일이든지 참아낼 수 있는 사람은 무슨 일이든지 해낼 수 있다는 말도 있다.

오카노 마사유키라는 일본의 작은 금속가공업체의 사장이 데리고 일하는 직원은 여섯 명에 불과하다. 회사 규모도 철공소 수준이다. 학력도 초등학교 졸업이 전부다. 하지만 이 회사의 매출은 60억 원대에 이른다. 미국항공우주국(NASA)은 물론이고 소니·마쓰시타 등에서 찾아와 부품 제조를 의뢰한다. 프레스와 금형 분야에서는 최고이기 때문이다. 그는 주어진 일을 열심히 하는 건 성실이 아니라고 말한다. 그가 말하는 성실은 좀 다르다. 달라지려고 노력하는 것, 바뀌는 시장을 읽고 쉬지 않고 기술을 혁신하는 것, 그것이 바로 성실이라고 한다.[88] 주어진 것을 지금까지 해오던 것을 잘하는 게 성실이 아니라 끊임없이 변화하면서 성장해가는 것이 성실이라는 것이다. 성공하는 리더의 인내가 일반인의 인내가 아니듯, 성공하는 리더의 성실은 일반인의 성실이 아니다. 오래 전에 읽었던 《마피아 경영학》에 이런 구절이 있었다.

"바다에 나가 풍랑을 만나거든 한 손으로는 기도를 올리고 다른 한 손으로는 노를 저어라."

힘들고 폭풍이 오더라도 노를 저으라는 얘기다. '참는' 인내라기보다는 '전진하는' 인내다. 잘나가는 리더의 모습이다. 언제였을까? 누군가 '리더들이 가장 힘들어하는 게 뭘까'라는 질문을 던졌다. 답은 무엇이었을까? 답은 '용서'였다. 그만큼 하기 힘들다는 것일 게다. 리더도 사람이니까.

굽힐 줄 안다는 것

　　　　　　　　　　　　　　축구선수에게 키 175센티미터, 몸무게 70킬로그램은 무엇을 의미할까? 왜소한 체격이다. 올라운드 플레이어야 하고 몸싸움을 격하게 해야 하는 현대 축구의 특성상 이 체격으로 성공하기는 무리다. 하지만 이런 상식을 깨뜨린 이가 있다. 2005년 여름 유럽 최고의 명문으로 꼽히는 맨체스터 유나이티드에서 뛰게 된 박지성이다.

　그는 한 인터뷰에서 '같은 축구선수가 봐도 예술이라고 느낄 만큼 환상적인 수준'이라고 말했던 팀에서 우상으로 여기던 웨인 루니·로이 킨 등과 뛰게 됐다. 명실공히 세계적인 스타플레이어가 된 것이다. 하지만 바로 스타플레이어이기 때문에 힘든 게 한두 가지가 아니다. 그는 맨체스터 유나이티드로 이적하기 전에 몸을 담았던 네덜란드

PSV 아인트호벤 시절 '아무것도 모르고 공만 차던 시절이 가장 행복했다'면서 '플레이를 제대로 하지 못했을 때는 피가 마르는 듯하다'고 말했다.

박지성만 그럴까? 이름만 지우면 CEO들의 한탄과 글자 하나 다르지 않다. 모두들 '일만 열심히 하면 됐을 때가 가장 좋았다'고 말한다. 그렇다면 일 이외에 다른 무엇이 있다는 건가? 박지성은 또 이렇게 말했다.

"이상하게도 연습할 때는 펄펄 날다가 본 게임에만 들어가면 몸놀림이 굳어집니다. 축구가 이렇게 어려운 운동인 줄 처음 알았어요."

리더들도 그렇다. 집에서 머릿속에 그려볼 때는 유연한 생각으로 잘 해야지 하지만 막상 사무실에서 뭔가와 부딪치면 '유연'은 어디론가 사라지고 없다. 사는 게 이렇게 어려운 줄 몰랐다는 얘기가 절로 나온다. 박지성은 '요즘에는 축구 하기가 겁난다. 이렇게 사람 피 말리는 운동이라면 아예 하지 말걸'이라면서 힘들어했다. 리더들도 같은 말을 한다. '이렇게 힘든 줄 몰랐다'고. 박지성은 계속 말했다.

"잘 풀어갈 거예요. 그럴 수 있을 거라고 계속 최면을 걸어봐요."

리더들도 그렇게 말을 맺는다. 박지성은 지칠 줄 모르는 체력과 눈에 띄는 부지런함, 체격의 열세를 노력으로 극복하는 마음가짐으로 자신의 인생을 변화시켰고 영국 최고의 명문 구단으로 스카우트되었다.

언젠가 신경정신과 의사로 유명한 이시형 박사를 만났는데, 그는 최고령임에도 불구하고 앉자마자 좌중을 휘어잡았다. 그의 첫 이야기는 근육 푸는 법이었다. 일본의 어느 전문가를 언급하며 힘을 빼고 허리를 풀어주는 게 최고의 운동이라며 일어서서 직접 시범까지 해 보였다. 전문적인 사실에 과학적인 설명, 여기에 '이시형'이라는 브랜드가 전하는 무게는 쉽게 다가왔지만 결코 가볍지 않은 것이었다. 10여 분간 열 명에 가까운 이들이 온통 그의 얘기에 관심이 쏠려 어떤 얘기도 나누지 못했다. 한 농구단 감독은 그의 시범을 보고 한 수 배워 가기까지 했다.

그 짧은 시간에 그는 두 가지를 남겼다. 입으로 '힘을 빼라'고 했던 그는 실제로 그의 어깨에서도 힘을 뺐다. 그리고 그곳에 있는 이들에게 자연스럽게 다가섰다. 이 사회에서 이름만 대면 알 만한(실제로 그는 명함도 가지고 다니지 않았다) 그가 보인 모습은 한동안 진한 여운으로 가슴에 남았다. 좋든 나쁘든 평판에는 반드시 이유가 있다.

고개를 숙이고 허리를 굽힌다는 것에는 여러 의미가 있다. 하지만 이걸 리더와 리더가 아닌 사람으로 구별해 살펴보면 두 가지로 나뉜다. 성공하는 리더는 시의적절하게 이를 활용하지만 그 외의 사람들은 활용에 인색하다는 점이다.

1920년대 독일의 베르톨트 브레히트는 그의 작품에 혁명적 열망을 포함시키기 시작했다. 히틀러가 권력을 잡자 열망의 끝은 더 날카로워졌고, 1941년 그는 결국 미국으로 망명 비슷한 길을 떠나야 했다. LA에서 영화 관련 일을 했으나 브레히트의 이름은 그다지 인정을 받지 못했다. 1947년 2차 대전이 끝난 후 그는 독일로 돌아가기 위해 짐을 쌌다. 하지만 비행기에 오르기 한 달 전 사건이 터졌다. 당시 미국을 휩쓸던 반 공산주의, 즉 매카시즘이 그의 발목을 잡았던 것이다. 그만이 아니라 소위 '할리우드 19인'이라고 불린 이들도 하원 반미활동위원회의 소환장을 받았다.

대책을 협의하던 이들은 위원회의 활동이 위헌이라는 성명서를 채택하기로 했다. 감옥에 간다고 해도 자신의 정당성을 홍보할 수 있겠다 싶었다. 하지만 브레히트는 반대했다. 순교자 노릇을 해서 약간의 홍보를 한다는 것이 무슨 의미가 있느냐는 것이었다. 브레히트는 소환장을 받은 이들이 위원회의 위원들보다 더 똑똑하다고 생각했다. 그런데 왜 멍청한 사람들과 논쟁을 함으로써 그들과 같은 수준으로 낮아지려고 하는가? '할리우드 19인'은 자신들의 원래 계획을 따르기로 했다. 대신 브레히트에게는 마음대로 하라고 했다.

1947년 10월 30일, 위원회에 소환된 브레히트는 양복을 입고 나와서(그에게는 좀처럼 드문 일이었다) 시가를 피우며(위원장이 시가 애연가라는 이야기를 들었던 것이다) 질문에 정중하게 답변했고, 그들의 권위를 존중해주었다. 브레히트는 훌륭한 영어를 구사했으나 그는 증언 내내 통역을 이용했다. 브레히트가 교묘하게 빠져나가는 바람에 위원들은 당황했으나 그가 정중한 태도로 그들의 권위에 굴복하고 있었기 때문에 화를 낼 수 없었다. 다음 날 브레히트는 미국을 떠났으며 다시는 미국으로 돌아오지 않았다.[89]

'약한 사람들은 항복해야 할 때 절대 항복하지 않는다.' 17세기 프랑스의 신학자이자 정치가였던 레츠 추기경의 말이다. 하지만 의외로 이런 법칙을 아는 이들은 드물다. 싸움이 전부는 아니다. 하지만 승리가 아닌 싸움에 목숨을 거는 이들이 있다. 진정한 승리를 모르는 이들이다. 힘이 약할 때 체면을 지키기 위해 싸우는 이들도 진정한 승리를 모르는 사람들이다.

정말 그럴까? 리더라는 자리가 그렇게 힘든 곳일까? 어느 날엔가 신문을 읽다가 눈길이 오래 머문 현직 CEO의 칼럼이 있었다. 앞서 한번 언급했던 박용선 전 (주)웅진코웨이 사장의 글이었다.

> 1998년 대표이사 자리에 올라 8년째 경영을 하고 있지만, 난 아직도 가끔은 이 자리가 부담스럽고 어색할 때가 있다. 남들에게 보여지는 화려함 이면에는 사람들이 미처 눈치채지 못한 고충이 있게 마련이다. 이런 경우를 물 위의 우아한 자태를 유지하기 위해 수면 아래에서 발길하는 백조에 비유하면 적절할까?
> 최고의 자리에 있는 만큼 생각도 행동도 당연히 최고일 것이라는 사람들의 일반적인 기대에 부응하기 위해 남들보다 많이 고민하고 노력하는 것은 사실이다. 그러나 때로는 남들이 만들어놓은 '격格'에 맞추기 위해 실제의 내가 아닌 모습으로 살아간다는 느낌도 적잖이 들곤 한다.
> 가끔 내가 탄 엘리베이터에 오르지 못하고 쭈뼛거리는 직원을 볼 때나 복도 저만치에서 슬금슬금 뒷걸음질치는 직원들을 볼 때면 내가 아무리 편하게 다가가려 해도 그들에게는 한없이 어려운 존재라는 생각에 또다시 고독해진다.

그래도 처음이나 지금이나 직원들을 대하는 나의 생각은 변함없다. 리더는 반드시 불편해야 한다는 것이다. 내가 불편함으로써 상대방이 편하기 때문이다. 반대로 리더가 편하면 다른 누군가는 불편하다는 사실을 절대로 잊지 말아야 한다. 즉 리더의 행동과 생각이 외롭고 힘들다 해도, 이로 인해 상대방이 편하고 행복해질 수 있다면 반드시 그에 따라야 한다. 반대로 리더가 편하고 부족함이 없어 다른 누군가가 불편함을 느끼는 일은 절대로 없어야 한다. 내가 좋다고 남도 좋을 것이라는 아집은 반드시 버려야 한다.

'최고'의 자리에 오른다는 것은 끝도 없을 것 같은 실패를 수없이 겪고, 가장 가까운 사람에게서도 외면받을 수 있다는 것이다. 또 불가능하다고 포기해야 할 것을 결국은 가능하게 만드는 것을 의미한다. 최고가 된다는 것은 숨이 끊어질 것 같은 달리기를 내 생명 다할 때까지 멈추지 말아야 하는 것이기도 하다. 그래도 최고가 좋은 이유는 나만의 유일한 영역, 즉 나만의 브랜드를 갖게 되는 것이며 이에 충분히 도전할 만한 가치가 있다고 본다. 90)

술을 마셔도 하기 힘든 심중을 쓴 것이다. 상당한 용기고 자신감이다. 웬만큼 겪어보지 않았다면 하기 힘든 경험담이다. 이렇게 솔직한 경험을 쓰는 리더들이 많아져야 한다.

삶은 하나의 선택을 강요한다

한국 EMC에서 CEO로 일했던 정형문 전 회장은 회사를 다닌 지 10년이 되자 본사의 간곡한 만류에도 불구하고 현직에서 물러났다. 다르게 살아보고 싶다는 생각과 그 외 여러 가지 일이 겹쳐 결심한 일이었다. 그동안 시간을 함께 보내지 못했던 가족과 단란한 여유를 즐기고 싶다는 생각, 만나지 못한 친구들, 쌓아놓기만 하고 읽지 못한 책들, 가보고 싶었지만 시간이 없어 오려놓기만 했던 곳들을 머릿속에 그려 넣었다. 은퇴한 후 3개월이 지났을 때 그를 만났다.

"휴…… 황당하고 외로운 일이 한두 가지가 아니에요."

그는 대뜸 한숨부터 쉬었다. 무슨 일이길래…….

"지난 일요일이었어요. 부산스러운 소리에 눈을 떠보니 아내와 두

딸의 눈이 동그랗게 되어 있는 겁니다. 무슨 일인가 했어요. 두 딸이 합창하듯 묻더군요. '아빠, 골프 치러 안 가세요?' '그렇다'고 했더니 아내가 심각한 표정으로 '큰일났네' 하는 거예요. '왜 그러는데' 했더니 '오늘 애들이랑 어딜 가기로 했는데……' 이러더군요. 그때의 황당함을 어떻게 말로 표현합니까? 황당하고 외롭고…… 내가 왜 사는가 싶더라고요."

그는 신경 쓰지 말고 다녀오라며 세 사람을 내보내고 집 안을 둘러봤다. 햇빛이 드는 한나절 내내 할 일이 없었다. 바깥 인간관계는 '믿음과 성실'로 해놓았지만 가족 관계는 형편없다는 사실을 진실로 깨달은 것도 그때였다. 세 가족에게는 그가 없어도 괜찮은, 아니 사실은 없어야 편한 존재가 되어 있었던 것이다.

"해마다 회사 송년회를 할 때면 전 직원의 가족을 초청했습니다. 그때 한 송년회에서 '우리는 사회 구조와 싸우는 것일 뿐 배우자와 기세 싸움을 하는 게 아니다'며 전 가족, 특히 배우자들에게 '늦은 귀가와 가정사에 소홀함을 이해해달라'는 말을 설득력 있게 전했던 적이 있었어요. 모두들 고개를 끄덕끄덕 하고 있을 때 헤드테이블에 간부 부인들과 같이 앉아 있던 아내의 얼굴을 보게 됐습니다. 그 표정은 '그래, 당신 자신을 변명하지 마! 나는 다 알아' 이런 표정이더군요. 감흥이나 이해는커녕 오히려 말도 안 되는 얘기라는 듯한 표정이었습니다. 무척 당황스럽더군요. 남편의 부재에 가까운 가정을 혼자서 꾸려가며 지쳤던 거죠. 왜 그때 아내의 표정이 그랬는지 이제야 제대로 알 것 같습니다."

 그날 나는 그에게 몇 가지를 물었고, 그는 현직에 있을 때 하지 못했던 이야기를 했다.

 "오랫동안 CEO를 하면서 아랫사람들에게는 가능하면 많은 말을 하지 않는 게 좋다는 결론을 얻었습니다. 묵이식지默而識之라는 말이 있어요. 말하지 않지만 알고 있다는 뜻이죠. '염화시중拈花示衆의 미소'와 같은 의미라고 보면 됩니다. 이게 바로 경영자의 덕목이 아닌가 해요. 저도 잘하지는 못했지만 말입니다. 좋은 경영자라면 침묵해야 할 상황에서는 입을 다물어야 하는데, 사실 이것도 스트레스죠. 경영자의 자질 중 50%는 선천적인 것이고 나머지 50%는 계발이 가능하지 않나 싶어요. 자리가 사람을 만드는 거죠. 올바른 사장 노릇 하는 것은 힘난한 길입니다. 2000년 1월 초, 미국 뉴올리언스에서 열린 본사 시무식에 참가했을 때 호텔방에서 혼자 밤새 울었던 적이 있습니다. 모든 게 싫어지더군요. 이젠 정말로 쉬고 싶다는 생각이 들면서 사장이라는 자리에 있어야 하는 나 자신이 한없이 비참해 보이고 서글퍼지더군요. CEO라는 자리가 너무도 외로운 자리라는 걸 뼈저리게 느꼈었습니다. 6년 연속 최우수 지사장상을 받고, 4,000여 명이 운집한 시상식 단상에서 본사 수석 부사장이 내게 한국식으로 큰절을 네 번씩이나 올려서 한국 직원들이 너무도 기뻐했던 바로 그날 밤이었습니다. 정말 펑펑 울었어요. 울면서 아내에게 글을 썼습니다. 이렇게 살고 싶지 않다고……. 며칠 전 송년회 때 당신의 모습을 보고 절망했던 결과가 이런 거냐고……. 당신도 가족도 이해시키지 못하는 주제에 이런 수상이 내게 무슨 의미가 있겠느냐고……. 그러나 내겐 아직 할 일이 남아 있으니 조금만 더 참자고……. 아직까지도 그 편지는 아내에게 전달을 못했지만 말입니다."

그가 말한 '묵이식지'는 논어에 나온다. '묵이식지 默而識之하며 학이불염 學而不厭하며 회인불권 誨人不倦이 하유어아재 何有於我哉 오'가 원래 글이다. 의미는 '묵묵히 세상의 도리를 배우고 배움에 있어서 싫증을 내지 않으며 사람을 가르치는 데 게을리하지 않는다면 무슨 어려움이 나에게 있으랴'다. 알고 있는 것을 곧 입으로 내는 것은 경박한 일이니 마음속에 간직하고 인식을 깊게 하라는 것이다.

"사장이 돼보지 않은 사람들은 경영자들이 사실 얼마나 예민한 상태에 있는지 잘 모릅니다. 언제 터질지 모르는 풍선이라고 해도 과언이 아니에요. 저는 술을 거의 못하지만 회사를 시작하기 전에는 술집에서 맥주 몇 병쯤은 서비스로 얻어낼 정도로 갖가지 재미있는 얘기들을 많이 알고 있었어요. 수천 가지 정도는 됐을 겁니다. 언제 어디서든 좌중을 포복절도하게 만들었으니까요. 유명했죠. 그런데 사장이 되고 나니 말을 함부로 못 하겠더군요. 그 전에는 힘들어서 '에이, 그만 둬버릴까' 하는 소리는 아무리 해도 별일이 없었는데, 사장이 되고 나니 그런 비슷한 말만 해도 다음 날 소문이 짜하게 퍼지는 겁니다. 그러면서 저는 사장이라는 자리를 이해하게 됐어요."

그렇다면 오랫동안 CEO를 해본다면 CEO에게 필요한 자질이 뭔지 알 수 있을까?

"글쎄요. 제가 자격이 있는지 모르겠지만 모임에 나와서 자기가 무슨 썸씽 Something 인 것처럼 행세하는 사람은 일단 경영을 못한다고 봐도 무방할 거예요. 조직은 조직원이 이끌어가는 거고, CEO는 주부와 같은 존재여야 하는데 현명한 주부는 그림자식 내조를 자랑하지 않기 때문이죠. 또한 스스로 부끄러우면 물러날 각오를 해야 합니다. 부끄럽다는 건 CEO로서 내리는 자아비판의 결과, 아니 양심의 가책인 셈이니까요. 제가 경험한 바로는 CEO가 되면 거의 잠도 제대로 못 자야 합니다. 정말 CEO답지 않은 CEO들이 널려 있습니다."

그를 만나는 시간 내내 무엇이 그를 일 속에 파묻히게 했을까 생각했다. 넌지시 묻자 그는 '어쩔 수 없었다'고 말했다. 젊은 시절 그의 앞에는 평생 샐러리맨으로 '평범하게' 사는 길과 모험이긴 하지만 한 번쯤 남과 다르게 사는 두 개의 길이 있었다. 그는 후자를 골랐고 국내에 이름도 알려지지 않은 회사의 한국 지사장을 맡아 호텔방을 사무실 삼아 그 자신이 직원이 되어 영업을 하러 다녔다. 당시 그에게 '좀 더 나은 선택'은 유일했다. 일에 파묻힐 수밖에 없었다. 일이 자신을 파묻지 않으면 일에 뛰어들기라도 했다. 그만두는 순간에 후회하지 않는 삶을 살고 싶었고, 웃으면서 자리를 떠나는 사람이 되고 싶었다. 나중에는 400여 명 가까이 되는 직원들, 부양 가족들의 운명을 책임지는 자리에 있다는 책임감 때문에 일을 게을리할 수가 없었다.

지나고 보면 항상 여러 갈래의 길이 보인다. 그러나 누구에게나 그때 그 당시에 삶은 하나의 선택을 강요한다. 하나를 선택하면 하나는 잃어야 하는 제로섬 선택이다. 그도 여느 리더들처럼 그런 길을 걸어왔다. 은퇴 소감을 물었다.

"선택은 극도로 정제된 포기 행위입니다. 하나를 선택하면 나머지는 모두 잃어야 하는, 아니 포기해야 하는 것이기 때문이죠. 너무도 흔들리고 있는 제 자신을 느끼면서 CEO로 계속 남는 게 나 자신은 물론 회사를 위해서도 도움이 되지 않는다고 판단해서 스스로 물러났습니다. 잘한 선택이었던 것 같습니다. CEO 자리를 버리고 나서 잃어버린 저를 찾고 있는 것 같아요. 가족·동창·친구들을 만나고 있는데, 인생이 이렇게 즐거운 줄 예전에는 몰랐었습니다. 아내의 일상생활을 보면서 '저런 어려움이 있구나' 하는 생각도 하고, 집 근처를 산책하면서 몇 년을 살았어도 보지 못한 것들을 보기도 합니다. 솔직히 하는 얘긴데, 목련 꽃잎이 아홉 개라는 걸 올 봄에 처음 알았어요. 회사에 있다면 분기 마감하느라 신경이 곤두섰을 텐데 말입니다. 음…… 그 목련 말인데요. 사실은 추위가 가시지 않은 작년 말경부터 봉오리가 맺기 시작하더라고요. 그래서 '이렇게 빨리 나오면 죽을 텐데……' 하는 마음으로 석 달을 지켜봤어요. 매일 아침 목련 앞으로 가서 찬찬히 지켜봤어요. 희한하고 놀라왔어요. 그게 조금씩 꽃이 되더라고요. 사람은 자연 현상도 자기 기준으로 판단하며 불안해하는데, 꽃 한 송이도 순리대로 피어나더라고요. 인생도 이런 게 아닌가 싶어요."

하늘이 노랗고 캄캄해지는 날

사실 누구나 실수를 할 수 있다. 하지만 실수는 대가를 요구한다. 특히 리더에게 있어 실수는 가혹한 무게로 다가오는 경우가 많다. CEO라면 그 무게는 가혹함을 넘어 선다.

몇 년 전 (주)신원의 박성철 회장을 만났다. 외환위기 때 저수지 둑이 무너지듯 우르르 무너진 신원이 꿈틀거리고 있던 시점이어서 인터뷰를 하기 위해 공을 꽤 들였다. 외환위기 전 16개 계열사를 거느린 총 매출 2조 원대의 중견그룹 회장으로 승승장구했던 그는 외환위기라는 결정타에 휘청했다. 30대 그룹 진입이 눈앞에 있었지만 모든 것이 한순간에 날아가버렸다. 그런 그를 면전에서 만날 수 있기까지는 오랜 시간이 걸렸다.

실수는 극복하기만 하면 피가 되고 살이 되는 법. 박 회장은 창업자이자 오너에서 워크아웃된 회사의 법정관리인이 돼 뼈를 깎는 구조조정을 했다. 쓰라린 고통을 피와 살로 만든 것이다. 그리고 그는 당시 32년 전 그가 처음 시작했던 업종으로 되돌아와 있었다. 워크아웃은 2003년 초 일찌감치 졸업했고, 1조 원대였던 부채는 인터뷰 당시 800억 원대로 낮아져 있었다. 1998년 워크아웃 이후 7년 동안 허리띠를 졸라맨 결과다. 웃음이 그의 얼굴에 나타났다. 물난리를 일으킨 오랜 장마와 홍수 뒤에 보는 햇빛 같았다.

"채권 연장은 안 되지, 직원들을 내보내야 하지, 어디 그뿐이었습니까. 해외 바이어들은 못 믿겠다고 하고, 고객은 등 돌리고……. 하늘이 보이지 않았어요."

그는 회사보다 먼저 '완전하게' 바뀌었다. 전립선암 수술 중에도 1,000일 기도를 하루도 거르지 않았던 그는 오전 6시 사무실 출근을 시작으로 항상 팀장들보다 먼저 현장을 돌며 먼지 하나까지 세고 갈 정도로 모든 상황을 점검했다. 필요하면 거래처에 직접 전화를 걸어 주문을 따왔다. 어느 날엔가는 백발이던 머리를 '완전하게' 검은색으로 염색하기도 했다(지금도 그의 머리는 '검은색'이다).

"앞으로는 승산이 없는 일은 하지 않을 겁니다. 무리하게 (일을) 추진하지도 않을 겁니다. 이익이 없는 곳에는 눈짓마저도 해서는 안 된다, 빚내서 (사업을) 늘리는 일은 더더욱 안 된다고 제 자신과 임직원들에게 강조하고 있습니다. 뼛속 깊은 깨달음입니다."

창업자는 회사가 쓰러질 때 같이 쓰러진다. 회사의 숨이 멎을 때는 같이 숨을 멈춘다. 그게 아니면 격렬한 심장마비라도 일으킨다. 어쨌든 삶이 찢기고 금이 가고 심할 경우 바삭바삭 부서져버린다. 조금만 더 하면 괜찮아질 것 같은데…… 그렇게 쏟아 부은 돈이 얼마였던가. 그렇게 융통해 부은 돈이 태산 같은 빚으로 돌아와 회사를 정리할 때는 손이 부들부들 떨린다. 목이 꽉 막혀 아무런 말도 할 수 없다. 사무실 책상에 있는 구식 컴퓨터라도 팔면 이자라도 갚을 수 있을까 하는데, '퇴직당한' 직원들의 한마디가 가슴을 찌른다. "이거 제가 가져가면 안 되나요?"

모든 것이 '확인'되는 날에는 감각이 느껴지지 않는다. 훤하게 뚫린 길을 가도 앞은 캄캄하고 꽉 막혀 있다. 빠르게 달려오는 차를 보면 뛰어들고 싶고, 강을 보면 뛰어내리고 싶다. 이 몸이 내 몸이 아니었으면 싶다. 어떻게 해서라도 먹먹한 가슴을 떼어 내버리고 싶다.

오래 전에 만난 한 중소기업 사장은 흑자 부도를 내고 술 한 병을 마신 다음, 수원-인천 간 산업도로를 거꾸로 달렸다. 오죽하면 그 사고 많다는 도로에서 거꾸로 달렸을까. 하지만 그는 살았다.

30여 분을 거꾸로 눈을 감고 달렸는데, 그 육중한 트럭들이 요리조리 잘도 피하더란다. 그는 담담하게 말했다. 30분을 허공에 부딪치자 그때서야 '아, 내가 죽을 목숨이 아닌가 보다' 하는 생각이 들었다고. 그런 생각이 들어서 이제는 살려고 갓길로 나가려고 하는데 달려오는 차들이 너무나 무섭더라는 것이다. 죽음을 포기하는 순간 사람으로 돌아온 것이다. 그때부터 그는 죽지 않으려고 영화에서나 나올 법한

곡예 운전을 해야 했다. 당시를 떠올리던 그는 '살려고 곡예 운전을 했더니 등에 식은땀이 나더라'고 했다.

살아 있는 사람은 무서움을 안다. 한번쯤 노래지거나 캄캄해진 하늘을 본 사람이라면 세상이 무섭다는 것도 안다. 무서운 세상에서 살아 있기는 쉬운 일이 아니다.

CEO도 인공호흡이 필요하다

"자금이 달려 발을 동동 굴러도 어디서 돈 한 푼 나올 곳이 없을 때, 직원이 일을 저질러 뒷수습을 해야 할 때, 다 괜찮다고 잘했으니 걱정 없다고 보고 받았는데 외국 거래처로부터 클레임을 받아 망신을 당했을 때, 임원이라는 사람이 거래처 접대한다고 나갔다가 회사 이미지에 먹칠하는 행동을 해 '당신네 전무가 이런 짓을 했는데 이래도 되는 거냐'는 소리를 들었을 때 쥐구멍에라도 들어가고 싶다는 분들이 많아요. 혼자 고민고민하다 술을 한잔 하고 너무 화가 나 주먹으로 벽을 쳤다가 손목이 나가버린 분, 책상을 내리쳤다가 책상 유리 조각이 점점이 박혀 병원 신세를 진 분, 고래고래 소리를 질러 분을 푸는 분, 무조건 산에 올라가 한 숨 두 숨 내쉰다는 분……. 별의별 분들이 많아요."

경영진을 대상으로 코칭을 하고 있는 홍의숙 인코칭 대표는 요즘 리더들이 어떤 상황이냐는 질문에 이렇게 답했다. 살아날 기미를 보이지 않는 경기와 갈수록 높아지는 직원들의 요구 사이에 갇혀버린 중소기업 사장들의 애환이다.

"연말이 되면 연봉 협상을 해요. 모두들 많이 달라고 합니다. 당연한 겁니다. 하지만 자기 능력을 감안해서 요구해야죠. 그렇다고 '너는 이러저러해서 안 된다. 네 능력은 이거밖에 안 돼' 이렇게 말할 수 있습니까. 차마 입 밖에 못 내잖아요. 그런데 자기 능력이 대단한 것처럼, 사기 올려주려고 칭찬해주면 일 잘하는 것으로 착각해서 말도 안 되는 연봉을 불러요. 응하자니 턱도 없는 금액이고, 안 해주자니 불평불만이 쌓일 것 같습니다. 구구단 같은 매뉴얼이나 규정집 같은 거라도 있었으면 좋겠습니다."

한 중소기업 사장의 토로다. 벤처기업은 어떨까? 처음에는 가족처럼 형제처럼 오순도순 같이 시작한다. 그러나 회사가 커지고 일이 늘어나면 '굴러 들어온 돌'이 사장과 초창기 멤버 사이에 낀다. 당연히 '사장이 변했다'는 말이 나오고 '전에는 얘기도 많이 하고 내 얘기도 잘 들어줬는데……'라는 푸념이 쏟아진다. 한 벤처기업 사장의 얘기다.

"사장으로서 새로 들어온 사람들에게도 애정을 보여야 하고 그들을 놓치지 않으려면 공평해야 하지 않겠습니까. 그렇다고 일일이 하나하나 설명할 수도 없는 노릇이잖아요. 그런데 공적인 자리에서 옛날처럼 막 대하는 사람들도 있어요. 외부 사람들이 있을 때면 당혹스럽죠. 하루 날을 잡아서 얘기하려고 해도 잘 안 됩니다. 눈치 없이 여러 사람을 데리고 나오거든요. 하루하루 그렇게 지나고 나면 갈수록 서로 좋지 않은 감정만 쌓이는 겁니다."

대기업 임원들도 고민이 많다. 자발적으로 동기부여를 해서 일을 잘하게 해야 하는데 그게 어디 쉬운 일인가.

"시키는 일도 제대로 하지 않은 판국인데 어떻게 해야 할지 막막할 때가 많아요. 세대 차이를 피부로 느낍니다. 세상을 보는 방법, 일하는 방법, 생각하는 방법이 다 달라요. 말이 안 통하는 겁니다. 사기가 저하됐을 때 어떻게 이끌고 가야 하는지 인간관계는 어떻게 만들어야 하는지 정말 자신이 없어요."

웬만한 규모 이상의 기업을 경영하는 사장의 고민은 더하다. 갈수록 제품이 넘쳐나는 공급 과잉이 세계적으로 일어나고 있는데 세계의 공장이라고 할 수 있는 중국이 바로 옆에 있지 않은가. 예전처럼 그저 그런 물건을 만들어냈다가는 그대로 고꾸라지는 세상이다. 새로운 뭔가를 만들어내야 한다. 그럭저럭 아끼고 모아서 현금은 좀 쌓이는데 할 게 없다.

"10년 전만 해도 앞이 안 보이면 미국, 일본, 유럽을 한 바퀴 돌고 왔어요. 그러면 몇 개 보입니다. 이미 시장에서 검증된 것들 중 우리가 자신 있는 걸 재빠르게 만들면 됐어요. 그들보다 인건비 싸겠다, 기술 웬만큼 따라잡을 수 있겠다, 잘만 하면 그럭저럭 살 수 있었어요. 그런데 지금은 아니에요. 중국이 우리가 하던 걸 그대로 하고 있거든요. 이제 새로운 기술을 개발해야 하는데 요즘처럼 빨리 변하는 시장에서 먹히는 기술 하나 만들어내려면 R&D(연구·개발)에만 수억, 수십억(원)은 족히 들어요. 개발한다고 시장에서 받아줄지 안 받아줄지도 모르잖습니까. 할 게 없어요."

언젠가 '한국 중소기업의 세계적인 경쟁력이 무엇인가'라는 질문에 얼른 대답을 못했던 적이 있다. 답은 '납품 시간'이었다. 규모가 큰 다국적 기업들이 웬만한 선진국이나 개발도상국 중소기업들에 주문을 내면 '정시'에 해준다. 하지만 한국 기업들은 주문을 받는 순간 밤낮으로 기계를 돌려 순식간에 선적을 해준다. 외국인의 시각에서 보면 대단한 순발력이고 엄청난 경쟁력이다. 하지만 그것도 옛날이 되어가고 있다. 결국 R&D를 할 시간과 시장에서의 검증 노하우가 없으니 M&A(인수·합병)를 할 수밖에. 하지만 내가 좋아 보이는 건 남들 눈에도 좋아 보이게 마련 아닌가.

"요즘에는 조직문화를 바꿔보려는 시도가 강하게 일어나고 있습니다. 세상의 변화가 생각 이상으로 빠른데 성공 경험을 바탕으로 만들어진 조직의 관성들이 옹이처럼 박혀 순발력을 잡아먹고 있기 때문이죠. 조직은 시쳇말로 말랑말랑해야 하거든요."

세계적인 인사·조직 컨설팅 회사의 한 사장은 이에 대해 '글로벌 환경에서 어떤 경영체제 Management system를 가져야 하는지 대기업 CEO들이 난감해하고 있다'며 '기존 조직(문화)를 흔들자니 단기적으로 실적이 악화될 것 같고, 놔두자니 경쟁력을 갉아먹을 것 같은 딜레마에 빠져 있다'고 지적한 적이 있다. 몇 년 전만 해도 국내 시장의 점유율이 높아 맹주를 자처하던 기업들은 그런 대로 먹고살았다. 지금은 아니다. 국내시장만으로는 어림없다. 그러다 보니 해외기업을 인수하거나 해외에 거점조직을 만들어야 하는데 이게 쉽지 않다는 게 문제다. 해외조직을 경영해야 하는 새로운 현실에 부닥치고 있는 것이다. 예전의 한국적 스타일은 더 이상 통용이 안 된다는 얘기다.

일전에 만난 경기도 소재 한 삼성그룹 협력업체 사장으로부터 이와 비슷한 이야기를 들은 적이 있다.

"요즘 삼성그룹을 보면 조직이 너무 견고해져 있다는 느낌을 많이 받습니다. 웬만한 자리 하나 차지하고 있는 사람들 중 '개인적인 신화' 하나 가지지 않은 사람이 없어요. 모두들 성공 신화 하나씩은 가지고 있습니다. 술이라도 한잔 마시면 '내가 말이야, 몇 년 전에 개발에 성공한……'이라는 이야기가 꼭 나옵니다. 다들 신화가 있고 스타들이 즐비하죠. 여기저기 꽃은 만발해 있는데 조직 속의 위계서열은 더 심해지는 것 같아요. 더 권위적으로 변해가고 있고 더 위압적으로 외부 사람들을 대합니다. 한 번 대한 후 원수 보듯 하는 사람도 꽤 봤어요. '삼성 모시기'가 갈수록 힘들어지고 있다는 소리를 여기저기서 많이 듣습니다. 저만 그런 건 아닌 것 같아요."

정보력 좋은 삼성이 이 같은 사실을 모르고 있는 것 같지는 않다. 실무책임자급에 권한 이양을 많이 하고 틈만 나면 최고경영자급이 위기를 강조하는 것도 이와 무관하지는 않은 듯하지만, 기업문화라는 게 어디 최고경영자의 마음처럼 감성적인가. 기업문화는 순식간에 부드러움을 잃어버린다. 기온이 풀리면 다시 물이 되는 얼음 같은 딱딱함이 아니다. 마치 다리에 나는 쥐처럼 한번 굳으면 여간해서는 풀리지 않고 가만히 두면 점점 심장을 향해 조여드는 속성이 있다.

이런 변화하는 환경 속에서 생존을 찾아야 하는 리더와 CEO들의 고민은 한층 깊어지고 있다. 기업이란 살아남아서 지속할 수 있어야 한다. 지속하려면 뭘 어떻게 해야 할까? 모든 상황에 신축적으로 움직여야 한다. 포탄이 날아다니고 총알이 빗발치는 전쟁터에서 살아남는 길은 유연하고 순발력 있는 몸이다. 날마다 혁신을 외치고 조직 구조를 들썩거리고 밤낮으로 현장을 방문하는 것도 이런 이유에서다. 굼벵이 같은 조직으로는 전쟁터에서 살아남을 수가 없다.

"요즘엔 감정 조절이 잘 안 돼요. 술이라도 한잔 하면 가슴이 싸해지는 공허감이 밀려드는데 그럴 땐 죽을 것 같아요."

한 대기업 임원의 말이다. 그는 '요즘 들어 학교 동창생들을 자주 만나게 되는데, 비슷한 상황이어서 허심탄회하게 털어놓을 수 있기 때문인 것 같다'고 말했다.

"(아랫사람들이) 자기 뜻대로 따라주지 않는데다가 자기가 하는 일들이 이해받지 못하고 있다는 사회적인 분노라고 할 수 있습니다. 이런 생각이 심해지면 사람 만나는 걸 싫어하게 되고 아랫사람과도 대화를 끊어버리지요. 그러면서 '내가 조금만 더 리더십이 있다면, 능력이 있다면 이런 걸 잘할 텐데. 능력이 부족한 게 아닐까' 하는 열등감에 시달려요. 그러면서 '성격 조절을 잘할 수 있다면 좋을 텐데' 하는 걱정거리를 하나 더 붙이게 되죠. 야망은 큰데 어떻게 다뤄야 할지 전전긍긍하는 겁니다."

양창순 대인관계연구소장의 말이다.

"예전에는 리더십 하면 수직관계였어요. 강력한 카리스마로 커버가 됐습니다. 하지만 요즘에는 다들 수평관계를 요구하기 때문에 자신이 어떤 카리스마가 있는지, 장단점은 무엇인지를 고민하게 되죠. 처음에는 외적인 문제로 (여기에) 오지만 얘기하다 보면 내적인 문제가 드러나요. 특히 리더 위치에 있는 이들은 (마음이나 감정을) 오픈하기가 힘들기 때문에 자기 감정을 억압하는데 바로 이런 것 때문에 한번 터지면 그동안에 쌓인 게 한꺼번에 분출하게 됩니다. 그러면 또 '나는 왜 감정 조절이 안 될까' 하는 고민에 빠지게 되지요. '내가 비합리적으로 화를 냈구나' 하는 자책감에 아차 싶어 회식을 시켜주고 선물을 하는 등 부산을 떨지만 자신은 그게 해답이 아니라는 걸 잘 압니다. 계속 쌓이는 불편한 감정, 보기만 하면 짜증나는 사람들, 계속 저런 사람들과 일을 해야 하는가, 이런 생각이 들면 점점 회사 가기가 싫어집니다. 더구나 자신이 오너가 아니고 전문경영자라면 피해의식은 더 커집니다. 일거수일투족 오너의 생각은 뭔가, 실적은 괜찮을까, 주주들은 또 뭐라고 할까, 저 친구가 지금 내 자리를 노리고 있는 건가, 지난번에 결재한 프로젝트는 수익이 날까…… 등등을 생각하게 됩니다. 자나 께나 능력만 생각하는 겁니다. 이런 분들은 조직원들에 대해 자기가 생각해도 지나칠 만큼 머리를 싸매다가 찾아옵니다."

누군가가 말했듯이 겨울이 아니라도 살얼음판 천지다. 살얼음판에서 빠지는 것은 걷는 사람의 탓이 아니다. 살얼음이 문제다. 하지만 그 위를 걷는 이들은 자신을 자꾸 코너로 몰아넣는다. 재빠르게 건너는 사람도 있기 때문이다.

"혼자서는 못 합니다. 결국은 미래를 볼 줄 아는 사람(핵심인재를 말하는 듯)이 있어야 해요. 향후 4, 5년 동안 (사람) 준비를 못 하면 영원히 뒤처지게 될 겁니다. 이제는 나이도 들고 물러나야 할 때인데 어느 날엔가 뒤를 돌아보니 너무 허전해요. 성실하게 (경영을) 잘해왔다고 생각했지만 뒤를 돌아보니 뻥 뚫린 허전함이 있어요. 내가 잘못한 것이기도 하지요. 그러나 사람이 없어요. 지금 하고 있는 사업 가지고는 안 돼요. 시대는 변하는 거니까. 근데 이거(지금까지 해온 사업) 할 사람은 그런 대로 있는 것 같은데 이걸 더 발전시킬 사람, 새로운 걸 할 사람이 안 보여요. 만나보면 모두들 걱정이 태산이라고들 합니다. 절박한 거예요. 고민입니다."

언젠가 만난 한 중견그룹의 오너 회장은 뜻밖에도 긴 한숨을 내쉬며 속내를 드러냈다. 의외였다. 그만큼 고민의 깊이가 깊다는 것일까.

독단과 고민 사이

1998년 봄 크레바스 앞에서 세르파 2명의 목숨을 구하기 위해 발목이 180도 돌아가는 부상을 입고 안나푸르나 정상 앞에서 좌절했고, 그 전에는 오른쪽 발목이 부러져 정강이 뼈에 쇠심을 박았으며 동상으로 오른쪽 발가락을 잃었다.

의사는 "더 이상 산을 타지 못할 것"이라고 말했지만 그는 "산에 오르지 못하니 더 산이 그립다"고 말했다. "산을 빼면 제 인생은 의미가 없다는 것을, 죽은 목숨에 불과하다는 것을……"

사람들은 성공한 저의 14번의 등정만을 봅니다. 하지만 저는 그것을 이루기 위해 실패한 저의 14번의 등반을 봅니다. 사람들은 기록을 세운 엄홍길만을 봅니다. 하지만 저는 저와 함께 산을 오르다가 저를 살리고 숨겨 간 동료들을 봅니다. 사람들은 히말라야 고봉과 저의 싸움을 보지만 저는 제 자신의 싸움을 봅니다. 진정한 실패는 제가 제 자신에게 지는 것이기 때문입니다. 91)

신문을 보다가 오려둔 광고 글귀다. 절절하다. 이제는 세계적인 산악인이 된 엄홍길, 그에게 산은 무엇일까? 산을 정복하는 것일까? 그럴 수도 있다. 하지만 여기서 그는 자신과 싸우고 있다. 가파른 산 때문에 숨이 가빠지고 눈보라에 숨을 쉴 수가 없고 한번 빠지면 나오기 힘든 크레바스로 인해 뼈가 부러진다고 해도 그걸 이기기 위해 올라가는 것은 아니라고 말하는 것이다. 자신과의 싸움에서 이기기 위한 게임으로 보는 것이다.

리더는 자신과 싸운다. 이 세상 모든 것과 싸우고 자신과 싸운다. 맨 먼저 자신과 싸우고 세상과 싸우며 맨 마지막에 다시 자신과 싸운다.

"헤엄치고 달리다 보면 주저앉고 싶은 생각이 수십 번 들지만 이를 이겨내면 마음의 평화가 찾아와요. 기업 경영도 철인 3종 경기와 비슷한 것 같습니다."

철인 3종 경기를 '선수'로 뛰는 유경선 유진그룹 회장의 말이다. 유진은 건빵으로 시작해 레미콘, 케이블TV로 사업을 확장, 견실한 중견그룹으로 커가고 있는 회사다. 극한 스포츠를 좋아하는 유 회장은 철인 3종 경기 단체 회장도 맡고 있다. 극한을 이기면서 경영에 필요한 지혜를 얻는다는 얘기다. 극한이란 자신을 넘어서는 것 아닌가.

그래서 역사적으로 이름을 남긴 인물들은 대개 자기만의 시간을 가진다는 특징이 있다. 인간적인 매력도 많았지만 약점도 적지 않았던 처칠은 시간이 나면 방음장치가 된 하원의 자기 방에 홀로 있기를 좋아했고, 드골도 집무실에 들어가면 전화기가 울리지 못하도록 했다. 퇴근한 후 일단 집으로 가면 급한 일이 아니면 연락을 하지도 못하게 했다. 침묵을 통해 자신을 되돌아보는 시간을 가졌던 것이다. 1940년 5월 10일 처칠은 이런 기록을 남겼다.

"새벽 3시, 나는 깊은 안도감을 느낀다. 이제 나는 모든 일에 대한 명령을 내릴 수 있는 권한을 갖게 된 것이다. 나는 지금 운명과 팔짱을 끼고 함께 걷는 기분이다. 내 과거 인생의 모든 것은 이 순간을 위해 준비해온 것이 아니겠는가."[92]

그리고 그 다음 날 그 유명한 연설인 '나에게는 땀과 눈물과 피밖에 바칠 게 없습니다'는 말과 함께 수상직에 취임한다. 그의 나이 예순다섯. 1906년 서른두 살의 젊은 나이로 처음 입각한 이후 33년 만에 정상에 선 것이었다. 33년 동안 그는 이날을 고대해왔고 준비해왔다. 그것은 그 누구와의 경쟁도 아니었다. 자신과의 싸움이었다. 하지만 상황은 최악이었다. 2차 대전을 일으킨 히틀러에 프랑스가 한 달 만에 항복하고, 영국의 총 군사력이라고 할 수 있는 33만 명의 정예 병력이 대륙의 덩케르크 항구에 모든 장비를 버린 채 목숨만 건져 도망쳐오는 상황에서 영국, 아니 세계의 운명을 짊어진 수상에 오른 것이다.

이런 상황에서 그들의 침묵은 휴식이 아니다. 마음의 깊은 우물에서 물을 길어 올리는 '의식'이다.

"한때 시장 점유율 72%까지 가던 오비맥주가 무슨 큰 잘못이 있어 선두를 빼앗겼는지 아직도 이해할 수 없어요. 아주 작은 실수 몇 개가 이렇게 큰 일을 빚는 빌미가 되는데 어떤 최고 경영자가 발을 쭉 뻗고 잘 수 있겠습니까?"[93]

2005년 7월 19일 두산그룹의 새 회장으로 취임한 박용성 회장은 기자회견에서 이렇게 말했다(그는 '형제의 난'으로 얼마 후 사임했다). 그가 말한 '아주 작은 실수 몇 개'란 무엇일까? 박 회장이 어떤 요인을 실수로 여기는지 모르겠지만 그것들이 '아픔'이 되어 그의 마음에 유리 조각처럼 박혀 있는 것 같다. 폐결핵을 앓고 나면 완치가 됐다고 해도 폐에 뚫린 공동(空洞 : 구멍)은 작은 동굴처럼 남는다. 그와 비슷하다. 여전히 자신과의 물음에 대답해야 하는 것이다.

서울 용산구 서빙고동에 있는 온누리교회는 독특한 운영으로 주목을 받고 있는 교회다. 이 교회의 하용조 담임목사는 대부분의 한국 교회가 '몸집 불리기'에 초점을 맞추었을 때 '선교, 교육, 봉사, 구제'를 목표로 뛰어난 기획력과 순발력을 발휘해 출범(1985년 10월) 20년 만인 2005년에 4만 명이 넘는 신도를 보유, 개신교계의 벤치마킹 대상이 되고 있다. 하지만 급성장하다 보니 어려움도 많았던 모양이다. 그는 한 인터뷰에서 이렇게 말했다.

"교회뿐만 아니라 기업인도, 정치가도 어떤 분야의 정상에 오르기 위해서는 대가를 지불했을 거라 생각합니다. 남 모르는 눈물을 흘렸고 불면의 밤이 있었을 겁니다. 다만 그런 과정에서 중요한 것은 긍정적인 사고방식 같아요. 지도자란 자신이 실패하고 좌절하고 상처받기 쉽지만 그럼에도 남을 격려하고 칭찬하는 일을 게을리하면 안 됩니다."

언젠가 생전의 정주영 회장에게 한 기자가 물었다.
"회장님은 항상 모든 결정을 혼자서 내리시는데, 독단 아닙니까?"
그러자 정 회장이 답했다.
"그럴 수도 있어요. 하지만 가장 고민을 많이 한 사람의 결정이기도 합니다."
어쩌면 이들은 세르반테스가 400년 전에 만들어낸 '돈키호테'와 비슷한 구석이 많다. 예를 들면 이런 구절이다.

이룩할 수 없는 꿈을 꾸고,
이루어질 수 없는 사랑을 하고,
싸워 이길 수 없는 적과 싸움을 하고,
견딜 수 없는 고통을 견디며,
잡을 수 없는 저 하늘의 별을 잡자.

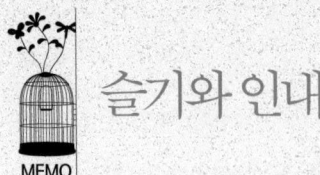
슬기와 인내

강철왕 카네기가 어렸을 때의 일이다.

하루는 어머니를 따라 식료품 가게에 갔다. 어머니가 물건을 사는 동안 카네기는 앵두 상자 앞에 서서 앵두를 뚫어지게 바라보고 있었다. 그런 그를 유심히 지켜보던 주인 할아버지가 말했다.

"너, 앵두가 먹고 싶은 모양이로구나. 한 줌 집어먹어도 괜찮다."

하지만 카네기는 꼼짝도 하지 않고 앵두만 바라보고 있었다. 보다 못한 어머니도 한마디 했다.

"할아버지께서 허락하셨으니 어서 한 줌 먹으렴."

그래도 카네기는 꼼짝하지 않고 있었다. 이 모습을 본 주인이 기특하다는 듯이 한 움큼 앵두를 집어주자 그때서야 카네기는 인사를 하고 받았다. 가게 문을 나선 후 어머니가 물었다.

"왜 가만 있었니?"

카네기가 빙긋 웃었다.

"할아버지 손이 내 손보다 크니까요."

슬기와 인내. 이것이 카네기를 키운 힘이었다.

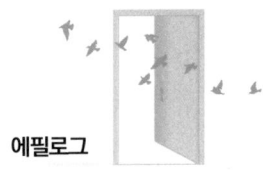

에필로그

칭찬이 그립다.
위로도 받고 싶다

우리는 너무 적게 생각하고 너무 많이 계산한다.
- 로버트 마일즈(투자자문가이자 저술가. 워렌 버핏 전문가로 유명하다)

"겨우 잠자리에 든다 해도 숙면은 어렵다. 새벽녘에 혼자 깨어 애꿎은 줄담배만 피워댄다. 글로벌 경영 환경이나 무한경쟁의 핵폭풍은 말할 것도 없고 디지털이니, 인터넷이니 하는 IT광풍 등이 몰고 온 비즈니스 패러다임의 대변혁 앞에 점점 위축된다. 사장들은 한숨과 푸념을 달고 산다. 노심초사, 좌불안석이 한두 번이 아니다. 기업을 어떻게 꾸려가고 의사결정은 어떻게 내려야 할지 막막하고 초조하기 그지없다는 곡소리가 곳곳에서 들려온다. 솔직히 앞이 잘 보이지 않는다. 막막하다."

권의종 씨의 《나는 대한민국 중소기업 사장이다》라는 책의 첫머리에 나오는 내용이다. 중소기업 사장의 고단함이 물씬 배어난다. 우연하게 서점에서 마주친 책에는 내가 쓰려고 했던 내용과 유사한 점들이 많아 금세 친근함이 느껴졌다. 그도 그럴 것이 신용보증기금을 거처 동부채권관리 본부장으로 있는 그는 몇 년 전《중소기업, 망해도 싸다》는 책을 낸 적이 있는 중소기업에 관한 베테랑이다. 그는 이 책에서 '당해보지 않고서는 헤아리기 힘든 심정'이라며 '방법은 따로 없다'고 한다. 정면으로 맞닥뜨려 돌파구를 찾아야 한다는 것이다.

그렇다. 인간이기에 두렵고, 인간이기에 불가능한 목표도 이루는 법이다. 인간이기에 냉정하지만 또 인간이기에 따뜻한 정을 베풀기도 한다. 정상은 혼자 있는 자리라는 것을 알면서도 그곳을 향해 가고, 혼자일 수 밖에 없기에 힘들어 하고 고통스러워한다. 가끔씩 생각해보곤 한다. 지킬 박사와 하이드씨처럼 다른 인간으로 살도록 강요받는 것일까?

한 집단의, 한 무리의 리더에게는 이런 다양한 모습이 채색되어 있다. 만약 리더가 자신을 상황에 맞게, 미래에 적합하도록 스스로 색칠할 수 있다면 리더와 그 집단은 생존이 가능하다. 미래가 자물쇠라면 리더는 열쇠다. 조직이라는 자물쇠에게도 열쇠는 역시 리더다. 리더가 물꼬를 터야 한다는 말이다. 하지만 자물쇠와 열쇠는 불가분의 관계다. 자물쇠 없는 열쇠가 무슨 소용이 있으며, 열쇠 없는 자물쇠가 어떤 의미가 있겠는가. 문제는 리더 혼자 모든 것을 할 수 없다는 점이다.

에너지를 충전시키고, 숨을 불어넣어 호흡하게 하고, 숨을 쉬지 못하는 이들에게는 인공호흡을 시키고, 일으켜 세워 걷게 하고, 때때로 달리게 하고, 필요하면 창이나 칼을 쓰게 하고, 총을 쏘게 하고 말을 타고 달리며 고지를 탈환하게 하고…… 탈환한 고지를 누구 하나 불만 없게 분배하고, 갈등이 일어나면 조정하고, 조정이 안 되면 판결하고…… 시간이 흘러가면서 또 다른 고지를 향해 가야 하고……. 이 모든 것을 리더가 해야 한다!

리더에게도 에너지 충전이 필요하고, 가끔씩은 인공호흡도 받아야 할 때가 있다. 권한을 위임하면 된다고 누군가는 말한다. 하지만 누구에게나 권한을 위임할 만한 상황과 자질과 여유가 있는 것은 아니다. 받아줄 누군가가 있어야 공을 차줄 수 있을 게 아닌가.

그렇다면 모든 게 리더의 책임인가? 그렇다. 하지만 적어도 게임에서 이기려면 공이 자기에게 다가오기만을 기다리는 우를 범해서는 안 된다. 현대 축구는 적극적인 축구를 권장한다. 팔짱 끼고 서서 공을 기다리는 것은 수주대토守株待兎와 같다. 적극적으로 달려가 공을 받은 다음 자기가 할 수 있는 만큼 드리블을 해야 한다. 기업체 강연을 전문적으로 하는 이들은 "강의를 갔을 때 '그래 당신이 얼마나 잘하나 보자'는 태도로 팔짱 끼고 강사 얼굴만 쳐다보는 이들을 대상으로 강연하는 게 가장 힘들다"고 말한다. 리더도 마찬가지일 것이다.

축구가 스트라이커를 중심으로 이뤄진다면 조직 또한 그렇게 될 필요가 있다. 드리블하는 사람에게는 공을 받아줄 누군가가 필요하다. 1대 1 패스를 하든, 2대 1 패스를 하든 공을 받아주고, 상대방 수비를 교란해 틈을 열어주고, 골을 넣었을 때 칭찬의 한마디를 해주는 사람이 필요하다. 생각해보라. 멋지게 골을 넣었는데 아무도 보지 않고 못 본 척한다면 어떨까? 그 경기는 그야말로 해외토픽 감일 것이다. 설사 골을 넣지 못해도 위로의 한마디를 해주는 사람이 필요하다.

리더들에게도 칭찬이 필요하고 위로가 필요하다. 그들도 칭찬을 듣고 싶고 위로를 받고 싶어한다. 칭찬과 위로를 받는 것은 아랫사람들만의 전유물이 아니다. 칭찬은 고래만 춤추게 하는 게 아니다. CEO도 춤추게 한다. 또 위로는 침몰하는 CEO를 부레처럼 건져 올린다. 칭찬과 위로가 중요하다는 것은 역사가 증명한다. 아부 잘하는 이들과 간신들이 잘하는 게 뭔가? 바로 칭찬이다. 왜곡된 칭찬이긴 하지만 말이다.

경영자가 내면의 고민이나 열등감 등을 믿고 털어놓을 수 있는 사람, 즉 들어주는 사람을 가질 필요가 있는 게 이런 까닭에서다. 많은 경영자들은 배우자에게 의존한다. 파트너나 배우자와 관계가 좋아 들어주는 사람이 되는 경우 그는 매우 운이 좋은 사람이며 큰 재산을 가지고 있는 사람이라고 할 수 있다. 배우자로부터 인간적인 지지와 신뢰를 받아 어려움을 이겨낸 경영자들이 한둘이 아니다. 대공황으로 기진맥진한 미국 사회에 깊은 인상을 남긴 복서로 책과 영화로 우리에게 선보인 '신데렐라 맨'에는 주인공이 한 사람만 있는 게 아니다. 무능한 남편을 끝까지 믿어주는 현명하고 지혜로운 아내 브래독이 있다. 적어도 내게는 주인공이 두 사람이다. 어디 이들뿐일까.

우리는 길을 갈 때 큰 바위에 걸려 넘어지지 않는다. 작은 돌부리에 걸려 넘어진다. CEO들의 고민과 고통은 의외로 작은 데서부터 시작한다. 사람 간의 관계, CEO와 직원의 관계도 그렇다. 자동차 운전에 사각지대가 있듯 여기도 사각지대가 있다. 말하자니 쫀쫀하다고 할 것 같고, 안 하자니 속 터진다. 넘쳐나는 경영학 서적을 봐도 해법은 그 어디에도 없다. 직원들에게 물어볼까? 아니다. 좋은 일이면 괜찮지만 부정적인 일을 흘렸다가는 조직이 뒤숭숭해진다. 그러면 친구는? 아내(남편)는? 이도 아니다. 몇 번은 받아주지만 그게 잦아지면 고민을 꺼내자마자 표정이 굳어진다. "또 그 얘기야!" 가장 잘 아는 사람이 있기는 있다. 경쟁자다. 하지만 이건 멀쩡한 정신으로 할 수 있는 일이 아니다. 주위에 물어볼 수도 없다. 말할 곳이 없다. 마음 둘 곳이 없다.

하는 일이 잘못되면 상처는 리더에게만 남는 게 아니다. 모두에게 남는다. 서로에 대해 고개를 돌리지 말아야 한다. 한 번 돌린 시선과 고개는 여간해서 다시 돌아오지 않는다. 영어의 Think(생각하다)와 Thank(감사하다)는 같은 어간이라고 한다. 조금만 더 '생각'하면 서로에게 '감사'할 일이 많다. 그들을 다시 한 번 바라보는 눈길이 필요하다. 그들도 인간이니까. 우리와 똑같은 인간이니까.

참고문헌

/ 1장 /

1 많은 사람들이 '새가슴' 하면 '겁이 많거나 도량이 좁은 사람의 마음'을 비유하는 것이라고 생각한다. 《두산백과사전》에도 그렇게 나와 있다. 그런데 이 새가슴에는 한 가지 의미가 더 있다. 'pigeon breast'라고 하는 외과질환이 그것이다. 가슴팍 뼈, 즉 흉골胸骨이 불거져 나와 새의 가슴처럼 생긴 가슴을 일컫는 용어인데, 어쨌든 두 가지 모두 긍정적인 용어는 아니다.

2 이창우, 《다시 이병철에게 배워라》, 서울문화사, 2003년, 64쪽

3 정주영, 《시련은 있어도 실패는 없다》, 제삼기획, 2001년, 306쪽

4 〈한국경제신문〉, '한경에세이-어느 CEO의 고백', 2005년 2월 22일자

5 루이스 V. 거스너 Jr., 《코끼리를 춤추게 하라》, 이무열 옮김, 북@북스, 2003년, 305~306쪽

6 잭 웰치, 《끝없는 도전과 용기》, 이동현 옮김, 청림출판, 2001년, 32쪽

7 정주영, 《시련은 있어도 실패는 없다》, 제삼기획, 2001년, 259~260쪽

08 〈기업나라〉, 2005년 9월호, 37쪽에서 재인용

09 앞의 책, 37~38쪽에서 재인용

/ 2장 /

10 잭 웰치, 《끝없는 도전과 용기》, 이동현 옮김, 청림출판, 2001년, 239쪽

11 잭 웰치, 앞의 책, 192~193쪽

12 로잔 배더우스키, 《잭 웰치 다루기》, 이은희 옮김, 한스미디어, 2005년, 124쪽

13 잭 웰치, 《위대한 승리》, 김주현 옮김, 청림출판, 2005년, 162쪽

14 잭 웰치, 앞의 책, 193쪽

15 이영만, 《김웅용의 힘》, 은행나무, 2005년, 44쪽

16 이영만, 앞의 책, 47쪽

17 이영만, 앞의 책, 45쪽

18 이영만, 앞의 책, 200쪽

/ 3장 /

19 1993년 CEO에 취임, 2002년 회장으로 물러날 때까지 노쇠한 IBM을 재건했다.

20 데스몬드 모리스, 《인간동물원》, 김석희 옮김, 한길사, 1994년, 66쪽

21 엘리노어 허먼, 《왕의 정부》, 박아람 옮김, 생각의 나무, 2004년

22 〈한국경제신문〉, 2005년 5월 4일자, 김동욱 기자

23 〈한국경제신문〉, 2005년 8월 19일자, 김동욱 기자

24 〈동아일보〉, '횡설수설', 2005년 9월 24일자, 송대근 논설위원

25 손명원, 《나는 다시 태어나도 경영자로 살고 싶다》, 다산북스, 2005, 31쪽

26 홍사종, 《나는 한없이 살았다》, 살림, 2002년, 116쪽, 292쪽

27 이헌조, 《붉은 신호면 선다》, 위드북스, 2004년, 154~156쪽, 222쪽

28 최재천 외, 《당신에게 좋은 일이 나에게도 좋은 일입니다》, 고즈윈, 2004년

/ 4장 /

29 바스카르 차크라보티, 《혁신의 느린 걸음》, 푸른숲, 263~264쪽에서 재인용

30 〈한국경제신문〉, '석학 인터뷰-블루오션 전략 창시자 김위찬·르네 마보안 교수', 2005년 10월 12일자

31 홍사종, 《나는 한없이 살았다》, 살림, 2002년, 196~197쪽

32 〈조선일보〉, 2005년 9월 16일자

/ 5장 /

33 기무라 다케시, 《피터 드러커식 전략경영의 법칙》, 윤정원 옮김, 일빛, 2005년, 364쪽

34 로버트 슬레터, 《잭 웰치, 최후의 리더십》, 형선호 옮김, 명진출판, 2001년, 40쪽

35 로버트 슬레터, 앞의 책, 48쪽

36 로버트 슬레터, 앞의 책, 48쪽

37 로버트 슬레터, 앞의 책, 48~50쪽

38 홍하상, 《이건희》, 한국경제신문사, 2003년, 156쪽

39 김성홍, 우인호, 《이건희 개혁 10년》, 김영사, 2003년, 30쪽

40 김성홍, 우인호, 앞의 책, 51쪽

/ 6장 /

41 박정기, 《어느 할아버지의 평범한 리더십 이야기》, 을지서적, 1998년, 153쪽

42 박정기, 앞의 책, 155쪽

43 시오노 나나미, 《로마인 이야기4》, 한길사, 2005년, 275쪽

44 박정기, 앞의 책, 104쪽

45 박정기, 앞의 책, 83쪽

46 배기찬, 《코리아 다시 생존의 기로에 서다》, 위즈덤하우스, 2005년, 151쪽

47 김태훈, 《이순신의 두 얼굴》, 창해, 2004년, 519~522쪽

48 김태훈, 앞의 책, 533~544쪽

/ 7장 /

49 프랑수아 미슐랭 외, 《우리가 못할 것은 아무것도 없다》, 문신원 옮김, 청림출판, 1999년, 129~130쪽

50 〈월간중앙〉, 2005년 8월호, 119~120쪽

51 앞의 책, 120쪽

52 앞의 책, 120쪽

53 피터 드러커 외, 《의사결정의 순간》, 심영우 옮김, 21세기북스, 2004년, 182쪽

54 홍하상, 《이병철 경영대전》, 바다출판사, 2004년, 264쪽, 요약 발췌

55 앤드류 그로브, 《앤드류 그로브 승자의 법칙》, 유영수 옮김, 한국경제신문사, 2003년, 22쪽

56 앤드류 그로브, 앞의 책, 216쪽

57 앤드류 그로브, 앞의 책, 170쪽

58 〈조선일보〉, '대박영화 뒤엔 그녀가 있다-오리온그룹 이화경 사장', 10월 19일자, 박순욱 기자

59 피터 드러커 외, 《의사결정의 순간》, 심영우 옮김, 21세기북스, 2004년, 203쪽

60 피터 드러커 외, 앞의 책, 202~203쪽

61 피터 드러커 외, 앞의 책, 205쪽

62 피터 드러커 외, 앞의 책, 211쪽

63 피터 드러커 외, 앞의 책, 55쪽

/ 9장 /

64 〈매일경제신문〉, 2005년 8월 3일자

65 〈LG주간경제〉, 2005년 3월 30일자, 13쪽

66 〈조선일보〉, '만물상', 2005년 9월 14일자, 김태익 논설위원

67 홍하상, 《이병철 경영대전》, 바다출판사, 2004년, 334쪽

68 〈조선일보〉, 2004년 1월 6일자

69 〈신동아〉, 2005년 5월호

70 〈동아일보〉, 2005년 4월 28일자, 김재영 기자

/ 10장 /

71 루이스 V. 거스너 Jr.,《코끼리를 춤추게 하라》, 이무열 옮김, 북@북스, 2003년, 240~241쪽

72 이창우,《다시 이병철에게 배워라》, 서울문화사, 89쪽

73 〈경향신문〉, '성공 레슨', 2005년 5월 23일자

74 앞의 신문, '성공 레슨'

75 앞의 신문, '성공 레슨'

76 〈중앙일보〉, 2003년 12월 25일자, 서경호 기자

/ 11장 /

77 미국 프로야구단 뉴욕 양키즈에서 활약했던 선수이자 감독. 그가 있었던 시절 양키즈는 14번의 리그 우승과 10번의 월드시리즈 우승을 했다.

78 이영만,《김응용의 힘》, 은행나무, 2005년, 253~254쪽

79 이영만, 앞의 책, 218쪽

80 이영만, 앞의 책, 232쪽

81 이종률,《양키즈는 왜 강한가?》, 한국능률협회, 2003년, 109~110쪽

82 〈경향신문〉, 2005년 1월 4일자

83 〈중앙일보〉, 2005년 1월 21일자에서 인용

/ 12장 /

84 김우형, 김영수, 조태현,《리더십 바이러스》, 고즈윈, 2005년, 87~88쪽

85 김우형, 김영수, 조태현, 앞의 책, 77~78쪽

86 김우형, 김영수, 조태현, 앞의 책, 74쪽

87 장로지회, 100~102, 위트니스 리, 한국복음서원(출처 : 인터넷)

88 한근태,《잠들기 전 10분이 나의 내일을 결정한다》, 랜덤하우스중앙, 2005년, 177쪽에서 재인용

89 로버트 그린, 주스트 엘퍼스,《권력을 경영하는 48법칙》, 정영목 옮김, 까치글방, 2000년, 상권 234~235쪽 요약

90 〈경향신문〉, '성공레슨', 2005년 4월 24일자

91 2005년 7월 26일자 대한생명의 일간지 광고문안

92 박정기,《어느 할아버지의 리더십 이야기》, 을지서적, 1998년, 236쪽에서 재인용

93 〈중앙일보〉, 2005년 7월 20일자

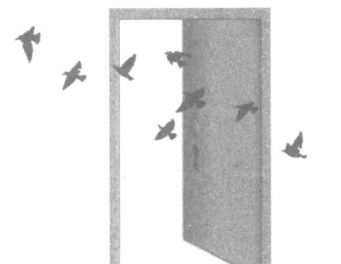